的方法

XUEXI
DE
FANGFA

本书编写组◎编

学习出版社

图书在版编目（CIP）数据

学习的方法 /《学习的方法》编写组编. -- 北京：学习出版社，2023.1（2023.5重印）

ISBN 978-7-5147-1179-0

Ⅰ. ①学… Ⅱ. ①学… Ⅲ. ①中国共产党—干部教育—学习参考资料 Ⅳ. ①D262.3

中国版本图书馆CIP数据核字（2022）第183609号

学习的方法

XUEXI DE FANGFA

本书编写组 编

责任编辑：徐 阳
技术编辑：刘 硕
装帧设计：和物文化

出版发行：学习出版社
北京市崇外大街11号新成文化大厦B座11层（100062）
010-66063020 010-66061634 010-66061646
网 址：http://www.xuexiph.cn
经 销：新华书店
印 刷：固安县铭成印刷有限公司

开 本：710毫米×1000毫米 1/16
印 张：17.25
字 数：207千字
版次印次：2023年1月第1版 2023年5月第4次印刷

书 号：ISBN 978-7-5147-1179-0
定 价：62.50元

如有印装错误请与本社联系调换，电话：010-67081356

PREFACE

序言

习近平总书记在中国共产党第二十次全国代表大会上强调："不断谱写马克思主义中国化时代化新篇章，是当代中国共产党人的庄严历史责任。继续推进实践基础上的理论创新，首先要把握好新时代中国特色社会主义思想的世界观和方法论，坚持好、运用好贯穿其中的立场观点方法。"[①] 马克思主义立场观点方法，贯穿于马克思主义的科学理论体系之中，是马克思主义科学理论体系的精髓所在。习近平总书记指出，只有努力学习和掌握马克思主义立场观点方法，才能从根本上不断提高本领、增强能力、坚定信念，成为马克思主义的坚定信仰者、忠实实践者，才能不断推进中国特色社会主义伟大事业、夺取伟大胜利，最终实现中华民族伟大复兴中国梦！

纵观党的百年历史，就是一部不断推进马克思主义中国化时代化、实现理论创新、进行理论创造的宏伟史诗。正因为我们党采取这种科学态度，坚持把马克思主义基本原理同中国具体实际相结合、同中华优秀传统文化相结合，自觉运用马克思主义立场观点方法研究和解决中国革命、建设、改革的实际问题，不断推进马克思主义中国化时代化，才先后创立了毛泽东思想、邓小平理论，形成了"三个代

① 习近平：《高举中国特色社会主义伟大旗帜　为全面建设社会主义现代化国家而团结奋斗——在中国共产党第二十次全国代表大会上的报告》，人民出版社 2022 年版，第 18—19 页。

表”重要思想、科学发展观，创立了习近平新时代中国特色社会主义思想，指引中国革命、建设、改革不断取得伟大胜利。

在马克思主义发展史上，明确提出掌握和运用马克思主义立场观点方法，在实践创新中实现理论创新，以创新理论指导新的实践发展，是中国共产党人的传家宝。毛泽东同志指出，我们“不但应当了解马克思、恩格斯、列宁、斯大林他们研究广泛的真实生活和革命经验所得出的关于一般规律的结论，而且应当学习他们观察问题和解决问题的立场和方法”①。马克思列宁主义的态度“就是应用马克思列宁主义的理论和方法，对周围环境作系统的周密的调查和研究”，“就是要有目的地去研究马克思列宁主义的理论，要使马克思列宁主义的理论和中国革命的实际运动结合起来，是为着解决中国革命的理论问题和策略问题而去从它找立场，找观点，找方法的”②。邓小平同志也指出，我们“主要的是要用马克思主义的立场、观点、方法来分析问题，解决问题”③。江泽民同志则强调：“我们学习理论，关键要学会运用马克思主义的立场、观点、方法来观察和解决问题，提高辩证思维的能力，防止形而上学和片面性。”④胡锦涛同志更是在新形势下指出：“高举毛泽东思想、邓小平理论、‘三个代表’重要思想的旗帜，不断开创中国特色社会主义事业新局面，不断开创马克思主义在中国发展的新境界，最重要的是始终坚持贯穿这个科学思想体系的活的灵魂，始终坚持马克思主义的立场、观点和方法。”⑤党的十八大以来，

① 《毛泽东选集》第 2 卷，人民出版社 1991 年版，第 533 页。
② 《毛泽东选集》第 3 卷，人民出版社 1991 年版，第 800—801 页。
③ 《邓小平文选》第 2 卷，人民出版社 1994 年版，第 118 页。
④ 江泽民：《论党的建设》，中央文献出版社 2001 年版，第 328 页。
⑤ 胡锦涛：《在纪念毛泽东同志诞辰 110 周年座谈会上的讲话》，人民出版社 2003 年版，第 10 页。

习近平总书记更是高度重视马克思主义立场观点方法问题，在多个场合一再强调。正如习近平总书记在党的二十大报告中所提出的：“马克思主义是我们立党立国、兴党兴国的根本指导思想。实践告诉我们，中国共产党为什么能，中国特色社会主义为什么好，归根到底是马克思主义行，是中国化时代化的马克思主义行。拥有马克思主义科学理论指导是我们党坚定信仰信念、把握历史主动的根本所在。”[①] 纵览党的百年历史，历史和实践一再证明，我们所取得的历史性成就都是党领导人民创造性运用马克思主义立场观点方法指导中国实践的结果，也是以实践创新推动理论创新、丰富和发展马克思主义的结果。掌握和运用马克思主义立场观点方法是中国共产党人研究和解决实际问题、推进理论创新的传家宝。

党的十八大以来，以习近平同志为核心的党中央团结带领全党全国各族人民，开创了中国特色社会主义新时代的伟大实践。在这一过程中，习近平总书记坚持把马克思主义基本原理同中国具体实际相结合、同中华优秀传统文化相结合，坚持毛泽东思想、邓小平理论、“三个代表”重要思想、科学发展观，深刻总结并充分运用党成立以来的历史经验，从新的实际出发，创立了习近平新时代中国特色社会主义思想。习近平新时代中国特色社会主义思想贯穿着马克思主义立场观点方法，并以我们正在做的事情和将要做的事情为中心，以一系列具有原创性的新思想新观点新方法，从理论和实践结合上系统回答了新时代坚持和发展什么样的中国特色社会主义、怎样坚持和发展中国特色社会主义，建设什么样的社会主义现代化强国、怎样建设社会

① 习近平：《高举中国特色社会主义伟大旗帜　为全面建设社会主义现代化国家而团结奋斗——在中国共产党第二十次全国代表大会上的报告》，人民出版社 2022 年版，第 16 页。

主义现代化强国，建设什么样的长期执政的马克思主义政党、怎样建设长期执政的马克思主义政党等重大时代课题，谱写出了马克思主义新的时代篇章，实现了马克思主义中国化时代化新的飞跃！

马克思、恩格斯说："一切划时代的体系的真正的内容都是由于产生这些体系的那个时期的需要而形成起来的。"① 习近平新时代中国特色社会主义思想坚持运用马克思主义立场观点方法研究解决新征程上的新时代课题和新实践课题，提出了一系列富有创见的原创性思想观点，形成了贯通理论和实践、贯通历史和现实、贯通国际和国内，系统全面、逻辑严密、内涵丰富、内在统一的科学理论体系。作为当代中国马克思主义、二十一世纪马克思主义，习近平新时代中国特色社会主义思想，既是世界观也是方法论，不仅有鲜明的理论观点、深刻的思想内涵，而且蕴含着丰富的思想方法和工作方法，既讲是什么、怎么看，又讲怎么办、怎么干；既部署"过河"的任务，又指导解决"桥或船"的问题。为深刻把握好习近平新时代中国特色社会主义思想的世界观和方法论，深入挖掘习近平新时代中国特色社会主义思想中蕴含的方法宝藏，深刻把握贯穿其中的科学思想方法和工作方法，从而不断提高攻坚克难、化解矛盾、驾驭复杂局面的能力，我们尝试从坚持人民至上、坚持自信自立、坚持守正创新、坚持问题导向、坚持系统观念、坚持胸怀天下 6 个方面对习近平新时代中国特色社会主义思想中蕴含的科学方法，习近平总书记在治国理政实践中大力倡导并且带头运用的科学方法，进行科学总结和认真梳理。

一、学好看家本领。在纪念马克思诞辰 200 周年大会上，习近平总书记明确要求，广大党员干部要真正把马克思主义这个看家本领

① 《马克思恩格斯全集》第 3 卷，人民出版社 1960 年版，第 544 页。

学精悟透用好，要求“掌握好、运用好马克思主义立场观点方法”[①]。习近平总书记就是运用马克思主义立场观点方法分析、认识、解决问题的典范。党的十八大以来，习近平总书记在党和国家重要会议，在国内考察、出国访问和国际论坛等多种场合，发表了一系列重要讲话。这一系列重要讲话通篇贯穿了一脉相承、一以贯之的一条红线，就是马克思列宁主义、毛泽东思想和中国特色社会主义理论体系所贯穿的基本立场、基本观点、基本方法，即马克思主义哲学世界观方法论。换言之，马克思主义立场观点方法是贯穿于习近平新时代中国特色社会主义思想中的活的灵魂和精神实质。

二、坚持人民至上。坚持人民至上是我们党克敌制胜、攻坚克难的重要法宝。习近平总书记指出：“人民性是马克思主义的本质属性，党的理论是来自人民、为了人民、造福人民的理论，人民的创造性实践是理论创新的不竭源泉。一切脱离人民的理论都是苍白无力的，一切不为人民造福的理论都是没有生命力的。我们要站稳人民立场、把握人民愿望、尊重人民创造、集中人民智慧，形成为人民所喜爱、所认同、所拥有的理论，使之成为指导人民认识世界和改造世界的强大思想武器。”[②] 习近平总书记是这样说的，也是这样做的。从梁家河一路走来，习近平同志始终坚持炕头板凳坐得住、粗茶淡饭吃得进、家长里短聊得来，感知着百姓冷暖，回应着群众期盼。党的十八大以来，习近平总书记坚持以人民为中心，将人民至上思想全面深入贯彻到治国理政全过程，密切了党同人民群众的血肉联系，团结带领全国各族人民在全面建成小康社会基础上，开启了为全面建设

① 习近平：《在纪念马克思诞辰200周年大会上的讲话》，《人民日报》2018年5月5日。

② 习近平：《高举中国特色社会主义伟大旗帜 为全面建设社会主义现代化国家而团结奋斗——在中国共产党第二十次全国代表大会上的报告》，人民出版社2022年版，第19页。

社会主义现代化国家、全面推进中华民族伟大复兴而团结奋斗的新征程。

三、坚持自信自立。坚持自信自立是中国共产党人应有的精神风貌，是对马克思主义中国化百年探索的经验总结，是对马克思主义立场观点方法的生动诠释与示范。中国共产党百年奋斗的成功经验揭示了只有坚持自信自立，才能不畏一切艰难困苦，坚定不移地走中国特色社会主义道路，才能完成团结带领全国各族人民全面建成社会主义现代化强国、实现第二个百年奋斗目标，以中国式现代化全面推进中华民族伟大复兴的中心任务。实现中华民族伟大复兴，从来没有教科书，我们只能自己探索。中国共产党取得的百年历史成就彰显了坚持自信自立的重要地位，在新征程上，中国共产党要继续坚持自信自立以不断谱写马克思主义中国化时代化新篇章。党的二十大报告指出："我们要坚持对马克思主义的坚定信仰、对中国特色社会主义的坚定信念，坚定道路自信、理论自信、制度自信、文化自信，以更加积极的历史担当和创造精神为发展马克思主义作出新的贡献，既不能刻舟求剑、封闭僵化，也不能照抄照搬、食洋不化。"[①] 我们要坚持对马克思主义的坚定信仰、对中国特色社会主义的坚定信念，要对中国道路、理论、制度和文化充满强大信心。坚持独立自主，坚持好中国的问题必须从中国基本国情出发，由中国人自己来解答这一基本点。

四、坚持守正创新。守正创新是马克思主义理论和实践发展的内在要求。习近平总书记指出："我们从事的是前无古人的伟大事业，守正才能不迷失方向、不犯颠覆性错误，创新才能把握时代、引领时

---

① 习近平：《高举中国特色社会主义伟大旗帜　为全面建设社会主义现代化国家而团结奋斗——在中国共产党第二十次全国代表大会上的报告》，人民出版社2022年版，第19页。

代。我们要以科学的态度对待科学、以真理的精神追求真理，坚持马克思主义基本原理不动摇，坚持党的全面领导不动摇，坚持中国特色社会主义不动摇，紧跟时代步伐，顺应实践发展，以满腔热忱对待一切新生事物，不断拓展认识的广度和深度，敢于说前人没有说过的新话，敢于干前人没有干过的事情，以新的理论指导新的实践。”①守正创新就是要在把握事物发展变化客观规律的基础上，根据既定的目标改变旧事物、创造新事物的理论或实践行为。党的十八大以来，以习近平同志为核心的党中央，团结带领全党全国各族人民坚持守正创新，把马克思主义基本原理同中国具体实际相结合、同中华优秀传统文化相结合，根据新的时代特征，坚持推进理论创新与实践创新，从理论和实践结合上深刻回答诸多重大时代课题，提出一系列原创性的治国理政新理念新思想新战略，指引党和国家事业取得历史性成就、发生历史性变革，推动我国迈上全面建设社会主义现代化国家新征程。

五、坚持问题导向。问题导向是马克思主义最优良的方法论传统和最鲜明的方法论特征。习近平总书记在就《中共中央关于全面深化改革若干重大问题的决定》向党的十八届三中全会作说明时指出，“我们强调，要有强烈的问题意识，以重大问题为导向，抓住关键问题进一步研究思考，着力推动解决我国发展面临的一系列突出矛盾和问题”②。强烈的问题意识和鲜明的问题导向已成为习近平总书记一大执政风格。2019 年 1 月 21 日，习近平总书记在省部级主要领导干部坚持底线思维着力防范化解重大风险专题研讨班开班式上，就防范

① 习近平：《高举中国特色社会主义伟大旗帜　为全面建设社会主义现代化国家而团结奋斗——在中国共产党第二十次全国代表大会上的报告》，人民出版社 2022 年版，第 20 页。

② 《习近平谈治国理政》第 1 卷，外文出版社 2018 年版，第 74 页。

化解政治、意识形态、经济、科技、社会、外部环境、党的建设等领域重大风险作出深刻分析、提出明确要求。2022 年 10 月 16 日，习近平总书记在党的二十大报告中指出："问题是时代的声音，回答并指导解决问题是理论的根本任务。今天我们所面临问题的复杂程度、解决问题的艰巨程度明显加大，给理论创新提出了全新要求。我们要增强问题意识，聚焦实践遇到的新问题、改革发展稳定存在的深层次问题、人民群众急难愁盼问题、国际变局中的重大问题、党的建设面临的突出问题，不断提出真正解决问题的新理念新思路新办法。"[①] 党的十八大以来，以习近平同志为核心的党中央直面党和国家发展中的一系列重大理论和现实问题，真抓实干，攻坚克难。正是这种坚持问题导向的科学态度，推动党和国家事业取得历史性成就。

六、坚持系统观念。全面系统地认识和解决问题是中国共产党人推动事物发展的重要方法论基础。党的二十大报告指出："万事万物是相互联系、相互依存的。只有用普遍联系的、全面系统的、发展变化的观点观察事物，才能把握事物发展规律。"[②] 在新冠肺炎疫情防控阻击战中，党和政府以系统的思维形成事态发展的全局观，周密部署、协调推进，除了疫情防控和病员救治外，还对包括药品研发、物资供给、市场保障、舆论引导、秩序维护以及恢复生产、稳定就业、畅通运输等各方面工作作出部署，最大限度保护人民生命健康，最大限度稳住了经济基本盘。党的十八大以来，习近平总书记高度重视坚

① 习近平：《高举中国特色社会主义伟大旗帜 为全面建设社会主义现代化国家而团结奋斗——在中国共产党第二十次全国代表大会上的报告》，人民出版社 2022 年版，第 20 页。

② 习近平：《高举中国特色社会主义伟大旗帜 为全面建设社会主义现代化国家而团结奋斗——在中国共产党第二十次全国代表大会上的报告》，人民出版社 2022 年版，第 20 页。

持系统观念的思想方法和工作方法，作出了一系列重要论述，并提出了一系列重要指示和要求，为实现全面建设社会主义现代化国家的目标提供了思想上和行动上的科学指引。

七、坚持胸怀天下。胸怀天下既来自中华优秀传统文化，又体现为中国共产党的光荣传统，可以说是坚持马克思主义基本原理同中国具体实际相结合、同中华优秀传统文化相结合的经典表述。习近平总书记强调："中国共产党是为中国人民谋幸福、为中华民族谋复兴的党，也是为人类谋进步、为世界谋大同的党。我们要拓展世界眼光，深刻洞察人类发展进步潮流，积极回应各国人民普遍关切，为解决人类面临的共同问题作出贡献，以海纳百川的宽阔胸襟借鉴吸收人类一切优秀文明成果，推动建设更加美好的世界。"① 习近平总书记不仅以胸怀天下思想来解决中国的实际问题，而且本着以天下为己任的情怀，引领中国将自身前途命运同世界人民前途命运紧紧联系在一起，不断扩大同各国的互利合作，以更加积极的姿态参与国际事务，共同应对全球性挑战，坚定维护世界和平，促进各国共同发展，推动构建人类命运共同体，努力为全球发展作出贡献。

八、依靠学习，走向未来。高度重视抓全党学习，是党和人民事业健康发展的成功经验。习近平总书记强调，我们的干部要上进，我们的党要上进，我们的国家要上进，我们的民族要上进，就必须大兴学习之风，坚持学习、学习、再学习，坚持实践、实践、再实践。纵观习近平总书记的成长之路，一直是伴随着读书和学习的，即使身处困难年代和艰苦环境，习近平总书记依然秉持良好的读书习惯。当选

---

① 习近平：《高举中国特色社会主义伟大旗帜 为全面建设社会主义现代化国家而团结奋斗——在中国共产党第二十次全国代表大会上的报告》，人民出版社 2022 年版，第 21 页。

中共中央总书记后更是围绕建设马克思主义学习型政党、推动建设学习大国发表一系列重要论述，在全党部署开展了党的群众路线教育实践活动、“三严三实”专题教育、“两学一做”学习教育、“不忘初心、牢记使命”主题教育和党史学习教育等。党的十八大以来，习近平总书记把增强学习本领排在党的执政本领之首，发表了一系列关于党员干部如何学习的重要论述，为全党更好增强学习本领提供了行动指南和具体方法，以全党学习带动全民学习、以学习型政党建设引领学习型国家建设的良好局面正在形成。

习近平新时代中国特色社会主义思想贯穿着马克思主义立场观点方法，始终把马克思主义作为理论起点、逻辑起点、价值遵循，集中体现了马克思主义的理论品格和精神实质，闪耀着马克思主义真理光辉，是当代中国马克思主义、二十一世纪马克思主义。习近平新时代中国特色社会主义思想中蕴含的立场观点方法，既解决了对待马克思主义的科学态度问题，又解决了把马克思主义基本原理同中国具体实际相结合、同中华优秀传统文化相结合的方法问题，还解决了中国共产党进行理论武装、提升工作本领的路径问题。这对丰富发展当代中国马克思主义、二十一世纪马克思主义具有重要的理论和现实意义。

当前，深入学习贯彻习近平新时代中国特色社会主义思想，是全党全国的首要政治任务。深刻领会把握习近平新时代中国特色社会主义思想的精神实质、核心要义、理论品格，关键是努力掌握习近平新时代中国特色社会主义思想中蕴含的立场观点方法。我们只有努力学习和掌握贯穿于习近平新时代中国特色社会主义思想中的马克思主义立场观点方法，把握精髓、抓住根本，才能深刻理解这一马克思主义中国化的最新成果；才能从根本上提高我们的思想理论水平和辨别是非能力，坚定中国特色社会主义信念和共产主义理想，不断改进工作方法，把自己的工作做得更好；才能既通过认真学习领会习近平新时代中国特色社会主义思想的基本内容来“知其然”，又通过整体把握贯穿于习近平新时代中国特色社会主义思想中的马克思主义立场观点方法来“知其所以然”；才能知道如何运用这样的立场观点方法来正确看待历史、现实和未来，科学认识当今中国变革和当代世界变化的一系列基本问题，增进对中国共产党为什么能、中国特色社会主义为什么好、马克思主义为什么行、中国化时代化的马克思主义为什么行的认识和理解；才能更好地将其作为实际工作的指向性原则，不断推进党和人民的事业发展取得更大成就！

CONTENTS 目录

第三章 坚持自信自立

第四章 坚持守正创新

第五章 坚持问题导向

第六章 坚持系统观念

第七章 坚持胸怀天下

第八章 依靠学习 走向未来

第一章

学好看家本领

作为一个马克思主义政党，已走过百年奋斗历程的中国共产党，立志于中华民族千秋伟业，致力于人类和平与发展崇高事业。从现在起，中国共产党又肩负起了团结带领全国各族人民全面建成社会主义现代化强国、实现第二个百年奋斗目标，以中国式现代化全面推进中华民族伟大复兴这一中心任务。无论是服务人民、做好工作，还是不忘初心、践行使命，完成中心任务，都需要学好“看家本领”。可以说，“本领强”是新时代党员干部的“硬标准”。1939 年，毛泽东同志在党的历史上第一次提出“本领恐慌”问题，他指出，“我们的队伍里有一种恐慌，不是经济恐慌，也不是政治恐慌，而是本领恐慌”[①]。党的十八大以来，习近平总书记一再强调：“各级领导干部要加快知识更新、加强实践锻炼，使专业素养和工作能力跟上时代节拍，避免少知而迷、无知而乱，努力成为做好工作的行家

① 《毛泽东文集》第 2 卷，人民出版社 1993 年版，第 178 页。

里手。”[①] 马克思主义作为被实践证明了的伟大真理，在我们建设中国特色社会主义的壮丽事业中起着伟大的方法论功能。因此，在纪念马克思诞辰 200 周年大会上，习近平总书记明确要求，广大党员干部要真正把马克思主义这个看家本领学精悟透用好。[②]

一、掌握看家本领：立场观点方法

马克思主义是科学的理论有机整体，其中立场是基础，观点是主体，方法则是灵魂。就立场来说，马克思主义秉持的是无产阶级和劳动人民的立场，因此，以马克思主义作为指导思想建立的中国共产党从来没有自己的利益，党的领导干部更不应该有自己的私利。正如习近平总书记所深刻指出的，坚持以人民为中心，就是要把所有的精力都用在让老百姓过好日子上。就观点来说，马克思主义是由一系列科学论断组成的严密的世界观，探究了从自然界到社会，再到一般思维的最一般规律。就方法来说，坚持和运用马克思主义，就是科学地把理论与实践相结合，能动地改造世界，也可以说就是合规律合目的地解决时代提出的问题。

知识拓展

中国古代哲学家墨子把以规度量圆形之法称作“圆法”，把以矩度量方形之法称作“方法”。“方法”一词，就出自《墨子·天志》：“‘中吾矩者，谓之方，不中吾矩者，谓之不方。’是以方与不方，皆

① 习近平：《在庆祝中国共产党成立 95 周年大会上的讲话》，人民出版社 2016 年版，第 25 页。
② 《习近平谈治国理政》第 3 卷，外文出版社 2020 年版，第 75 页。

可得而知之。此其故何？则方法明也。”方法和圆法一样，就是规则规范的意思，人们常说的“无以规矩，不成方圆”就是从这里来的。在西方的语境里，“方法”一词是指沿着正确的道路运动，和中国对方法的规定异曲同工。

（一）马克思主义是中国共产党人的看家本领

方法作为研究和理解事物的手段，如同一把钥匙，是开启事物的关键。如果方法对头，就会起到事半功倍的作用；方法不对头，则往往会事倍功半；而方法错误，则枉费心力，甚至会南辕北辙。这正如习近平总书记曾经说过的：“我们不管做什么事，都面临巧干和苦干的选择，我们要想办法巧干，避免苦干。”[①] 由此，方法的重要性不言而喻。

卡尔·马克思

在我国古代文言小说集《桂苑丛谈》中记载了一个故事，唐代有个名叫郑采娘的少女，在七夕的时候向织女乞巧，织女便给了她一枚金针，从此以后，她刺绣的技能变得非常神妙。大诗人元好问很感慨方法难得，写诗说：“鸳鸯绣了从教看，莫把金针度与人。”后世遂以“金针”比喻秘法、诀窍，成语“金针度人”就专指向人传授高超的方法。无产阶级革命家列宁曾经指出：“马克思的哲学是完备的唯物主义，它把伟大的认识工具给了人类，特别是给了工人阶级。”[②] “伟大的认识工具”主要强调的就是马克思

① 《梁家河》，陕西人民出版社 2018 年版，第 137 页。
② 《列宁选集》第 2 卷，人民出版社 2012 年版，第 311 页。

主义的认识论和方法论。

习近平总书记多次指出马克思主义对中国革命和建设的方法论意义，特别强调它的“激活”作用。他高屋建瓴地指出，在近代中国最危急的时刻，中国共产党人找到了马克思列宁主义，并坚持把马克思列宁主义同中国实际相结合，用马克思主义真理的力量激活了中华民族历经几千年创造的伟大文明，使中华文明再次迸发出强大精神力量。

在革命战争年代，我们有以艾思奇为代表的把马克思主义通俗化的人民哲学家，也有以毛泽东为代表的把马克思主义中国化提升为中国化马克思主义的人民领袖。如果马克思和恩格斯可以看到马克思主义在中国诞生和传播的奇迹，也必将欣慰于“金针度人”得法。正如习近平总书记所言：“可以告慰马克思的是，马克思主义指引中国成功走上了全面建设社会主义现代化强国的康庄大道，中国共产党人作为马克思主义的忠诚信奉者、坚定实践者，正在为坚持和发展马克思主义而执着努力！”①

陈独秀创办的《新青年》

中国共产党人用马克思主义团结起中国的劳苦大众。在民生凋敝的旧中国，百业衰败，万马齐喑，到处笼罩着悲观绝望的情绪。孙中山先生谈道，一盘散沙，才是中华民族最大的敌人。有一本马克思主义的哲学书却鼓舞了民族士气，提振了民族信心。它成书于20世纪30年代，出版不到5个月就4次再版，短短10多年就连续出了32版。

① 习近平：《在纪念马克思诞辰200周年大会上的讲话》，人民出版社2018年版，第15页。

新中国成立前，全国各地发行的版本已达75版，成为中国出版界的一大奇迹。它就是艾思奇的《大众哲学》。为了尽可能地贴近大众，年仅24岁的艾思奇创造性地尝试将马克思主义的立场、观点、方法与人们耳熟能详的事例相结合，用马克思主义大众话语连接马克思主义哲学与各种现实问题，并且取得了巨大的成功。读了《大众哲学》，无数热血青年奔赴革命圣地延安，团结在中国共产党的旗帜下，挺起中华民族的脊梁，推翻了压在中国人民头上的“三座大山”。曾任蒋介石和蒋经国高级幕僚的马壁在20世纪80年代访问祖国大陆时，由衷地赞叹艾思奇和他的《大众哲学》的影响力。他说：“一卷书雄百万兵，攻心为上胜攻城。蒋军一败如山倒，哲学尤输仰令名。”就连蒋介石在溃败台湾后，也将《大众哲学》放在案头时常翻阅，还要求蒋经国也要读。蒋介石在反思失败的原因时，曾感叹道，“一本《大众哲学》冲垮了三民主义的思想防线”。

历经社会主义革命和建设时期、改革开放和社会主义现代化建设新时期，中国共产党以马克思主义为指导团结带领中国人民用几十年的发展走完了发达国家几百年走过的发展历程，打破种种坚冰，勇毅前行，取得了经济快速发展和社会长期稳定的两大奇迹，迎来了欣欣向荣的局面，以站起来、富起来和强起来的奋进姿态巍然屹立于世界的东方。当中国特色社会主义进入新时代，立足中华民族伟大复兴战略全局和世界百年未有之大变局的“两个大局”，面对复杂国内外局势，在全球新冠肺炎疫情大流行的背景下，我们坚持马克思主义的立场观点和方法，把人民生命安全和身体健康放在第一位，坚持“外防输入、内防反弹”，通过严格实施防控措施，有力保障了各方人员健康。北京冬奥会、冬残奥会的成功举办，人类命运共同体的主题贯穿始终，用最大的诚意促进了不同文明交流互鉴，为推动全球团结合作、共克时艰发挥了重要作用，也为动荡不安的世界带来了信心和希望，向世界发出了“一起向未来”的时代强音！

沧海横流，方显英雄本色。党的十九届六中全会审议通过的《中共中央关于党的百年奋斗重大成就和历史经验的决议》（以下简称《决议》）指出：“马克思主义的科学性和真理性在中国得到充分检验，马克思主义的人民性和实践性在中国得到充分贯彻，马克思主义的开放性和时代性在中国得到充分彰显。”[①] 中国共产党为什么能，中国特色社会主义为什么好，归根到底是因为马克思主义行，是中国化时代化的马克思主义行。

（二）开辟马克思主义中国化时代化新境界

作为看家本领，我们必须说明马克思主义哲学作为方法而言如何重要的道理，而要讲清这一点，我们先要阐明一般方法论的重要性。古人讲的“工欲善其事，必先利其器”，就是这个道理。方法本身乃是由一代代人不断探索、积累和改进的，每一次方法的改进，都是科学和人类智慧进步的标志和阶梯。纵观科学发展史，每一个重大发现和突破，都是同新方法的创造和运用紧密联系的。所以人们把方法比作“打开智慧宝库的钥匙”“驶达真理彼岸的航船”。

古今中外，有许多事例说明方法本身的重要性。在思想史上，许多哲学家往往因为方法选择的创造性，才有了创造性的发现和突破。英国唯物主义哲学家弗朗西斯·培根在《新工具》中开启了从事物中找出公理和概念的妥当方法，培根也成了实验科学的创始人，近代归纳法的创始人。无独有偶，笛卡尔作为现代哲学之父，有一本篇幅很

① 《中共中央关于党的百年奋斗重大成就和历史经验的决议》，人民出版社 2021 年版，第 63 页。

小却分量很足的小册子《谈谈方法》，以“怀疑方法”作为哲学的出发点，终究以“我思故我在”的哲学命题推开了现代哲学的大门。

中华优秀传统文化博大精深，更是给我们留下许多经典案例，让我们重视方法本身的重要性。明代大哲学家王阳明早年服膺朱子学说，相信“天下之物莫不有理”，便与好朋友相约“格”竹子，以便达到格物致知的目的。谁知两个人先后累病了，也没有格出所谓的道理来。这件事对王阳明产生了极大的刺激作用，后来他终于反省到一定是方法弄错了。经过兜兜转转，王阳明另辟蹊径，创立心学。据说他在贵州龙场悟道后，建了小亭子，周围种满了竹子，并把亭子命名为“君子亭”。他撰写《君子亭记》，陈述“竹有君子之道”，让早年的疑问终于有了答案。不得不说，正是方法的转变而带来了他思想上的突破。王阳明曾写诗道：“人人自有定盘针，万化根源总在心。却笑从前颠倒见，枝枝叶叶外头寻。”

马克思曾经说过：“批判的武器当然不能代替武器的批判，物质力量只能用物质力量来摧毁；但是理论一经掌握群众，也会变成物质力量。”[①] 马克思主义哲学是最锐利的批判的武器，它刺破了资产阶级鼓吹的自由、平等假象，揭示出人类在当代陷入物化的命运，指明了人类解放的道路。但是，马克思主义并非可以直接就能够拿来用的，教条主义地照搬，注定是要吃大亏的。大哲学家黑格尔曾经说过：“真理不是一枚铸币。”

弗里德里希·恩格斯

① 《马克思恩格斯文集》第1卷，人民出版社2009年版，第11页。

他的意思是说，真理并不是可以直接拿来就能够购买自己所需要的东西的通用货币。恩格斯更是深刻指出："马克思的整个世界观不是教义，而是方法。它提供的不是现成的教条，而是进一步研究的出发点和供这种研究使用的方法。"①

当马克思主义传入中国后，中国共产党人用以观察时代、把握时代和引领时代，坚持把马克思主义基本原理同中国具体实际相结合、同中华优秀传统文化相结合，以中国化的马克思主义领导人民取得革命、建设和改革的巨大历史功绩，并在新时代成为我们继续前进、取得更大辉煌的指南。新征程上，如习近平总书记在党的二十大报告中所强调的，我们要坚持把马克思主义基本原理同中国具体实际相结合，"坚持和发展马克思主义，必须同中国具体实际相结合。我们坚持以马克思主义为指导，是要运用其科学的世界观和方法论解决中国的问题，而不是要背诵和重复其具体结论和词句，更不能把马克思主义当成一成不变的教条。"② 我们要坚持把马克思主义基本原理同中华优秀传统文化相结合，"我们必须坚定历史自信、文化自信，坚持古为今用、推陈出新，把马克思主义思想精髓同中华优秀传统文化精华贯通起来、同人民群众日用而不觉的共同价值观念融通起来，不断赋予科学理论鲜明的中国特色，不断夯实马克思主义中国化时代化的历史基础和群众基础，让马克思主义在中国牢牢扎根。"③

早在延安时期毛泽东就强调，各级领导干部学习和研究马克思主

① 《马克思恩格斯文集》第 10 卷，人民出版社 2009 年版，第 691 页。
② 习近平：《高举中国特色社会主义伟大旗帜　为全面建设社会主义现代化国家而团结奋斗——在中国共产党第二十次全国代表大会上的报告》，人民出版社 2022 年版，第 17 页。
③ 习近平：《高举中国特色社会主义伟大旗帜　为全面建设社会主义现代化国家而团结奋斗——在中国共产党第二十次全国代表大会上的报告》，人民出版社 2022 年版，第 18 页。

义，应以“思想方法论”为主。他指出：“我们的眼力不够，应该借助于望远镜和显微镜。马克思主义的方法就是政治上军事上的望远镜和显微镜。”① 他又说：“我们不但要提出任务，而且要解决完成任务的方法问题。我们的任务是过河，但是没有桥或没有船就不能过。不解决桥或船的问题，过河就是一句空话。不解决方法问题，任务也只是瞎说一顿。”②

从这里可以看出，马克思主义作为真理，也需要解决如何转变为现实的有力武器的问题。马克思主义理论是“授人以渔”，而不是“授人以鱼”。我们需要做的，乃是在马克思主义指导下，通过努力，激发智慧，造出新时代的“桥与船”。

（三）以马克思主义中国化时代化最新成果武装全党

党的十九届六中全会通过的《决议》对马克思主义中国化的三次历史性飞跃作出了全新判定。《决议》中明确指出在取得毛泽东思想和中国特色社会主义理论体系成果的基础上，我们又迎来了新的理论飞跃，“习近平新时代中国特色社会主义思想是当代中国马克思主义、二十一世纪马克思主义，是中华文化和中国精神的时代精华，实现了马克思主义中国化新的飞跃”③。

“红军不怕远征难，万水千山只等闲。”100 多年来，为带领积贫积弱的旧中国走出险境、绝境，中国共产党走过了曲折奋斗的征程，有崇山峻岭，有急流险滩，有惊涛骇浪，中国共产党领导人民依靠坚定的理想信念和坚强的革命意志，依靠着马克思主义的指引，一次次

---

① 《毛泽东选集》第 1 卷，人民出版社 1991 年版，第 212 页。
② 《毛泽东选集》第 1 卷，人民出版社 1991 年版，第 139 页。
③ 《中共中央关于党的百年奋斗重大成就和历史经验的决议》，人民出版社 2021 年版，第 26 页。

绝境重生，愈挫愈勇，历尽苦难而淬火成钢，百折千回而不忘初心，最后取得了胜利，创造出难以置信的奇迹，谱写成可歌可泣的壮丽史诗，熔铸成中华民族伟大复兴历史进程中的一座座巍峨丰碑。习近平总书记深情地说：“今天，中国人民拥有的一切，凝聚着中国人的聪明才智，浸透着中国人的辛勤汗水，蕴涵着中国人的巨大牺牲。”①

不言而喻，只有把马克思主义中国化时代化，才能够真正地让马克思主义在中国落地、生根、发芽和开花，长出甜美的果实，才能够真正用马克思主义观察时代、把握时代、引领时代。马克思主义中国化时代化是“创造性的马克思主义”，不是“教条式的马克思主义”，更不能是改旗易帜的马克思主义。

从马克思主义中国化时代化的过程来看，我们党取得了极为宝贵的经验，也探索出了具有中国风格的马克思主义表达。人民大众的哲学是写给人民大众看的，它不求概念上哲学特有的晦涩，而要求深入浅出呈现自己接地气的特色。伴随着《共产党宣言》的传播，大量的马克思主义著作陆续译介，20 世纪二三十年代红色书籍的传播之快、影响之广，堪称奇迹。在理论上如何把充满异域风情的“洋面包”翻译变成中国大众可以理解的“本土菜”，是当时传播马克思主义的难题。艾思奇的《大众哲学》、柳湜的《街头讲话》等脍炙人口的著作，是中共知识分子对马克思主义通

1920 年 8 月出版的《共产党宣言》中译本（书名错印为《共党产宣言》）

① 《习近平谈治国理政》第 3 卷，外文出版社 2020 年版，第 141 页。

俗化可贵的探索和可喜的成绩。李达的《社会学大纲》，毛泽东称之为“中国人写的第一本马克思主义哲学教科书”，给戴着礼帽的马克思主义穿上了中国风的衣裳，成为融入中国性格的马克思主义，它突出了马克思主义的整体性、实践性、同一性和批判性原则，突出展现了马克思主义哲学的中国语境，在20世纪三四十年代，起到极大的理论宣传、普及和教育作用。

毛泽东同志对马克思主义中国化作出了卓越性的突出贡献，他总能把马克思主义基本原理和中国具体实际很好地结合。1942年2月1日，毛泽东在中央党校开学典礼上发表的《整顿党的作风》的演说中强调：“马克思列宁主义理论和中国革命实际，怎样互相联系呢？拿一句通俗的话来讲，就是‘有的放矢’。”[①] 这里“有的放矢”的真谛是“拿马列主义的箭，射中国革命诸问题的靶”。毛泽东充分吸取《大众哲学》和《社会学大纲》的优点，结合翻译过来的马克思主义经典著作，创造性地写作了《矛盾论》《实践论》，更为鲜明集中、通俗易懂地论述了马克思主义基本精神。被誉为“延安五老”之一的谢觉哉说：“弄到箭——学会马列主义的立场、观点、方法——是一件事；看清靶——研究现状、研究历史——是一件事；学会射——瞄准靶、手法稳——是又一件事。”[②] 这就是中国人特有的方法论，马克思主义到了中国，变得很具中国风。“弄到箭、看清靶、射得准”，体现了“由学到用到会用”的不断学习与实践的过程。

习近平总书记用马克思主义的立场、观点和方法，审时度势，总揽全局，励精图治，卓有成效地解决了我国改革开放和现代化建设中的深层次问题以及对外关系中的一系列重大问题，充分体现了驾驭全

① 《毛泽东选集》第3卷，人民出版社1991年版，第819页。
② 《谢觉哉杂文选》，人民文学出版社1980年版，第50页。

局的能力，同时也在实践中形成了中国化时代化的马克思主义哲学方法论的新体系。同时，他对中华优秀传统文化进行创造性转化，他把中国思想中特有的辩证篇、法治篇、任贤篇、为政篇、劝学篇、天下篇等驾轻就熟地同马克思主义基本原理结合在一起，深入浅出地把道理讲通、讲透。他在强调实践本身对坚定共产主义世界观的重要性时，引用王阳明《传习录》上的精彩论断："人须在事上磨，方立得住，方能静亦定，动亦定。"[①] 可谓实现了中华优秀传统文化和马克思主义的无缝对接。

习近平总书记指出："当代中国的伟大社会变革，不是简单延续我国历史文化的母版，不是简单套用马克思主义经典作家设想的模板，不是其他国家社会主义实践的再版，也不是国外现代化发展的翻版。社会主义并没有定于一尊、一成不变的套路，只有把科学社会主义基本原则同本国具体实际、历史文化传统、时代要求紧密结合起来，在实践中不断探索总结，才能把蓝图变为美好现实。"[②]

二、明确时代要求：出卷答卷阅卷

解决问题既要有胸怀天下的格局意识，也要有立足中国国情的务实精神。我们只有跟上时代发展的步伐，以共产党人特有的博大胸襟和眼界，自觉主动地吸取和包容人类社会所创造的一切优秀文明成果，才能应对各种风险和挑战，才能以积极进取的精神状态去开展工作。"全党同志务必不忘初心、牢记使命，务必谦虚谨慎、艰苦奋斗，务必敢于斗争、善于斗争，坚定历史自信，增强历史主动，谱写

① 《传习录译注》，中华书局 2016 年版，第 61 页。
② 《习近平谈治国理政》第 3 卷，外文出版社 2020 年版，第 76 页。

新时代中国特色社会主义更加绚丽的华章。”①

时代在发展，作为出卷人，时代的新问卷不是我们用旧的教条就可以解决的，除了努力加强马克思主义世界观的修养，理解和把握时代脉搏，投入新时代伟大实践中，在游泳中学会游泳之外，没有别的出路。2012年11月15日，中外记者会聚北京人民大会堂东大厅。镁光灯下，新当选为中共中央总书记的习近平郑重指出，“新形势下，我们党面临着许多严峻挑战，党内存在着许多亟待解决的问题”，“打铁还须自身硬”。“全面建设社会主义现代化国家、全面推进中华民族伟大复兴，关键在党。我们党作为世界上最大的马克思主义执政党，要始终赢得人民拥护、巩固长期执政地位，必须时刻保持解决大党独有难题的清醒和坚定。”②

（一）新时代的问卷考验赶考能力

历史是一位严肃的考官，任何不合格的人都会被踢出考场。在一场场风云变幻、龙争虎斗的历史大剧中，一些伟大而短命的王朝尤其让后人深思。秦始皇雄韬伟略，建立了中国历史上第一个大一统的帝国，大诗人李白曾形容其气魄说：“秦王扫六合，虎视何雄哉！挥剑决浮云，诸侯尽西来。”他自封为始皇帝，试图万世一统，哪料想暴政虐民，二世而亡。隋文帝杨坚结束了南北分裂的战乱局面，在位的24年间，也曾一度锐意改革、政绩卓著，然而到了隋炀帝杨广时

① 习近平：《高举中国特色社会主义伟大旗帜　为全面建设社会主义现代化国家而团结奋斗——在中国共产党第二十次全国代表大会上的报告》，人民出版社2022年版，第1—2页。

② 习近平：《高举中国特色社会主义伟大旗帜　为全面建设社会主义现代化国家而团结奋斗——在中国共产党第二十次全国代表大会上的报告》，人民出版社2022年版，第63页。

期，又荼毒天下，劳民伤财，隋朝又很快在暴风雨般的农民起义中覆亡。杜牧认为秦亡的历史教训很令人感慨，但历史似乎总是循环的，不过是圈子大一点和小一点而已。“秦人不暇自哀，而后人哀之；后人哀之而不鉴之，亦使后人而复哀后人也。”

中国共产党在执政赶考中也曾经摔过跟头。20 世纪 20 年代后期和 30 年代前期，我们党内存在着把马克思主义教条化、把共产国际决议和苏联经验神圣化的错误倾向，结果因为这“几麻袋教条”的指挥，革命力量受到极大的损失，中国革命几乎陷于绝境。革命的挫折，既考验了我们党，也给了我们党以深刻的启示：只有创造性地运用马克思主义的基本原理和普遍真理，把科学的世界观转化为正确的思想方法，中国革命才能走出一条成功之路。

1944 年是农历甲申年，历史学家郭沫若有感于历史兴衰，写了一篇近两万字的史学论述《甲申三百年祭》。这篇文章剖析了胜利进入北京后的李自成，如何因骄傲懈怠在短短 40 余天内便功败垂成。国民党反动政府认定文中的论述是在“影射当局”，马上组织专人撰写社论围攻责难；而身处延安窑洞中的毛泽东却从中读出了另一番警示与深意。他要求《甲申三百年祭》一文要在《解放日报》上全文转载并印发单行本。随后，该文还作为整风文件印发全党学习，提醒党员干部“必须永远保持清醒与学习态度，万万不可冲昏头脑，忘其所以，重蹈李自成的覆辙”①。

也许正是有这层铺垫，才迎来了历史有名的一次会晤。1945 年 7 月的一天，黄炎培在访问延安时，与毛泽东在简陋的窑洞里有一段精彩对话，史称“窑洞对”。黄炎培有感于国民党的迅速腐化，失去

① 龚济民、方仁念：《郭沫若传》，北京十月文艺出版社 1988 年版，第 319 页。

民心，提出了一个“历史周期率”问题。他说自己60多年的人生经验里，目睹了太多兴衰成败的世事，有个体，有家族，有团队，有地方，也有政权，大多没有跳出一种周期率的支配力。就是说，在做事创业之初，大家都聚精会神，没有一事不用心，没有一人不卖力，因此事业兴旺，有朝气。然而一旦环境渐渐好转了，励精图治的精气神却衰败了。大处着眼，历史发展也陷入这样一个怪圈，历史上政怠宦成、人亡政息、求荣取辱的例子比比皆是，总之似乎没有任何人、任何团体能跳出这周期率。中国共产党能找出一条新路，来跳出这周期率的支配吗？

《进京赶考》（局部），2010年，画家陈承齐根据中共中央离开西柏坡，临行前当地群众前来送行的历史场景，创作了油画《进京赶考》

毛泽东自信地回答说：“我们已经找到新路，我们能跳出这周期率。这条新路，就是民主。只有让人民来监督政府，政府才不敢松懈。只有人人起来负责，才不会人亡政息。”① 如今，经过不懈努力，党找到了自我革命这一跳出治乱兴衰历史周期率的第二个答案，确保党永远不变质、不变色、不变味。“民主”与“自我革命”是中国共产党对这一问题的有力回答。1949年3月23日，毛泽东带领中共中央和人民解放军总部机关离开西柏坡，启程迁往北平。出发前，毛泽东笑称这是“进京赶考”，他还特别补充道：“我们决不当李自

① 《毛泽东年谱（1893—1949）》（修订本）（中卷），中央文献出版社2013年版，第611页。

成，我们都希望考个好成绩。”①

“中国共产党人深刻认识到，只有把马克思主义基本原理同中国具体实际相结合、同中华优秀传统文化相结合，坚持运用辩证唯物主义和历史唯物主义，才能正确回答时代和实践提出的重大问题，才能始终保持马克思主义的蓬勃生机和旺盛活力。”②在改革开放和现代化建设过程中，随着时代的发展，新问题新挑战的出现，我们都依照辩证唯物主义和历史唯物主义的世界观方法论做出“因时制宜”“因地制宜”和“因势制宜”的调整。1978年邓小平同志《解放思想，实事求是，团结一致向前看》的讲话，使党和人民冲破了“两个凡是”的禁锢，由此开始了“建设有中国特色的社会主义”的新的伟大探索；1992年邓小平同志的南方谈话，使人们在许多重大认识问题上冲破了长期束缚思想的枷锁，把改革开放和现代化建设推进到一个新阶段；党的十八大以来，习近平总书记观大势、定大局、谋大事，坚持用党的自我革命带动社会革命，在为中国人民谋幸福，为中华民族谋复兴，为世界人民谋大同中开启了新时代。

时间做了最好的证明。在“不当李自成”的这场考试中，中国共产党带领人民创造了一个崭新的国家，交出了一份让人民满意的答卷。赶考路上，中国共产党人永怀为人民服务之心，不居功自傲，常居安思危，踔厉奋发，砥砺前行。

---

① 《毛泽东年谱（1893—1949）》（修订本）（下卷），中央文献出版社2013年版，第470页。

② 习近平：《高举中国特色社会主义伟大旗帜　为全面建设社会主义现代化国家而团结奋斗——在中国共产党第二十次全国代表大会上的报告》，人民出版社2022年版，第17页。

（二）新时代的答卷凸显责任担当

自党的十八大召开以来的 10 年，我们经历了迎来中国共产党成立 100 周年；中国特色社会主义进入新时代；完成脱贫攻坚、全面建成小康社会的历史任务，实现第一个百年奋斗目标这 3 件对党和人民事业具有重大现实意义和深远历史意义的大事。这是中国共产党和中国人民团结奋斗赢得的历史性胜利，是彪炳中华民族发展史册的历史性胜利，也是对世界具有深远影响的历史性胜利。但同时我们又面临着新的挑战、新的历史责任。面对中华民族伟大复兴战略全局和世界百年未有之大变局，我们必须做到立足时代之基、回答时代之问、引领时代之变。我们不仅仅是时代大考下的被动“赶考”者；而且要争得历史自觉，做引领潮流的主动“敢考”者。我们应该树立勇于承担起时代的责任意识。时代的“接力棒”已经交到我们手中，我们应该勇于承担起时代赋予的历史责任，不但不能推辞，而且还必须跑好这一棒，既要有坚定的信念，还要有过硬的本领。

习近平总书记曾多次强调“打铁还须自身硬”，后来又增加了“打铁必须自身硬”的说法，其中的道理很值得我们学习。“打铁还须自身硬”，是习近平总书记在告诫党员干部不可忽视外部的挑战，必须有“道高一尺，魔高一丈”的惕厉之心，努力加强自己的本领；“打铁必须自身硬”则是习近平总书记勉励党员干部，从主观条件强调，责无旁贷地练好本领投入到新时代中国特色社会主义伟大斗争、伟大工程、伟大事业、伟大梦想中。时代的问卷考倒了无数没有充分准备、本领不够高强的考生，但对于真正的勇士，困难总会低头。

坚定理想信念。“士不可以不弘毅，任重而道远。”共产党员必须时刻坚定自己的理想信念。习近平总书记指出，革命理想高于天。我们生活的世界充满希望，也充满挑战。我们不能因现实复杂而放弃梦想，不能因理想遥远而放弃追求。“加强理想信念教育，引导全党牢记党的宗旨，解决好世界观、人生观、价值观这个总开关问题，自觉做共产主义远大理想和中国特色社会主义共同理想的坚定信仰者和忠实实践者。”[①] 因此，新时代的党员干部要始终牢记“为人民谋幸福，为民族谋复兴”的初心使命，深刻领悟“两个确立”的决定性意义，不断增强“四个意识”、坚定“四个自信”、做到“两个维护”，要主动承担中国共产党的中心任务，以“赶考”的清醒和“敢考”的意志，增强理论素养，凝聚精神伟力。

牢记为民情怀。“治国有常，利民为本。为民造福是立党为公、执政为民的本质要求。”[②] 习近平总书记多次引用郑板桥的诗，“些小吾曹州县吏，一枝一叶总关情”。我们党员干部在新时代要有学习和赶超古人的精神境界。他在《念奴娇 · 追思焦裕禄》中写道：“为官一任，造福一方，遂了平生意。绿我涓滴，会它千顷澄碧。”诗言志，我们不难从习近平总书记引用郑板桥诗句和赞美焦裕禄的事例中，看出一位共产党员的为民情怀。郑板桥是人民爱戴的清官，有着爱民如子的高尚情操；焦裕禄作为我们党的好干部，则反映了共产党人真正把自己和人民融为一体的“无我”精神。习近平总书记指出，“我将无我，不负人民”[③]，他强调，“江山就是人民，人民就是江

① 习近平：《高举中国特色社会主义伟大旗帜　为全面建设社会主义现代化国家而团结奋斗——在中国共产党第二十次全国代表大会上的报告》，人民出版社 2022 年版，第 65 页。

② 习近平：《高举中国特色社会主义伟大旗帜　为全面建设社会主义现代化国家而团结奋斗——在中国共产党第二十次全国代表大会上的报告》，人民出版社 2022 年版，第 46 页。

③ 《习近平同美国总统拜登举行视频会晤》，《人民日报》2021 年 11 月 17 日。

山”，[①] 这些深入群众的金句，都是为民情怀的体现，也深得广大群众喜爱和传颂。

练就过硬本领。习近平总书记指出，“要增强学习本领，在全党营造善于学习、勇于实践的浓厚氛围，建设马克思主义学习型政党，推动建设学习大国”[②]。这句话道出了我们党不断交出优异答卷的秘诀。站在新时代新征程上，要想继续考出优异成绩，就必须要加强理论学习，认真学习马克思主义基本理论，把习近平新时代中国特色社会主义思想学深悟透、融会贯通，善于用科学理论指导实践、推动工作，不断提高解决实际问题的能力和水平。

作为新时代的党员干部，要始终坚持以人民为中心的发展思想，把实现好、维护好、发展好最广大人民根本利益作为根本的价值追求。只有深植为民情怀，才能真正聚焦群众的“急难愁盼”问题，在时刻“赶考”的精神状态下“敢考”，不畏强敌、不惧风险，敢于斗争、勇于胜利，让人民群众收获更多、更直接、更实在的幸福感。

中国故事

四川有一位老党员，叫马识途。1938 年入党时，马识途面向党旗宣誓后，把原名“马千木”郑重改为“马识途”，取“觅得正确道路、老马识途”之意。他在自传《百岁拾忆》中曾说：“从入党的这天起，我改名了。我以为我已经找到了自己的道路，老马识途了。”他还动情地说：“在我生活过的 100 年里，中国发生了多少翻天覆地

① 习近平：《在党史学习教育动员大会上的讲话》，人民出版社 2021 年版，第 15 页。
② 习近平：《决胜全面建成小康社会 夺取新时代中国特色社会主义伟大胜利——在中国共产党第十九次全国代表大会上的报告》，人民出版社 2017 年版，第 87 页。

的变化啊！中国人民为争取自由民主而进行的革命是那么的悲壮，又是那么的绚丽。”老党员马识途仿佛就是革命的“老马”，无论是艰苦的岁月，还是和平的年代，坚定地追随党的脚步，把荣辱浮沉看得很淡，唯有共产党员的担当情怀驻留心间。

2021年6月25日，在党的百年华诞即将到来之际，习近平总书记在主持中共中央政治局第三十一次集体学习时强调：“我们党历经百年沧桑依然风华正茂，其奥秘就在于具有自我净化、自我完善、自我革新、自我提高的强大能力。”① 可以说，自我革命精神是党的执政能力的强大支撑，是党跳出历史周期率的第二个答案，也体现了我们党巨大的政治勇气和强烈的责任担当。“全党必须牢记，全面从严治党永远在路上，党的自我革命永远在路上，决不能有松劲歇脚、疲劳厌战的情绪，必须持之以恒推进全面从严治党，深入推进新时代党的建设新的伟大工程，以党的自我革命引领社会革命。”②

（三）新时代的阅卷评估本领高低

我们的党来自人民、植根人民、服务人民。人民认可是我们党的最大动力，人民群众的拥护和支持是我们党最可靠的力量源泉。想当年，“唤起工农千百万，同心干”，为我们党依靠人民赢得革命胜利凝聚了强大力量；看今朝，广大党员干部在习近平总书记领导下，把人民对美好生活的向往作为奋斗目标，“绿我涓滴，会它千顷澄碧”，

① 习近平：《用好红色资源　赓续红色血脉　努力创造无愧于历史和人民的新业绩》，《求是》2021年第19期。

② 习近平：《高举中国特色社会主义伟大旗帜　为全面建设社会主义现代化国家而团结奋斗——在中国共产党第二十次全国代表大会上的报告》，人民出版社2022年版，第64页。

又凝聚起同心共筑中国梦的磅礴力量。如果时代是出卷人，我们是答卷人，那么，我们请人民做阅卷人。习近平总书记指出：“鞋子合不合脚，只有穿的人才知道。中国特色社会主义制度好不好、优越不优越，中国人民最清楚，也最有发言权。”①

新中国成立后，特别是改革开放 40 多年来，中国已经迅速跃升为世界第二大经济体，14 亿多人民生活不断改善，7 亿多人实现脱贫。时代不会忘记，党的十八大以来，以习近平同志为核心的党中央团结带领全国人民坚决打赢脱贫攻坚战，彻底解决绝对贫困问题，创造了人类减贫史上的奇迹；时代不会忘记，党带领人民决胜全面建成小康社会，实现了中华民族的千年夙愿；时代不会忘记，党带领人民，奋力推进全面深化改革，让改革和发展的成果更多更公平地惠及全体人民……这些成就的取得，归根结底就在于我们党始终心里装着人民，始终把人民放在心中最高的位置，让不懈的努力和奋斗镌刻出人民幸福的模样。

新冠肺炎疫情肆虐全球以来，世界经济不稳定、不确定因素增加，统筹好疫情防控与经济复苏成为各国的共同挑战。中国有效统筹疫情防控与经济发展，率先赢取发展主动，以开放合作态度，尽己所能为国际社会提供疫苗和抗疫物资。仅 2021 年，中国就向 120 多个国家和国际组织提供超过 20 亿剂新冠疫苗，成为对外提供疫苗最多的国家，为世界经济复苏作出了贡献。

当前，中国社会主要矛盾已经转化为人民日益增长的美好生活需要和不平衡不充分的发展之间的矛盾。以前我们要解决“有没有”的问题，现在则要解决“好不好”的问题。我们要着力提升发展质量和

① 《习近平谈治国理政》第 3 卷，外文出版社 2020 年版，第 124—125 页。

效益，更好地满足人民多方面日益增长的美好生活需要，更好地促进人的全面发展、全体人民共同富裕。到本世纪中叶，我们要把中国建成富强民主文明和谐美丽的社会主义现代化强国。

遵从马克思主义的共产党人，就要时刻把人民群众的安危冷暖挂心头。要敬畏人民、敬畏组织、敬畏法纪，公正用权、依法用权、廉洁用权，做一个堂堂正正的共产党人。我们的领导干部不仅要自身过硬，还要管好家属和身边工作人员，从党内正反两方面的典型中，吸取经验教训，自觉挺起共产党人的精神脊梁，用实际行动让人民群众感受到理想信念和高尚人格的强大力量。

“物必先腐而后虫生。”我们学习并理解马克思主义的辩证法，就一定晓得让权力在阳光下运行，积极畅通人民群众建言献策和批评监督渠道。要想组织动员广大人民群众坚定不移跟党走，必须增强狠抓落实本领，以钉钉子精神做实做细做好各项工作。同时，也要增强驾驭风险本领，健全各方面风险防控机制，善于处理各种复杂矛盾，勇于战胜前进道路上的各种艰难险阻，牢牢把握工作主动权。党只有把自身建设好、建设强，确保党始终同人民想在一起、干在一起，才能引领承载着中国人民伟大梦想的航船破浪前进，向历史和人民交上一份优异答卷。

三、克服本领恐慌：学精悟透用好

古人讲，“学以致用”。如果只是明白道理而不去做，那么学与不学就没有什么区别了。毛泽东同志指出：“读书是学习，使用也是学习，而且是更重要的学习。”① 能否运用所学的理论知识指导自己的

① 《毛泽东选集》第1卷，人民出版社1991年版，第181页。

行动，是检验党员干部学习成效的基本标志。正如习近平总书记所指出的："要学而信，从渐悟走向顿悟，掌握马克思主义立场观点方法，学出坚定信仰、学出使命担当。要学而行，学以致用、身体力行，把学习成果落实到干好本职工作、推动事业发展上。"①

（一）学精须下功夫

所谓"学精"，首先指的是要好好阅读马克思主义经典作家理论，但是又不能仅仅局限于这个范围内的理论。马克思主义哲学是科学化的理论体系，当然要重点学，但如果仅仅把眼光盯在这里，则有陷入教条主义的危险。

在这方面，马列经典作家们给我们提供了许多范例。当年马克思和恩格斯在创立历史唯物主义之后，也不是说找到了万能的钥匙，只要把现成的公式套用到时代的难题上就能够得出所需要的答案来。马克思在 1854 年 9 月给恩格斯的一封信中说："我现在的主要研究对象是西班牙。到目前为止，我主要研究了 1808 年到 1814 年和 1820 年到 1823 年这两个时期的西班牙史料。现在转入 1834 年到 1843 年这个时期了。历史相当混乱。最困难的是阐明事态发展的内在动机。无论如何，我已经非常及时地着手研究《唐·吉诃德》。"② 掌握理论，不等于理解现实，要理解现实就得带着方法论的工具去研究现实。

这一点从马克思对黑格尔哲学的改造也能看到端倪。众所周知，《资本论》被誉为"工人阶级的圣经"，马克思在写作《资本论》手稿时，曾经借助并改造了黑格尔的方法："我又把黑格尔的《逻辑学》

---

① 习近平：《坚持用马克思主义及其中国化创新理论武装全党》，《求是》2021 年第 22 期。

② 《马克思恩格斯全集》第 49 卷，人民出版社 2016 年版，第 597 页。

《马克思在英国博物馆》（油画　2018 年　俞晓夫绘）

浏览了一遍，这在材料加工的方法上帮了我很大的忙。如果以后再有功夫做这类工作的话，我很愿意用两三个印张把黑格尔所发现，但同时又加以神秘化的方法中所存在的合理的东西阐述一番，使一般人都能够理解……”①

因此我们也才明白，马克思主义著作之所以是经典，有无比强大的理论说服力，就在于它本身就有无比深厚的历史底蕴和相当严谨的科学体系。由此，我们更能体会对马克思主义经典著作学精需下功夫的道理。

习近平总书记是一位酷爱读书又博览群书的人民领袖。他少年时期，读书非常用功，晚上点着煤油灯，一看就是半宿。第二天早起，唾沫都是黑的。艰难困苦，玉汝于成。习近平总书记对早年的回忆向我们展示了一条令人敬佩的学习之路。“我到农村插队后，给自己定了一个座右铭，先从修身开始。一物不知，深以为耻，便求知若渴。上山放羊，我揣着书，把羊拴到山峁上，就开始看书。锄地到田头，

① 《马克思恩格斯文集》第 10 卷，人民出版社 2009 年版，第 143 页。

开始休息一会儿时，我就拿出新华字典记一个字的多种含义，一点一滴积累。我并不觉得农村 7 年时光被荒废了，很多知识的基础是那时候打下来的。”①

他读马列著作，在 15 岁时就培育出了独立思考能力；在梁家河窑洞里读车尔尼雪夫斯基的《怎么办?》，用书中主人公的精神激励自己磨砺意志；读莱蒙托夫的《当代英雄》，思考时代的英雄问题；读莎士比亚，立下为祖国、为人民奉献自己的信念；他上山下乡时，求知若渴，到 30 里外寻求想象力丰富的《浮士德》；他当国家副主席，借访问古巴之际，体验当年阅读的海明威《老人与海》小说中的场景……

习近平总书记特别注重知识向能力的转化，理论与实践的结合，他强调在学习历史知识的时候，要坚持马克思主义的历史观和方法论，不能读死书，要同工作实际结合起来，对所读之书要取其精华、去其糟粕，做到“博学之，审问之，慎思之，明辨之，笃行之”，知古鉴今、古为今用，这样才能在我们认识和处理现实问题中发挥历史知识应有的积极作用。

（二）悟透方得真义

中国古代经常用“火候”一词体现学生的学习成效。这本来是冶炼金属时的术语，到“炉火纯青”时，就意味着金属炼得没有杂质了。同样，古代还用“登堂入室”来形容做学问到家的标准。据说，春秋时期，孔子曾经评论那位正直但有些鲁莽的弟子子路说：“你弹瑟的本领已经登上厅堂，但尚未进入内室，已经有一定成就，但还没到最高境界。”

---

① 《习近平与青年的故事》，《人民日报》2021 年 5 月 3 日。

孔子像

马克思主义理论是面向大众、面向无产阶级的，它有亲近大众的一面，但绝无流于庸俗的一面。这一特点，很像中国的心学特征。王阳明的学生在谈及老师的思想时说："即之若易而仰之愈高，见之若粗而探之愈精，就之若近而造之愈益无穷。"[①] 意思是说，接近时似乎容易，而仰慕时更加高远；初见时似乎粗略，而探究时更加精深；接近时似乎浅显，深究时更无止境。

对于马克思主义理论，要做到知之要真，不能大而化之，差不多就行；同时要知之要全，不能只知其一，不知其二；最后还要知之要深，不能只见现象，不见本质。马克思本人就坚决反对那种"手中拿了一套现成的新原理向世界喝道：真理在这里，向它跪拜吧"的空谈家。毛泽东也曾尖锐地批评：直到现在，还有不少人把马克思列宁主义书本上的某些个别字句看成现成的灵丹妙药，似乎只要得了它，就可以不费劲地包医百病。这是一种幼稚者的蒙昧，我们对这些人应当做启蒙运动。

要领悟得透，首先要从整体上来把握马克思主义。马克思主义哲学认为，世界处在普遍联系和永恒发展之中，这就要求我们不可割裂事物之间的联系，片面地孤立地看问题，在重点抓某项工作时，往往忽视其他工作，结果某项工作虽然上去了，而被忽视的工作却反过来产生制约作用，不得不回过头来抓这项工作，结果陷入"按下葫芦浮

① 《传习录译注》，中华书局 2016 年版，第 6 页。

起瓢”的恶性循环。要对大量的、生动具体的感性材料进行“去粗取精，去伪存真，由此及彼，由表及里”的加工制作。其中，“去粗取精”“去伪存真”是讲按照典型性、真实性的原则去整理材料；“由此及彼”“由表及里”是讲按照全面性、本质性的原则分析材料，把各种材料连贯起来加以研究思考。只有这样，我们才能由感性认识上升到理性认识。从个别中找到一般，从偶然中找到必然，抓住问题的本质，找到解决问题的办法。

要领悟得透，其次要从马克思主义哲学的最新形态来领会。马克思主义哲学是科学完备的，同时又是与时俱进的。不了解它的基本原则，就不足以认识它的科学完备性；而不把握它的最新形态，就不足以懂得它的与时俱进性。我们要在理解马克思主义总体原则的基础上，重点把握马克思主义的最新形态——习近平新时代中国特色社会主义思想。

要领悟得透，还要在中国特色社会主义的伟大实践中学习。要把握新时代矛盾的主要转化。在通往远大目标的漫漫征途中，紧要处往往只有关键几步。经过新中国成立以来艰苦探索特别是改革开放以来快速发展，中国特色社会主义取得了巨大成就，实现了中华民族从站起来、富起来到强起来的伟大飞跃，迎来了中华民族伟大复兴的光明前景。回首来时路，苦难辉煌、砥砺前行；展望新征程，路险且艰、任重道远。行进的中国正站在一个新的关键节点上。改革旨在兴利除弊，但改革不是一蹴而就的，往往会出现利弊并存的现象。对全局有利的，可能对某些局部不利；对长远有利的，暂时可能也有某些不利；为了求大利，有时就不得不允许存小弊。正如鲁迅先生所说：“倘无弊害，岂不更是非常之好？然而在实际上，却断没有这样的事。……有百利而无一弊的事也是没有的，只可权大小。”[①] 对于改革取得的成就，带来的利益，我们要充分肯定，这样才能坚定深化改革的信心；对于改革中出现的问题，我们也要正视和重视，认真研究解决，不能回避或忽视，这样才能保证改革的顺利进行。

要想领悟得透，就要特别重视理论与实践的互动关系。要培养调查研究的能力，善于总结的能力。调查研究“心入”的关键是“心入”群众。毛泽东同志曾指出：调查研究，如果“没有满腔的热忱，没有眼睛向下的决心，没有求知的渴望，没有放下臭架子、甘当小学生的精神，是一定不能做，也一定做不好的”[②]。习近平总书记经常强调共产党员要表里如一、知行合一，理论与实践有机统一，特别要学会总结经验。这不是“马后炮”“事后诸葛亮”，只有经常做“事后诸葛亮”的人，才能成为“事前诸葛亮”。在实际工作中，要真正做到“打一仗进一步”，就必须不断总结经验，不但要“学中做”，而且还要“做中学”。

习近平新时代中国特色社会主义思想是对新时代伟大实践的提炼概括，凝聚着以习近平同志为核心的党中央的智慧精华，在形式上平易近人，在内容上博大精深，不是看一两遍、记住一些概念就可以的，要注意勤思多想，注重采取理论和实践、历史和现实、当前和未来相结合的方法，领会准、领会深、领会透。

从一定意义上说，掌握马克思主义理论的深度，决定着政治敏感

---

① 《鲁迅全集》第 6 卷，人民文学出版社 2005 年版，第 292 页。
② 《毛泽东选集》第 3 卷，人民出版社 1991 年版，第 790 页。

的程度、思维视野的广度、思想境界的高度。要坚持和运用辩证唯物主义和历史唯物主义的世界观和方法论，坚持和运用马克思主义关于世界的物质性及其发展规律等基本原理，坚持和运用马克思主义的实践观、群众观、阶级观、发展观、矛盾观等，真正把马克思主义这个看家本领学精悟透用好。思维规律表明，在逐步接近“真正把马克思主义这个看家本领学精悟透用好”这个境界的过程中，人们的思维方式会逐渐深化和升华，获得一个合格的乃至优秀的马克思主义者应有的理论分析能力、判断能力、表达能力、研究能力等。一旦走上这样的轨道，就会逐渐变得心明眼亮，面对纷繁复杂的社会现象，就能够逐步从现象中看到本质，从当前实践中看到长远发展，从运动中看到规律，从而越来越具备理论素养和理论思维。

——黄相怀：《练好理论思维的基本功》，《解放军报》2022 年 1 月 14 日

（三）用好才算到家

习近平总书记是第一位出生和成长在新中国的中共中央总书记，有过艰苦曲折的少年时光，有过激情澎湃的青春岁月，有过矢志奋斗的中年时代。经过长期的生活工作历练，习近平总书记把中国的国情和马克思主义的思想高度结合起来，步履稳健，高瞻远瞩，磨砺出大国领袖的品格，凝聚着深刻的人民情怀。

习近平总书记自己就是身体力行的好榜样。我们看习近平总书记怎样做群众的工作，对知识分子就要先以理服人，对群众则不但要以理服人，还要真实感人。当年在梁家河，习近平作为“娃娃书记”，一心想改善当地群众的生活，就想到搞沼气。这也就有了他和刘永耀的一个对话。

习近平说服刘永耀说："我们如果长期使用化肥，就会造成土壤的板结。咱陕北土地瘠薄，若能使用沼气肥，就能改良土壤，提高产量。推而广之，如果全世界都能使用沼气肥的话，既清洁环保，又改良了土壤，这是多么好的一件事！"习近平还说了一句让刘永耀震撼的话："人来到世上，就是要为人类办好事。"

刘永耀说："社员不理解办沼气，你给他们讲道理，就像刚才给我讲的那样，他们肯定能理解。我已经被你说服了。"

习近平说："我已经想好了，先建一个沼气池，让社员看到实际效益，再说服就容易了。"

梁家河第一口沼气池顺利产气，成功点火。社员信服了，更多的沼气池建了起来。[①]

做事要得法，凡事都要找出其中的规律性。中国古代思想家荀子说过："天行有常，不为尧存，不为桀亡。"事物发展的客观规律性是不可抗拒的，顺之则事可成，逆之则事必败。主观能动性丝毫不同于主观任意性，它的发挥方向必须与客观规律性相统一，为客观规律性所规定。主观能动性的发挥，只有按照客观规律所显示的事物发展趋势去努力，才能达到既定目的。

学好马克思主义唯物辩证法，就打开了一扇通往事物本质的门，其他所有的东西都可为我所用。毛泽东就有许多把《西游记》《红楼梦》《水浒传》《三国演义》中的例子运用到解决现实问题的鲜活案例。比如，他讲"《水浒传》上有很多唯物辩证法的事例，这个三打祝家庄，算是最好的一个"[②]。同样，不但群众喜闻乐见、耳熟能详的

① 《梁家河》，陕西人民出版社 2018 年版，第 133—134 页。
② 《毛泽东选集》第 1 卷，人民出版社 1991 年版，第 313 页。

例子可以阐发唯物辩证法，解决日常问题；而且科学的最新发展，其方法也可以借鉴过来用。习近平总书记就把科学上的系统论、控制论、信息论（老三论）和耗散结构论、协同论和突变论（新三论）的方法和唯物辩证法结合，化用到治国理政当中，形成系统科学的方法论体系，简洁清晰阐明中国的发展前途与趋势。

用好马克思主义，不但能指导我们的社会主义伟大实践，同样也能发展马克思主义本身。正如习近平总书记指出的："我们要坚持用马克思主义观察时代、解读时代、引领时代，用鲜活丰富的当代中国实践来推动马克思主义发展，用宽广视野吸收人类创造的一切优秀文明成果，坚持在改革中守正出新、不断超越自己，在开放中博采众长、不断完善自己，不断深化对共产党执政规律、社会主义建设规律、人类社会发展规律的认识，不断开辟当代中国马克思主义、二十一世纪马克思主义新境界！"①

毛泽东同志说过，"不如马克思，不是马克思主义者；等于马克思，也不是马克思主义者；只有超过马克思，才是马克思主义者"。正是在这个思想指导下，100 多年来，中国共产党把马克思主义"化"为了中国化的马克思主义、中国特色社会主义。"拥有马克思主义科学理论指导是我们党坚定信仰信念、把握历史主动的根本所在。"②马克思主义作为系统化、理论化的世界观和方法论，有海纳百川的博大，有与时俱进的创新，更有具体问题具体分析的活的灵魂，是理论与实践有机统一的典范。而习近平新时代中国特色社会主义思想作为二十一

---

① 习近平:《在纪念马克思诞辰 200 周年大会上的讲话》，人民出版社 2018 年版，第 27 页。

② 习近平:《高举中国特色社会主义伟大旗帜 为全面建设社会主义现代化国家而团结奋斗——在中国共产党第二十次全国代表大会上的报告》，《人民日报》2022 年 10 月 26 日。

世纪马克思主义，不但实现了马克思主义中国化的新飞跃，更成为我们党在新时代伟大实践中的指南。“樱桃好吃树难栽，不洒心血花不开。”要想建功新时代，奋进新征程，就得向时代学习、向实践学习、向人民学习，从古今中外的经验和科学中汲取力量，尤其重要的是要从马克思主义理论中汲取智慧力量。只有学好习近平新时代中国特色社会主义思想，学精、吃透、用好，才能“千磨万击还坚劲，任尔东南西北风”。

第二章

坚持人民至上

坚持人民至上是我们党100多年来领导人民进行伟大奋斗所积累的宝贵经验，也是贯穿习近平新时代中国特色社会主义思想的世界观和方法论，反映了我们党对“江山就是人民，人民就是江山”理念的深刻把握和系统运用。一切为了人民，一切依靠人民，坚持为人民执政、靠人民执政，把党的正确主张变成群众的自觉行动，是我们党克敌制胜、攻坚克难的重要法宝。习近平总书记指出：“我们要站稳人民立场、把握人民愿望、尊重人民创造、集中人民智慧，形成为人民所喜爱、所认同、所拥有的理论，使之成为指导人民认识世界和改造世界的强大思想武器。”①

习近平总书记是这样说的，也是这样做的。在治国理政过程中，他始终坚持炕头板凳坐得住、粗茶淡饭吃得进、家长里短聊得来，感知着百姓冷

① 习近平：《高举中国特色社会主义伟大旗帜　为全面建设社会主义现代化国家而团结奋斗——在中国共产党第二十次全国代表大会上的报告》，人民出版社2022年版，第19页。

暖，回应着群众期盼，形成了一系列治国理政的新理念新思想新战略。党的十八大以来，以习近平同志为核心的党中央坚持以人民为中心，把坚持人民至上全面深入贯彻到新时代中国特色社会主义实践的全过程，推动了新时代群众路线的深化发展，密切了党同人民群众的血肉联系，创立了习近平新时代中国特色社会主义思想，团结带领全国各族人民在全面建成小康社会基础上，开启了全面建设社会主义现代化国家、实现中华民族伟大复兴的新征程。

一、人民是党执政兴国的最大底气

“党的根基在人民、血脉在人民、力量在人民”[①]，坚持人民至上是中国共产党人守初心、担使命的鲜明体现，蕴含着中国共产党人永葆青春活力和战斗力的关键密码。它彰显了中国共产党人全心全意为人民服务的性质和宗旨，彰显了我们党一切为了人民的政治立场和价值取向，反映了中国共产党执政兴国的最大底气。

（一）人民群众是历史的创造者

人民群众是一个历史范畴，是指一切对社会历史起着推动作用的人们。坚持马克思主义群众观，正确认识、准确把握群众内涵，对于新时代深入理解和贯彻坚持人民至上至关重要。

马克思主义群众观科学阐明了人民群众的内涵。马克思认为人民群众是历史的创造者，“历史活动是群众的活动，随着历史活动的深入，必将是群众队伍的扩大”[②]。在马克思看来，人民群众往往是指与

---

① 《中共中央关于党的百年奋斗重大成就和历史经验的决议》，人民出版社 2021 年版，第 66 页。
② 《马克思恩格斯文集》第 1 卷，人民出版社 2009 年版，第 287 页。

无产阶级政党相对应的工人阶级，是无产阶级政党实现领导功能的阶级基础。在列宁的思想中，人民群众内涵进一步丰富、发展，群众不仅等同于工人阶级的代名词，而且变成了那个时代“千百万人”的集合体。列宁在1918年说：“数以千百万计的群众，——哪里有千百万人，哪里才是政治的起点；哪里有千百万人，而不是几千人，哪里才是真正的政治的起点。”[①] 列宁扩大了群众概念的内涵，由“工人群众”变成一般的“全体被剥削者”，包括工人、农民以及一部分流浪无产者、小资产阶级等，并且群众是积极的、可以利用的社会力量。可以说，在马克思主义经典作家那里，人民群众是一个动态的、发展的概念。其狭义含义是指工人阶级；其一般含义是指全体被剥削者或全体劳动者，包括工人、农民、小资产阶级，他们靠劳动谋生；其广义含义是指作为哲学概念的“人民群众”，往往指不同历史阶段和社会形态中的劳动者，他们是创造历史的主体，也是推动人类历史发展和社会进步的决定性力量。

经典重读

如果要去探究那些隐藏在——自觉地或不自觉地，而且往往是不自觉地——历史人物的动机背后并且构成历史的真正的最后动力的动力，那么问题涉及的，与其说是个别人物，即使是非常杰出的人物的动机，不如说是使广大群众、使整个整个的民族，并且在每一民族中

① 《列宁全集》第34卷，人民出版社2017年版，第13页。

间又是使整个整个阶级行动起来的动机。

——恩格斯：《路德维希·费尔巴哈和德国古典哲学的终结》（1886 年 1 月—2 月初），《马克思恩格斯选集》第 4 卷，人民出版社 2012 年版，第 255—256 页

中国共产党人在长期的奋斗实践中不断深化对人民群众的认识。毛泽东曾指出，“真正的铜墙铁壁是什么？是群众，是千百万真心实意地拥护革命的群众。这是真正的铜墙铁壁，什么力量也打不破的，完全打不破的”[①]。中国共产党在不同时期，对人民群众范围有不同的界定，总的来说，随着党的事业不断发展，人民群众的范围也不断扩大。在中国特色社会主义新时代，人民群众的范围包括一切赞成、拥护和参加社会主义现代化建设事业的阶级、阶层和社会集团，包括全体社会主义劳动者、社会主义事业的建设者、拥护中国共产党和中国特色社会主义的爱国者、拥护祖国统一和致力于中华民族伟大复兴的爱国者。

党的十八大以来，以习近平同志为核心的党中央坚持人民至上，贯彻创新、协调、绿色、开放、共享的新发展理念，推动以人民为中心的发展，把满足人民对美好生活的需要作为党的奋斗目标，充分调动了人民群众建设社会主义的积极性、主动性和创造性，丰富发展了马克思主义群众观。2021 年 11 月，党的十九届六中全会审议通过的《中共中央关于党的百年奋斗重大成就和历史经验的决议》，把坚持人民至上作为我们党领导人民百年奋斗所形成的十个方面的历史经验之一，反映了我们党对马克思主义群众观的认识和把握达到了新的高度。党的二十

① 《毛泽东选集》第 1 卷，人民出版社 1991 年版，第 139 页。

大把坚持人民至上作为继续推进实践基础上的理论创新的世界观和方法论，进一步丰富了坚持人民至上的内涵，彰显了其意义。

（二）一切为了人民，一切依靠人民

一切为了人民，一切依靠人民，深刻体现了党坚持全心全意为人民服务的根本宗旨和坚持人民群众是推动历史发展的根本力量的原则。中国共产党是以马克思主义为指导、全心全意为人民服务的执政党，这是由党是中国工人阶级的先锋队，同时是中国人民和中华民族的先锋队这一性质所决定的。

中国特色社会主义进入新时代，我们党面临国际国内各种挑战和考验，以习近平同志为核心的党中央，坚持人民至上的唯物史观，强调全党要把一切为了人民作为党的奋斗目标。习近平总书记指出："人民对美好生活的向往，就是我们的奋斗目标。"①"坚持把实现人民对美好生活的向往作为现代化建设的出发点和落脚点。"②"江山就是人民，人民就是江山，打江山、守江山，守的是人民的心。"③要做到一切为了人民，就必须坚持人民主体地位，"就要始终把人民放在心中最高的位置"④，就必须始终牢记党的全心全意为人民服务的宗旨，克服和纠正违背党的宗旨的言论与行为。为此，习近平总书记以问题为导向，聚焦实践遇到的新问题、改革发展稳定存在的深层次问题、人民群众"急难愁盼"问题、国际变局中的重大问题、党的建设面临

---

① 《习近平谈治国理政》第 1 卷，外文出版社 2018 年版，第 4 页。

② 习近平：《高举中国特色社会主义伟大旗帜 为全面建设社会主义现代化国家而团结奋斗——在中国共产党第二十次全国代表大会上的报告》，人民出版社 2022 年版，第 22 页。

③ 习近平：《在庆祝中国共产党成立 100 周年大会上的讲话》，人民出版社 2021 年版，第 11 页。

④ 《习近平谈治国理政》第 1 卷，外文出版社 2018 年版，第 409 页。

的突出问题，破解发展中面临的难题和重大课题，坚持在发展中保障和改善民生，坚持促进社会公平正义、增进人民福祉。党的十八大以来，我国完成脱贫攻坚、全面建成小康社会的历史任务，实现第一个百年奋斗目标。特别是面对突如其来的新冠肺炎疫情，我们坚持人民至上、生命至上，坚持外防输入、内防反弹，坚持动态清零不动摇，开展抗击疫情人民战争、总体战、阻击战，最大限度保护了人民生命安全和身体健康，统筹疫情防控和经济社会发展取得重大积极成果。这一系列实践措施及其成效，深刻体现了一切为了人民的深刻内涵。

一切依靠人民，就是要充分认识到人民群众是社会实践的主体，是社会物质财富和精神财富的创造者，人民群众力量决定着社会发展的方向。历史发展和社会进步，不是神学史观所宣称的“神的旨意”，不是英雄史观所吹嘘的是由少数精英人物的腕力和“杰出作用”决定的，更不是现代资产阶级政客和理论家所伪饰的“资本的作用”和“金钱万能”的结果，而是人民群众充分发挥自己推动历史前进的积极性、主动性和创造性，进行改造世界的生动写照。

经典重读

没有千百万觉悟群众的革命行动，没有群众汹涌澎湃的英勇气概，没有马克思在谈到巴黎工人在公社时期的表现时所说的那种“冲天”的决心和本领，是不可能消灭专制制度的。

——列宁：《社会民主党在俄国革命中的土地纲领》（1908 年 7 月 18 日），《列宁全集》第 17 卷，人民出版社 2017 年版，第 151 页

以习近平同志为核心的党中央始终坚持贯彻马克思主义群众观，尊重人民群众主体地位，坚信人民是创造历史的真英雄，在新的历史条件下始终与人民群众同呼吸、共命运，落实全心全意为人民服务的宗旨，以实际行动密切党群干群关系。人民群众是中国共产党得以生存和发展的政治基础，习近平总书记指出："党和国家事业的发展进步，离不开人民的创造力量；党的全部执政活动，离不开强有力的群众工作。"[①] 人民群众是党和国家发展进步的推动力量，我们党要与群众真正地融合在一起，看到群众的真实需要，尊重群众的自由选择。人民群众是中国共产党的智慧源泉，中国共产党取得长期革命、建设、改革胜利依靠的是人民群众无穷的智慧和丰富的实践经验。"我们要实现好、维护好、发展好最广大人民根本利益，紧紧抓住人民最关心最直接最现实的利益问题，坚持尽力而为、量力而行，深入群众、深入基层，采取更多惠民生、暖民心举措，着力解决好人民群众急难愁盼问题。"[②] 一切为了人民，一切依靠人民就是要以人民为中心，把人民利益作为一切工作的出发点和落脚点，积极从人民群众中汲取对事物发展以及生产建设的智慧与经验，与人民群众拧成一股绳，依靠人民群众的伟大力量和智慧取得党和国家事业发展的胜利。

（三）从群众中来，到群众中去

党的正确主张从哪里来？党的发展力量从哪里来？坚持人民至上秉承"从群众中来，到群众中去"的根本领导方法和工作方法，鲜明

① 《十七大以来重要文献选编》（下），中央文献出版社 2013 年版，第 176 页。
② 习近平：《高举中国特色社会主义伟大旗帜　为全面建设社会主义现代化国家而团结奋斗——在中国共产党第二十次全国代表大会上的报告》，人民出版社 2022 年版，第 46 页。

地回答了这一问题。毛泽东在《关于领导方法的若干问题》一文中指出："在我党的一切实际工作中，凡属正确的领导，必须是从群众中来，到群众中去。这就是说，将群众的意见（分散的无系统的意见）集中起来（经过研究，化为集中的系统的意见），又到群众中去作宣传解释，化为群众的意见，使群众坚持下去，见之于行动，并在群众行动中考验这些意见是否正确。然后再从群众中集中起来，再到群众中坚持下去。如此无限循环，一次比一次地更正确、更生动、更丰富。这就是马克思主义的认识论。"[①] 这系统地阐发了"从群众中来，到群众中去"的根本方法，并深刻地揭示了这一工作方法的马克思主义认识论基础，成为指导中国共产党人开展各项工作，推动事业前进的根本方法。习近平总书记弘扬这一根本方法，强调指出："人民性是马克思主义的本质属性，党的理论是来自人民、为了人民、造福人民的理论，人民的创造性实践是理论创新的不竭源泉。"[②] 这对于推动理论创新，指导社会实践，不断增强党执政兴国的最大底气具有十分重要的意义。

经典重读

从群众中集中起来又到群众中坚持下去，以形成正确的领导意见，这是基本的领导方法。在集中和坚持过程中，必须采取一般号召和个别指导相结合的方法，这是前一个方法的组成部分。从许多个别指导中形成一般意见（一般号召），又拿这一般意见到许多个别单位

① 《毛泽东选集》第 3 卷，人民出版社 1991 年版，第 899 页。

② 习近平：《高举中国特色社会主义伟大旗帜　为全面建设社会主义现代化国家而团结奋斗——在中国共产党第二十次全国代表大会上的报告》，人民出版社 2022 年版，第 19 页。

中去考验（不但自己这样做，而且告诉别人也这样做），然后集中新的经验（总结经验），做成新的指示去普遍地指导群众。同志们在这次整风中应该这样去做，在任何工作中也应该这样去做。比较好的领导，就是从比较善于这样去做而得到的。

——毛泽东：《关于领导方法的若干问题》（1943 年 6 月），《毛泽东选集》第 3 卷，人民出版社 1991 年版，第 900 页

习近平总书记指出："群众的实践是最丰富最生动的实践，群众中蕴藏着巨大的智慧和力量。我们一定要认真贯彻党的群众路线，坚持从群众中来到群众中去。"[①] 这意味着，领导干部在办公室里闭门造车想出来的方针政策那是脱离群众、远离现实的，是不管用的。由此习近平总书记强调："好的方针政策和发展规划都应该顺应人民意愿、符合人民所思所盼，从群众中来、到群众中去。"[②] 党的领导工作的正确方法，就是将群众意见集中起来形成正确的决策，又到群众中宣传解释，将决策化为群众的行动，并在群众实践中检验这些决策是否正确。

二、坚持群众路线这一党的生命线和根本工作路线

坚持人民至上就要坚持践行党的群众路线。中国共产党成立 100 多年以来，之所以能够保持长期稳固的执政地位与执政基础，之所以能够取得如此巨大的成就，之所以能够在历史的征程中不断从胜利走

① 习近平：《干在实处 走在前列——推进浙江新发展的思考与实践》，中共中央党校出版社 2006 年版，第 530 页。
② 习近平：《在基层代表座谈会上的讲话》，人民出版社 2020 年版，第 3 页。

向新的胜利，根本原因就在于坚持群众路线、紧紧依靠人民群众、赢得人民群众。习近平总书记指出："群众路线是我们党的生命线和根本工作路线，是我们党永葆青春活力和战斗力的重要传家宝。"[①]

（一）群众路线彰显党的性质和宗旨

人民性是马克思主义的本质属性，马克思主义政党站在无产阶级立场上、代表着无产阶级和广大人民群众的利益。相信谁、依靠谁、为了谁，是否始终站在最广大人民的立场上，是判断马克思主义政党的试金石。中国共产党是中国工人阶级的先锋队，同时是中国人民和中华民族的先锋队，是中国特色社会主义事业的领导核心，代表中国先进生产力的发展要求，代表中国先进文化的前进方向，代表中国最广大人民的根本利益，这就是中国共产党的性质，深刻体现了中国共产党阶级性、人民性和先进性的有机统一。中国共产党的性质就决定了党必然永远行进在贯彻党的群众路线、保持党同人民群众血肉联系的历史征途中。党的性质决定了党的宗旨就是全心全意为人民服务，党的初心使命就是为中国人民谋幸福，为中华民族谋复兴。

党的群众路线对全体党员干部的内在要求就是要始终把人民利益放在第一位，把实现好、维护好、发展好最广大人民群众根本利益作为一切工作的出发点和落脚点，做到权为民所用、情为民所系、利为民所谋，使党和国家的事业获得最广泛、最可靠、最牢固的群众基础和力量源泉，这与党的性质宗旨是完全一致、内在统一的。始终把人民利益放在第一位，其实质就是为最广大人民利益而奋斗，全心全意为人民服务，这也是坚持群众路线必须切实遵循的首要原则。

---

① 《习近平谈治国理政》第 1 卷，外文出版社 2018 年版，第 27 页。

党的十八大以来，在全党开展的以为民务实清廉为主要内容的党的群众路线教育实践活动，以及习近平总书记在这期间关于教育实践活动的一系列重大战略思想、重大理论观点、重大决策部署，深刻反映了党的群众路线的内涵，这是对党的性质宗旨的忠诚坚守，体现了我们党新形势下加强党的自身建设、保持党的先进性和纯洁性的思想自觉和行动自觉，反映了我们党顺应人民群众期盼、锲而不舍抓作风改作风的鲜明态度和坚定决心，反映了我们党对为人民执政、靠人民执政理念的一贯坚守。

党的群众路线教育实践活动

根据中国共产党第十八次全国代表大会精神，于 2013 年 6 月至 2014 年 10 月在全党范围内部署开展的一次以为民务实清廉为主要内容，聚焦作风建设的教育实践活动，活动自上而下分两批进行。第一批于 2013 年 6 月 18 日启动，参加单位为省部级领导机关和副省级城市机关及其直属单位，中管企业、中管金融企业及中管高校；第二批于 2014 年 1 月开始，在省以下各级机关及其直属单位和基层组织开展。党的群众路线教育实践活动着力解决人民群众反映强烈的突出问题，提高党做好新形势下群众工作的能力，保持党同人民群众的血肉联系，发挥党密切联系群众的优势，使党在群众中的威信和形象进一步树立，党心民心进一步凝聚，为推动经济持续健康发展、实现中华民族伟大复兴的中国梦提供了坚强保证。

中国共产党来自人民、立足人民，为了人民、依靠人民，自诞生之日起就牢固树立了“为中国人民谋幸福、为中华民族谋复兴”的初心使命，矢志不渝为人民群众的美好生活不懈奋斗。从毛泽东指出“我们是站在无产阶级的和人民大众的立场”[①]，到习近平总书记强调“我们要始终把人民立场作为根本立场，把为人民谋幸福作为根本使命，坚持全心全意为人民服务的根本宗旨”[②]，一以贯之地坚持了群众路线的核心，阐明了中国共产党的执政目的，规定了中国共产党开展工作的出发点和落脚点。“江山就是人民，人民就是江山。中国共产党领导人民打江山、守江山，守的是人民的心。治国有常，利民为本。为民造福是立党为公、执政为民的本质要求。”[③]新时代，中国共产党人坚持将群众路线的工作方法与党的性质宗旨相结合，尊重群众，相信群众，虚心向群众学习，坚守党的宗旨，坚守党的初心使命，充分激发人民群众的积极性、主动性、创造性，推动党和人民事业大发展大进步。

（二）群众路线是党的重要传家宝

群众路线是中国共产党人的传家宝。在党的百年奋斗历程中，党始终践行群众路线，推动党的队伍不断扩大，推动党和人民事业不断走向新的胜利。建党初期与大革命时期是党的群众路线思想的萌芽阶段。1921 年，党的一大通过的《中国共产党第一个纲领》明确提

① 《毛泽东选集》第 3 卷，人民出版社 1991 年版，第 848 页。
② 《习近平谈治国理政》第 3 卷，外文出版社 2020 年版，第 136 页。
③ 习近平：《高举中国特色社会主义伟大旗帜　为全面建设社会主义现代化国家而团结奋斗——在中国共产党第二十次全国代表大会上的报告》，人民出版社 2022 年版，第 46 页。

1922 年 7 月，中国共产党在上海召开了第二次全国代表大会，制定了党的最低纲领和最高纲领。图为党的二大会址

出，“本党承认苏维埃管理制度，把工农劳动者和士兵组织起来”[①]。1922 年，党的二大制定的《关于共产党的组织章程决议案》提出，“我们既然是为无产群众奋斗的政党，我们便要‘到群众中去’要组成一个大的‘群众党’”[②]。1925 年，毛泽东在《中国社会各阶级的分析》中指出：“工业无产阶级是我们革命的领导力量。一切半无产阶级、小资产阶级，是我们最接近的朋友。”[③]1927 年 3 月，毛泽东撰写了《湖南农民运动考察报告》，指出农民运动暴风骤雨般的强大力量

① 《建党以来重要文献选编（1921—1949）》第 1 册，中央文献出版社 2011 年版，第 1 页。
② 《建党以来重要文献选编（1921—1949）》第 1 册，中央文献出版社 2011 年版，第 162 页。
③ 《毛泽东年谱（1893—1949）》（修订本）（上卷），中央文献出版社 2013 年版，第 142 页。

与发展形势，是任何力量都无法压制的。

土地革命战争时期是党的群众路线思想的形成阶段。1929 年 9 月，《中央给红四军前委的指示信》中，3 次提到“群众路线”，这是党的正式文件里第一次出现“群众路线”概念。在后来的革命实践中，党内形成的“三大纪律，八项注意”，成为党践行群众路线的鲜活案例。土地革命时期，尤其是红军长征中，党注重维护群众利益，踏踏实实做群众工作，不仅播撒了革命的火种、宣传了革命思想，也为中国革命形势的转危为安创造了必要条件。在特殊的革命环境下，中国共产党和红军已经能够灵活地将群众路线与不同的革命斗争实践结合起来，获得了广大人民群众的认可和支持。

抗日战争和解放战争时期，党的群众路线思想走向成熟。抗日战争全面爆发后，毛泽东在《论持久战》中指出：“战争的伟力之最深厚的根源，存在于民众之中。”[①]党在这一时期的群众路线，集中体现在发动群众和武装群众，使日寇陷入人民战争的汪洋大海。1945 年，毛泽东在党的七大上作了《论联合政府》的政治报告，要求全党必须“全心全意地为人民服务，一刻也不脱离群众；一切从人民的利益出发”[②]。党的七大党章是我们党第一部自主修改通过的党章，全面贯彻融入了党的群众路线，这标志着党的群众路线思想走向成熟。

相关文献

中国共产党人必须具有全心全意为中国人民服务的精神，必须与

① 《毛泽东选集》第 2 卷，人民出版社 1991 年版，第 511 页。
② 《建党以来重要文献选编（1921—1949）》第 22 册，中央文献出版社 2011 年版，第 398 页。

工人群众、农民群众及其他革命人民建立广泛的联系。并经常注意巩固与扩大这种联系。每一个党员都必须理解党的利益与人民利益的一致性，对党负责与对人民负责的一致性。每一个党员都必须用心倾听人民群众的呼声和了解他们的迫切需要，并帮助他们组织起来，为实现他们的需要而斗争。每一个党员都必须决心向人民群众学习，同时以革命精神不疲倦地去教育人民群众，启发与提高人民群众的觉悟。中国共产党必须经常警戒自己脱离人民群众的危险性，必须经常注意防止和清洗自己内部的尾巴主义、命令主义、关门主义、官僚主义与军阀主义等脱离群众的错误倾向。

——《中国共产党党章》(中共七大一九四五年六月十一日通过)

新中国成立后，党的群众路线得到了丰富发展，从克敌制胜的武器发展为党长期执政的法宝。党的八大第一次把“群众路线”写入党章。邓小平在党的八大上作《关于修改党的章程的报告》时，结合执政党面临的新情况，深刻系统地阐述了群众路线是党的根本路线这一重要观点。他指出，我们党是在与人民群众密切联系、共同战斗中诞生、发展、壮大、成熟起来的。正确地实行群众路线，党的事业就成功；反之党和人民事业就遭受损失。由于我们党成为执政党，脱离群众的危险，比以前大大增加了，而脱离群众对于人民可能产生的危害，也比以前大大地增加了。在这个时候认真宣传和贯彻执行党的群众路线，也就有特别重大的意义。

改革开放以来，以邓小平同志为主要代表的中国共产党人，强调恢复和发展党的群众路线的极端重要性，明确指出：“群众是我们力量的源泉，群众路线和群众观点是我们的传家宝。”[①] 1981 年，党的十一届六中全会通过的《关于建国以来若干历史问题的决议》指出：“群众路线，就是一切为了群众，一切依靠群众，从群众中来，到群众中去。”[②] 在此基础上，党的十三大在党章中增加了“把党的正确主张变为群众的自觉行动”。至此，党的群众路线思想获得了内涵丰富的完整表述。

中国特色社会主义进入新时代，习近平总书记提出了“群众路线是我们党的生命线和根本工作路线”[③] 的论断，作出“群众路线是永葆党的青春活力和战斗力的重要传家宝”[④] 的精辟论述，并从治国理政的战略高度将这一根本工作路线切实贯彻到党的全部活动之中，深化了中国共产党人对群众路线实践的规律性认识，为新时代全党同志践行群众路线，密切党群关系，推进党和国家事业顺利发展提供了方向指引，充分发挥了群众路线传家宝作用。

（三）群众路线事关党的事业成败

习近平总书记在党的群众路线教育实践活动工作会议上指出：“能否保持党同人民群众的血肉联系，决定着党的事业的成败。”[⑤] 党的力量在于人民，只有坚持全心全意为人民服务的宗旨，党才能发展壮大，党领导的伟大事业才能形成星火燎原之势。党来自人民，只有保持同人民群众的血肉联系，才能立于不败之地，党领导的伟大事业

① 《邓小平文选》第 2 卷，人民出版社 1994 年版，第 368 页。
② 《十一届三中全会以来重要文献选读》(上册)，人民出版社 1987 年版，第 340 页。
③ 《习近平关于党的群众路线教育实践活动论述摘编》，党建读物出版社、中央文献出版社 2014 年版，第 7 页。
④ 《习近平关于党的群众路线教育实践活动论述摘编》，党建读物出版社、中央文献出版社 2014 年版，第 39 页。
⑤ 《习近平谈治国理政》第 1 卷，外文出版社 2018 年版，第 367 页。

才能具备坚实的根基；党根植于人民，只有充分发挥密切联系群众这一巨大优势，才能推动历史前进，党领导的伟大事业才能获得不竭的动力；党的血脉在于人民，只有坚定不移地与人民同呼吸共命运，才能经受住各种风险挑战，党领导的伟大事业才能从胜利走向胜利。

党的百余年历史经验告诉我们，群众路线事关党的事业成败。正是由于贯彻党的群众路线，中国革命才找到了一条“农村包围城市，武装夺取政权”的正确道路，党领导的革命事业实现了由幼稚到成熟的伟大转变，最终夺取了新民主主义革命的胜利，建立了新中国。在社会主义革命和建设初期，中国共产党自觉坚持群众路线的传统，深入调查研究，放手发动群众，保持党同群众的血肉联系、鱼水关系，从而建立了社会主义基本制度，推进了社会主义事业发展，为新时期开创中国特色社会主义提供了宝贵经验、理论准备、物质基础。党的十一届三中全会以来，党恢复了解放思想、实事求是的思想路线，始终高度重视保持党同人民群众的血肉联系，全党作风状况为之焕然一新，有效保障了党的改革开放和社会主义现代化建设的顺利推进。

沂蒙精神：党和人民生死相依血肉联系的生动诠释

2013 年 11 月，习近平总书记视察山东时指出：“山东是革命老区，有着光荣传统，军民水乳交融、生死与共铸就的沂蒙精神，对我们今天抓党的建设仍然具有十分重要的启示作用。”习近平总书记关于“水乳交融、生死与共”沂蒙精神特质的高度概括，为认识、弘扬、践行沂蒙精神提供了根本遵循。沂蒙精神之所以感天动地，就是因为党和人民的鱼水情谊升华到了“生与死”的境界。从 1937 年到 1949 年，沂蒙山革命根据地发生大小战斗 4000 余次，当时根据地 420 万人口中，有 120 多万人拥军支前，20 多万人参军参战，10 多万将士血染疆场。沂蒙军民用生死与共的实际行动，树起了一座巍峨的历史丰碑，昭示和激励我们必须植根人民，始终与人民同呼吸、共命运、心连心。

党的十八大以来，面对世界经济复苏乏力、局部冲突和动荡频发、全球性问题加剧的外部环境，面对中国艰巨繁重的改革发展稳定任务，我们党紧紧依靠人民，充分调动最广大人民的积极性、主动性、创造性，在经济建设、全面深化改革、民主法治建设、思想文化建设、人民生活、生态文明建设、强军兴军、港澳台工作、外交、全面从严治党等方面持续推进，推动党和国家事业发生了历史性变革。我们党之所以能够具有全面开创党和国家事业新局面的勇气，是因为党肩负着人民群众的重托，将人民群众根本利益放在第一位；之所以“攻克了许多长期没有解决的难题，办成了许多事关长远的大事要事，推动党和国家事业取得举世瞩目的重大成就”[①]，是因为解决的问题、办成的大事要事、取得的重大成就都顺应了广大人民群众的殷切期盼，凝聚了广大人民群众的智慧与力量。

境外声音

哈萨克斯坦中国贸易促进协会会长哈纳特·拜赛克：“人民”是

① 习近平：《高举中国特色社会主义伟大旗帜　为全面建设社会主义现代化国家而团结奋斗——在中国共产党第二十次全国代表大会上的报告》，人民出版社 2022 年版，第 4 页。

中共二十大的高频词之一，“中国共产党从人民中走来，始终坚持人民至上”。

老挝人民革命党中央办公厅副主任京培：中共二十大报告提出的“坚持人民至上，坚持自信自立，坚持守正创新，坚持问题导向，坚持系统观念，坚持胸怀天下”，既是对过往经验的系统总结，也为未来工作提供科学指引。

古巴国际政治研究中心中国问题专家爱德华多·雷加拉多：中国全面建设社会主义现代化强国，覆盖人口多，影响范围大，“将为各国人民带来极为可贵的发展新机遇”。

南越中友好协会副主席、战略与国际关系发展研究中心高级顾问阮荣光：中国共产党敏锐洞察党内和中国社会存在的问题，为解决问题把准了脉、用对了药，采取了一系列扎实举措，使中国发生了巨大变化，这为其他国家的执政党提供了宝贵经验。

——《“这是一次具有里程碑意义的大会”——国际社会热议中共二十大对中国和世界的深远影响》，新华社北京10月22日电

群众路线是中国共产党的成功之道、制胜法宝、生命线和工作路线。不论在哪一个时期，党的群众路线的贯彻实施情况，都决定中国共产党事业发展的兴衰成败。“如果正确地实行群众路线，使我们得到成功，那末，违背群众路线，就一定要使我们的工作遭受损失，使人民的利益遭受损失。”[①] 坚持人民至上的世界观方法论，就要求全体党员干部坚守全心全意为人民服务的宗旨原则，不断夯实党的政治基

① 《邓小平文选》第1卷，人民出版社1994年版，第221页。

础和群众基础，铸牢党同人民群众同甘共苦、血肉相连的命运共同体意识。这样，不论外部风云如何变幻，挑战考验多么复杂，中国共产党都能永远立于不败之地，红色江山就能永不褪色，党和国家事业发展就能保证向上向好趋势。

三、把坚持人民至上贯穿于党治国理政全部活动

“不忘初心，方得始终。”[①] 这个初心，是为中国人民谋幸福，为中华民族谋复兴；这个始终，是实现“两个一百年”奋斗目标和实现中华民族伟大复兴的中国梦，不断满足人民日益增长的美好生活需要。习近平总书记强调：“坚持以人民为中心的发展思想。维护人民根本利益，增进民生福祉，不断实现发展为了人民、发展依靠人民、发展成果由人民共享，让现代化建设成果更多更公平惠及全体人民。”[②] 从全面建成小康社会到基本实现现代化，再到全面建成社会主义现代化强国，是新时代中国特色社会主义发展的战略安排。要在新时代继续坚持和发展中国特色社会主义，就需要将坚持人民至上贯彻到治国理政的全部活动之中，在人民群众所思、所盼、所忧、所急的薄弱环节，着力践行以人民为中心的发展思想，把群众工作做实、做深、做细、做透，切实为人民群众的美好生活而奋斗，继续前行。

（一）问需于民，把群众利益放在首位

“我们要实现好、维护好、发展好最广大人民根本利益，紧紧抓

① 《习近平谈治国理政》第 3 卷，外文出版社 2020 年版，第 1 页。

② 习近平：《高举中国特色社会主义伟大旗帜　为全面建设社会主义现代化国家而团结奋斗——在中国共产党第二十次全国代表大会上的报告》，人民出版社 2022 年版，第 27 页。

住人民最关心最直接最现实的利益问题。”[①] 坚持人民至上首先要把群众利益放在第一位，了解人民群众需要什么，这是坚持人民至上的起点。习近平总书记始终坚持问需于民，把人民群众切身利益放在首位，推进治国理政各项政策的规划和实施。

治国理政，要的就是虚心听取群众意见，认真倾听群众的需求。只有这样才能使政府的政策合民意、暖人心、有效果。一年一度的全国两会，是汇聚众智、回应关切的平台，也是凝聚共识、积蓄力量的平台。在催人奋进的春天里，2022 年全国两会圆满落幕。这是党的十八大以来习近平总书记第十次出席全国两会。每一年的全国两会，习近平总书记都会下团组，与人民代表、政协委员一起共商国是。十年来，习近平总书记参加了 53 次团组审议讨论，与约 400 位代表委员面对面交流。一句句“关切之问”，聚焦民生冷暖；一个个“破题之问”，传递治国之道；一次次“初心之问”，凝聚党心与民心。十年来的一个个“两会微镜头”里，展现的是习近平总书记问政于民、问计于民、问需于民的为民情怀。

不仅如此，习近平总书记始终坚持深入地方、深入基层、深入群众，高频次的实地调研，堪为对问需于民的最好阐释。山东济南章丘三涧溪村的村民家中、贵州遵义花茂村的小楼下、安徽金寨大湾村的瓦房前、黑龙江伊春林区的平房前、重庆石柱县华溪村的几条长凳、内蒙古赤峰市马鞍山村的农家小院……都留下习近平总书记温馨的问候和鼓励，聊的是家长里短，问的是民生冷暖，听的是群众心声，谋划的是国之大者。

① 习近平：《高举中国特色社会主义伟大旗帜　为全面建设社会主义现代化国家而团结奋斗——在中国共产党第二十次全国代表大会上的报告》，人民出版社 2022 年版，第 46 页。

中国发展得好不好，党的领导怎么样，中国人民感受最真切、最有发言权。问需于民是习近平总书记坚持人民至上的首要方法，是党科学、民主、依法执政的重要方式，是政府治理的重要方式。全体党员干部要将群众冷暖放在心上，俯下身子、迈出脚步，走进群众、贴近群众，加强调查研究，听听群众真实的想法与需求，积极通过民主恳谈会、听证会、网络议政、远程协商、“立法直通车”、“小院议事厅”、“板凳民主”等各种方式，使人民的期盼、希望、诉求有地方说，说了有人听，听了有反馈，真正解决人民想要解决的问题，真正把14亿多人的所思所盼融入国家发展，形成万众一心、团结奋斗的局面。

（二）问计于民，真诚向群众学习

人民群众既是物质财富的创造者，也是精神财富的创造者，更是社会变革的决定力量。“问计于民”的本质，就是一种“以问题为导向”的认识论。《尚书》云，“好问则裕，自用则小”。党的十八大以来，习近平总书记躬身征询于宇下，虚心问计于百姓。调研考察的脚步，已经遍及全国30多个省区市，社区、乡村、企业、学校、部队都留下了他的足迹。所问之事，看似微小零碎，但将它们串联起来：从转方式、调结构到重视生态文明建设；从脱贫攻坚到加强民生保障，无一不与他治国理政的大略方针相契合。

习近平总书记告诫全党要清醒地认识到，“在人民面前，我们永远是小学生，必须自觉拜人民为师，向能者求教，向智者问策”[①]，“要把开门搞活动作为重要方法”[②]。2013年7月，习近平总书记在河

① 《习近平谈治国理政》第1卷，外文出版社2018年版，第27页。
② 《习近平关于党的群众路线教育实践活动论述摘编》，党建读物出版社、中央文献出版社2014年版，第60页。

山东省打造水清、滩净、岸绿、湾美、岛丽的和谐海洋，整治修复岸线200多公里、滨海湿地5000多公顷，近岸海域优良水质达92.3%。图为山东省长岛海洋生态文明综合试验区

北调研指导党的群众路线教育实践活动时，引用东汉王充的“知屋漏者在宇下，知政失者在草野”，要求党员干部要深入群众开展工作，虚心听取群众意见。2014年10月8日在党的群众路线教育实践活动总结大会上，习近平总书记再次引用这句古语，并指出“让群众满意是我们党做好一切工作的价值取向和根本标准，群众意见是一把最好的尺子”①。要虚心向人民学习，虚心向人民群众学习是问计于民的关键。党的正确主张不可能仅来源于某个人或少数人，而是群众经验的总结和智慧的结晶。实践是最大的课堂，人民是最好的老师。最了解实际情况的，最具有首创精神的，就是人民群众。

谋篇“十四五”，深刻反映了习近平总书记问计于民的工作方法。五年规划编制涉及经济和社会发展方方面面，同人民群众生产生活息息相关。习近平总书记多次对“十四五”规划编制工作作出重要

① 习近平：《在党的群众路线教育实践活动总结大会上的讲话》，人民出版社2014年版，第10—11页。

指示，要求开门问策、集思广益，把加强顶层设计和坚持问计于民统一起来，鼓励广大人民群众和社会各界以各种方式为“十四五”规划建言献策，切实把社会期盼、群众智慧、专家意见、基层经验充分吸收到“十四五”规划编制中来，齐心协力把“十四五”规划编制好，推动“十四五”规划编制顺应人民意愿、符合人民所思所盼。在“十四五”规划编制过程中，通过互联网向全社会广泛征求意见和建议，这在我国五年规划编制史上还是第一次。自 2020 年 8 月 16 日开始的两周内，全国各地的网友通过互联网为“十四五”规划建言超过 101.8 万条。从交通出行、民生保障、科教兴国、社会治理到党的建设，来自各行各业的网友建言涵盖社会生活的方方面面，提出的意见和建议广泛而具体，表达了他们对美好生活的新期盼、新追求。

问计于民不仅是中国共产党铸就辉煌、创造奇迹的重要密码，而且是中国共产党带领人民群众在新时代从容应对各种风险与挑战的有力武器。问计于民是一种领导方法，更是一种领导格局、一种领导责任。第一，要真问，问出民生的痛点、难点和焦点，从而找准制定政策的切入点，找到解决问题的重点；第二，要真听，深入基层，深入群众，带着真感情与人民交朋友、拉家常，不走过场、不敷衍，真正做到听实话、摸实情；第三，要真吸纳，对人民提出的问题认真分析、全面梳理，透过现象找到问题的本质，将经验转化为政策，上升到理论；第四，要真执行，办好各项民生事业、补齐民生领域短板，通过一件件实事的落实、一件件难事的解决，提升人民群众的获得感、幸福感、安全感。

在我国进入新发展阶段的新形势下，广大党员和领导干部更要坚持把人民作为智慧和力量的源泉，始终把政治智慧的增长、执政本领的增强深深扎根于人民的创造性实践中，始终把问计于民摆在开展各项工作的突出位置，真诚向群众学习。善于问计于民，不驰于空想，不骛于虚声，老老实实做学生，甘拜群众为师，学习真知识，增强真能力，练就真本领，集众智、汇众力，努力推动新时代改革发展走得更稳、走得更远，创造经得起历史、实践和人民检验的业绩。

（三）问效于民，自觉接受群众监督

习近平总书记强调，“全党要坚持全心全意为人民服务的根本宗旨，树牢群众观点，贯彻群众路线，尊重人民首创精神，坚持一切为了人民、一切依靠人民，从群众中来、到群众中去，始终保持同人民群众的血肉联系，始终接受人民批评和监督，始终同人民同呼吸、共命运、心连心”[①]。党的路线方针政策正确与否，最终要看群众的评判。问效于民，就是要自觉接受群众监督，切实把群众高兴不高兴、满意不满意、答应不答应作为检验一切工作的根本标准，自觉接受人民的监督，以扎实有效的工作，让人民群众有更多获得感、幸福感。习近平总书记指出：“时代是出卷人，我们是答卷人，人民是阅卷人。”[②]这一重要论述写入了党的十九届六中全会《决议》，深刻回答了新的赶考之路上“谁来出卷”“谁来答卷”“谁来阅卷”等根本问题，生动诠释了中国共产党一以贯之的初心使命，有力彰显了新时代中国共产党人赶考永远在路上的清醒和自觉，鲜明展现了彻底的唯物主义精神、强烈的历史担当和深厚的人民情怀。

回顾习近平总书记的成长之路，他始终与人民心在一起、苦在

① 习近平：《高举中国特色社会主义伟大旗帜 为全面建设社会主义现代化国家而团结奋斗——在中国共产党第二十次全国代表大会上的报告》，人民出版社 2022 年版，第 70 页。

② 《中共中央关于党的百年奋斗重大成就和历史经验的决议》，人民出版社 2021 年版，第 71 页。

《习近平在正定》采访实录通过受访者口述，反映了习近平同志自1982年3月至1985年5月任河北省正定县委副书记和书记期间，对党忠诚、善政为民、深入调研、求真务实、锐意进取、勇于担当，用青春和汗水带领人民谱写正定时代新篇章的奋斗历程

一起、干在一起，历来十分重视信访工作，积极接受群众监督，把信访工作作为了解民情、集中民智、维护民利、凝聚民心的一项重要工作。《习近平在正定》一书的封面是大家熟悉的照片。照片中，时任正定县委书记的习近平正坐在一张桌子前听一位老大娘倾诉，令人过目难忘。据书中的受访者回忆，那时习近平经常在正定县大街上放个办公桌，接待群众，现场做信访工作，群众有什么事情，直接向他反映。他工作效率很高，老百姓有什么冤情，反映什么问题，都是当场就拍板，立刻安排相关部门去处理。正定县现在也经常搞现场接访工作，这个好传统就是从那时候开始的。

人民对美好生活的向往是中国共产党的奋斗目标，检验中国共产党一切工作的成效，最终都要看人民是否真正得到了实惠，人民生活是否得到了改善。人民是中国共产党工作的最高裁决者和最终评判者，人民感受最真切，也最有发言权。坚持人民至上，就要真正让人民来评判我们的工作。只有真正惠及群众，自觉接受群众监督，群众才会支持党的领导、拥护党的事业、对党员干部满意，群众才会把党当贴心人，心与心才能真正交融在一起。

问效于民，要自觉接受群众的监督，就是要群众来评判“怎么样”。党的工作是直接服务于人民群众的，工作的开展必须以人民为中心。党工作的成效也不应以数字或是文字来表达，而应由群众来做裁判。群众的感觉怎么样，才是党的一切工作的最直观、最重要的体现。

问效于民，要重视群众的反馈意见。党的工作开展要接受人民群众的监督，做到公开、透明，让群众了解关系其切实利益的工作进展，群众对这些工作是最具发言权的，工作想要有所突破，必须重视群众的反馈意见。只有虚心听取意见，才有利于改变工作方法、转变工作态度、提高工作效率，虚心向群众请教和学习，进而提高服务群众的质量。

问效于民，群众满意度是衡量工作成效的标尺。党的工作要讲究实实在在，一些党员干部不能为了一时政绩而做面子工程和虚假工程，搞形式主义和官僚主义，必须将各项措施及政策落到实处，使群众真正受益。换句话说，党员干部工作成效如何应从群众满意度来体现。开展工作要从群众需求出发，确保将各项工作落到实处，让党的科学有效的政策真正发挥积极效能。只有把工作做到群众心坎上，才能使群众满意度不断提升，群众满意度才是衡量党员干部工作成效的最佳标尺。

延伸阅读

《问政山东》：“一问到底　狠抓落实”“一诺千金　真抓实干”

由山东广播电视台融媒体资讯中心打造的大型问政节目《问政山东》，以问题为导向动真碰硬，聚焦群众关心的热点、难点、堵点问题，督导督促职能部门践行承诺、狠抓落实。节目每周邀请一个省直部门主要负责人参与电视问政，公开向社会和群众解答疑惑、作出答复。《问政山东》作为山东省级全媒体问政平台，一体化推进“电视问政”“网络问政”，形成媒体联动问政+政府机关反馈答疑全媒体发布+省直部门工作社会公开打分评价的监督机制，是问效于民在山东的生动实践。

（四）汇聚民力，走好新的赶考路

“能用众力，则无敌于天下矣；能用众智，则无畏于圣人矣。”广大人民群众的生产生活实践是最丰富最生动的实践，其中蕴藏着巨大的智慧和力量。只有始终把人民群众作为智慧和力量的源泉，把政治智慧的增长、执政本领的增强深深扎根于人民的创造性实践之中，充分发挥党的强大群众组织力，扎实凝聚民力，才能够推动党和国家事业不断进步。正如习近平总书记所指出：“只要我们始终坚持为了人民、依靠人民，尊重人民群众主体地位和首创精神，把人民群众中蕴藏着的智慧和力量充分激发出来，就一定能够不断创造出更多令人刮目相看的人间奇迹！”[①]

凝聚起广大人民群众的磅礴力量，是新时代中国特色社会主义事业取得历史性成就的关键所在。习近平总书记指出：“新时代的伟大成就是党和人民一道拼出来、干出来、奋斗出来的！”[②]2020年年初，面对突如其来的新冠肺炎疫情，以习近平同志为核心的党中央坚持人民至上、生命至上，科学指挥，团结带领全国人民万众一心、众志成城，实施了规模空前的生命大救援，夺取了全国抗疫斗争重大阶段性成果，为世界抗击疫情提供了经验。2022年，在世界百年未有之

① 习近平:《在全国脱贫攻坚总结表彰大会上的讲话》，人民出版社2021年版，第17页。

② 习近平:《高举中国特色社会主义伟大旗帜　为全面建设社会主义现代化国家而团结奋斗——在中国共产党第二十次全国代表大会上的报告》，人民出版社2022年版，第15页。

大变局叠加新冠肺炎世纪疫情背景下，我国成功举办冬奥会、冬残奥会，向世界奉献了一届简约、安全、精彩的奥运盛会，全面兑现了对国际社会的庄严承诺。北京冬奥会、冬残奥会的成功举办是在以习近平同志为核心的党中央坚强领导下汇聚人民群众力量的结果。无数个事件充分证明，中国人民具有强大的不可战胜的伟力，只要将广大人民群众的智慧和力量汇聚起来，就没有克服不了的困难。

人民群众的首创精神，是人民群众智慧与力量的集中表达，是人民群众作为主体力量积极主动参与实践、改造世界、追求幸福生活的生动表现。从山东省系统总结推广“三个模式”经验，打造乡村振兴齐鲁样板，到浙江省“最多跑一次”的公共服务创新实践，再到海南省等地的“多规合一”空间规划试点以及在疫情防控中发挥巨大威力的城市网格化管理模式，等等，都是人民群众实践经验与聪明才智的结晶，充

山东省发展乡村旅游、休闲农业等新产业新业态，2021年休闲农业销售收入近500亿元，农村生活环境更加优美。图为山东省泰安市岱岳区泰山九女峰乡村振兴示范区

分彰显着人民的智慧与力量，新时代中国特色社会主义的实践再次生动地证明，只有紧紧依靠人民，广泛动员人民，汇聚起人民群众所向披靡的强大战斗力，我们才能不断取得一个又一个新的伟大胜利！

学习辞典

“三个模式”经验

2018年，习近平总书记在全国两会期间到山东代表团参加审议和视察山东时两次讲道：“改革开放以来，山东创造了不少农村改革发展经验，贸工农一体化、农业产业化经营就出自诸城、潍坊，形成了‘诸城模式’‘潍坊模式’‘寿光模式’。”这是对山东各级党委、政府带领广大干部群众用改革的精神、创新的办法破解农业发展瓶颈和矛盾成功实践的充分肯定。“三个模式”是山东农业发展中从实际经验到理论的总结。其中，“诸城模式”是诸城市在商品经济大合唱、贸工农一体化、农业产业化等不同阶段创新探索成果的总成；“潍坊模式”是潍坊各地农业农村改革创新经验的集成；“寿光模式”则是对寿光在蔬菜产业的生产、销售、技术、会展和标准输出等不同发展阶段改革创新经验的概括。

“全面建设社会主义现代化国家，必须充分发挥亿万人民的创造伟力。”[①] 汇聚民力，是走好新的赶考路的关键。习近平总书记指出：

① 习近平：《高举中国特色社会主义伟大旗帜　为全面建设社会主义现代化国家而团结奋斗——在中国共产党第二十次全国代表大会上的报告》，人民出版社2022年版，第70页。

“过去一百年，中国共产党向人民、向历史交出了一份优异的答卷。现在，中国共产党团结带领中国人民又踏上了实现第二个百年奋斗目标新的赶考之路。”[①] 长河浩荡，势不可当，广大党员干部要在以习近平同志为核心的党中央坚强领导下，团结带领全体中华儿女发挥无穷无尽、坚不可摧之伟力，同向发力、同频共振，在任何困难、任何挑战面前劈波斩浪、一往无前，坚定走好新的赶考之路，如期全面建成社会主义现代化强国，实现中华民族伟大复兴，在新的赶考之路上继续创造令人刮目相看的奇迹。

（五）勤政为民，自觉践行党的宗旨

中国共产党为人民而生，因人民而兴。自成立之日起，中国共产党就把“人民”二字铭刻在心，把坚持人民利益高于一切鲜明地写在自己的旗帜上。在长期奋斗过程中，中国共产党与人民有福同享、有难同当，紧紧依靠人民战胜一个又一个困难、取得一个又一个胜利。习近平总书记立足于新时代中国特色社会主义的伟大实践，坚持“我将无我，不负人民”的大爱情怀，回答中国之问、世界之问、人民之问、时代之问，坚持发展成果由人民共享，坚定不移走全体人民共同富裕道路，推进新时代中国特色社会主义事业不断发展。

从梁家河的小村庄到党中央，从农村大队党支部书记到中共中央总书记，习近平同志始终心怀家国、躬身为民。阅读了解《习近平的七年知青岁月》《知之深爱之切》《习近平在正定》等著作不难发现，他始终把为群众办实实在在的好事放在首位。为此，他可以不远千里考察学习办成陕西省第一口沼气池，他可以骑着“二八”自行车走街

① 习近平:《在庆祝中国共产党成立100周年大会上的讲话》，人民出版社2021年版，第22页。

串巷、解决问题，兴起正定调查研究新作风。此后工作担子一再加重，他始终如一地奉行勤政为民的信念。他在宁德访贫问苦，回想着寿宁县令冯梦龙的为民举措，对“三言”中的警句熟能成诵。他在福州写下《念奴娇·追思焦裕禄》，表明“为官一任，造福一方”夙愿。他在京夙兴夜寐，他多次引用《尚书》中的箴言“民惟邦本，本固邦宁”。以“无我”的境界从事服务人民的工作，始终同群众在一起，充分掌握基层情况和群众所思所想，是习近平同志在不同岗位上能够做到胸有成竹的充分自信，不断取得造福一方的优异成绩的关键“密码”。“党用伟大奋斗创造了百年伟业，也一定能用新的伟大奋斗创造新的伟业。”[①] 对于新时代新征程的中国共产党人而言，只要始终坚持人民至上，就一定能够领导人民夺取中国特色社会主义新的更大胜利。

① 习近平：《高举中国特色社会主义伟大旗帜 为全面建设社会主义现代化国家而团结奋斗——在中国共产党第二十次全国代表大会上的报告》，人民出版社 2022 年版，第 71 页。

第三章

坚持自信自立

习近平总书记在党的二十大报告中指出："继续推进实践基础上的理论创新，首先要把握好新时代中国特色社会主义思想的世界观和方法论，坚持好、运用好贯穿其中的立场观点方法。"① 报告提出了"六个坚持"，其中之一就是坚持自信自立。切实把党的创新理论贯彻落实到党和国家工作各方面全过程，需要深入领会坚持自信自立的道理学理哲理，做到知其言更知其义、知其然更知其所以然。

一、何谓自信自立

何谓自信自立，是从内涵逻辑维度理解和把握自信自立是什么的问题。作为习近平新时代中国特色社会主义思想的世界观和方法论的重要组成部分，自信自立形成于马克思主义基本原理同中国具体实际相结合、同中华优秀传统文化相结合的历史

① 习近平：《高举中国特色社会主义伟大旗帜 为全面建设社会主义现代化国家而团结奋斗——在中国共产党第二十次全国代表大会上的报告》，人民出版社 2022 年版，第 18—19 页。

进程，有着深厚的文化渊源、科学的理论基础和长期的实践积淀。准确理解什么是自信自立，需要从内涵和逻辑层面对其加以具体分析。

（一）自信是党的强大精神力量

何谓“自信”？翻阅各类词典，大都将“自信”解释为相信自己、对自己的信心以及对自己有信心。自信是个体对自身成功应付特定情境的能力的估价，是个体在适应社会时产生的自然心境。需要指出的是，自信不是自大、自傲，而是积极的、肯定性的良性情绪和心理状态。它表达了主体在自我认知和自我评价上的积极态度，是个体生存的重要精神力量和内在支撑。

对于新时代中国共产党而言，自信是一种强大精神力量，它集中体现为对马克思主义的坚定信仰，对社会主义和共产主义的坚定信念，以及对坚定不移走中国特色社会主义道路的信心。新时代中国共产党的自信积淀于中华民族 5000 多年的文明史，蕴蓄于党的百年奋斗史，是党鲜明的精神标识。

新时代中国共产党的自信具有深厚的历史文化底蕴。在中国历史上，“自信”一词最早出现在《墨子 · 亲士》中：“君子进不败其志，内究其情；虽杂庸民，终无怨心，彼有自信者也。”在遭遇人生困境之时，君子之所以不会丧失内心之志，没有怨尤之心，是因为君子自信，相信自己。君子之所以相信自己，是因为他们心中有对道的信仰、有胸怀天下的格局、有勇毅担当的责任意识以及迎难而上的精神魄力。之后，晋朝陆机在《君子行》中的“近情苦自信，君子防未然”，《旧唐书 · 卢承庆传》中的“朕今信卿，卿何不自信也”以及清朝龚自珍《己亥杂诗》中的“勇于自信故英绝，胜彼优孟俯仰为”中的“自信”，都取相信自己的意思。民国时期，鲁迅在《中国人失

人民英雄纪念碑上的五四运动浮雕

掉自信力了吗》中谈论中国人的自信时将自信与国家、民族结合在一起，有力地激发了民族自信心。可见，5000 多年的中华文明史形塑了中华民族自信的精神气质与坚韧品格。

新时代中国共产党的自信蕴蓄于百年奋斗史中。作为中华优秀传统文化的坚定继承者与弘扬者，中国共产党诞生伊始就在确立马克思主义政治信仰中具备了强大的自信力量，书写出自信奋进的光辉史诗。对此，毛泽东曾说："我一旦接受了马克思主义是对历史的正确解释以后，我对马克思主义的信仰就没有动摇过。"① 由于确立了马克思主义的坚定信仰，中国共产党才得以从根本上把握历史主动。这是因为，马克思主义深刻揭示了自然界、人类社会发展的普遍规律，是科学的、进步的理论，代表了人类文明前进的方向。正是确立了对马克

① 《毛泽东年谱（1893—1949）》（修订本）（上卷），中央文献出版社 2013 年版，第 56 页。

思主义的坚定信仰，中国共产党人才会义无反顾地投身革命、改革与建设的历史洪流之中，坚忍不拔，迎难而上，勇往直前，团结带领中国人民推动中华民族迎来了从站起来到富起来再到强起来的伟大飞跃。

（二）自立是党的宝贵历史经验

何谓“自立”？翻阅各类词典，大都将“自立”解释为一种独立的状态或品质。具体说来，就是拥有自己的主见，不需依赖他人以及不须他人扶助，自己独立，自己的事情自己做，并能自持自守，不为外力所动。

对于新时代中国共产党而言，自立就是自主独立，即独立自主。《中共中央关于党的百年奋斗重大成就和历史经验的决议》把“坚持独立自主”确立为党的百年奋斗历史经验，并强调“独立自主是中华民族精神之魂，是我们立党立国的重要原则”[①]。新时代中国共产党的独立自主，传承于中华民族 5000 年的文明史，蕴蓄于党的百年奋斗史，体现于道路选择、国家建设、外交政策制定、党的自身建设等方方面面。

新时代中国共产党的自立具有深厚的历史文化底蕴。“自立”一词最早出现在《礼记·儒行》，“儒有席上之珍以待聘，夙夜强学以待问，怀忠信以待举，力行以待取，其自立有如此者”，即依靠自力有所建树。《汉书·张耳陈馀传》中的“上贤高能自立然诺，使泄公赦之”，主要指自持自守，不为外力所动。《宋书·沈庆之传》中的“荒扰之后，乡邑流散，庆之躬耕垄亩，勤苦自立”，指靠自己独立生活。另外，孙中山《社会革命谈》中的“当美利坚离英自立，岂不於

① 《中共中央关于党的百年奋斗重大成就和历史经验的决议》，《人民日报》2021 年 11 月 17 日。

政治上踌躇满志?”主要是独立的意思。除了上述直接出现“自立”一词的文化典籍之外，自立的精神也蕴含于中华优秀传统文化的精神内核之中。比如，作为中华文明源头的《周易》中指出：“天行健，君子以自强不息。”该句意为君子应像天道那样刚健有力、独立自主、奋斗不止，这体现了君子强大的主观能动性以及奋发进取的不息精神，这恰恰是“自立”的彰显。

新时代中国共产党的自立是对马克思主义中国化百年探索的经验总结。独立自主是马克思列宁主义关于无产阶级政党领导本国人民进行革命和建设的重要原则，是中国共产党推动马克思主义中国化理论成效和实践成效的光辉典范。恩格斯指出：旧的国际解散后，“每一个国家的无产阶级得到机会以独立自主的形式组织起来”①。列宁认为，无产阶级政党只有坚持独立自主，才能完成政党基本的社会主义任务和直接的政治任务。回顾百年党史，正是由于坚持独立自主，中国共产党才能够领导人民浴血奋战、百折不挠，创造了新民主主义革命的伟大成就；自力更生、发愤图强，创造了社会主义革命和建设的伟大成就；解放思想、锐意进取，创造了改革开放和社会主义现代化建设的伟大成就；自信自强、守正创新，创造了新时代中国特色社会主义的伟大成就。对此，党的领导人作出过许多重要论述。毛泽东同志指出：“我们的方针要放在什么基点上？放在自己力量的基点上，叫做自力更生。”②邓小平同志指出：“中国的事情要按照中国的情况来办，要依靠中国人自己的力量来办。独立自主，自力更生，无论过去、现在和将来，都是我们的立足点。”③江泽民同志指出：“坚持独立

① 《马克思恩格斯全集》第 22 卷，人民出版社 1965 年版，第 479—480 页。
② 《毛泽东选集》第 4 卷，人民出版社 1991 年版，第 1132 页。
③ 《邓小平文选》第 3 卷，人民出版社 1993 年版，第 3 页。

自主地发展中国，是建设有中国特色社会主义的立足点。”① 胡锦涛同志指出：“中国的发展，主要靠自力更生、靠中国人民艰苦奋斗。”② 中国特色社会主义进入新时代，习近平总书记强调：“人类历史上，没有一个民族、没有一个国家可以通过依赖外部力量、跟在他人后面亦步亦趋实现强大和振兴。那样做的结果，不是必然遭遇失败，就是必然成为他人的附庸。”③ 需要指出的是，中国共产党坚持独立自主，在客观上缘于“中国人民和中华民族从近代以后的深重苦难走向伟大复兴的光明前景，从来就没有教科书，更没有现成答案”④。百年征程，筚路蓝缕，一路走来，中国共产党带领中国人民不断取得胜利的重要经验就是坚持独立自主。正如习近平总书记所说：“走自己的路，是党百年奋斗得出的历史结论。”⑤

（三）自信自立是相辅相成的

就内在逻辑关系而言，中国共产党的自信与自立是相辅相成的。其中，自信是自立的重要前提，自立是自信的重要保证，两者有机统一于马克思主义中国化的历史进程当中。

一方面，自信是自立的重要前提。具体说来，其一，自信是自立的逻辑前提。中国共产党要想走在时代前列，绝对不能没有马克思主义理论思维，绝对不能没有马克思主义科学理论指导，绝对不能没有

---

① 《江泽民文选》第 1 卷，人民出版社 2006 年版，第 353 页。

② 胡锦涛：《坚持和平发展　促进共同繁荣——在亚太经合组织工商领导人峰会上的演讲》，《人民日报》2006 年 11 月 18 日。

③ 《习近平谈治国理政》第 1 卷，外文出版社 2018 年版，第 29 页。

④ 习近平：《高举中国特色社会主义伟大旗帜　为全面建设社会主义现代化国家而团结奋斗——在中国共产党第二十次全国代表大会上的报告》，人民出版社 2022 年版，第 19 页。

⑤ 《中共中央关于党的百年奋斗重大成就和历史经验的决议》，《人民日报》2021 年 11 月 17 日。

马克思主义坚定政治信仰。正如习近平总书记在党的二十大报告中强调的："马克思主义是我们立党立国、兴党兴国的根本指导思想。"[①]历史已经证明并将继续证明，只有坚持对马克思主义的坚定信仰、对中国特色社会主义的坚定信念，中国共产党才能坚持独立自主，团结带领中国人民投身民族复兴伟业。其二，自信是自立的精神支撑。辩证唯物主义认为，认识对实践具有反作用。习近平总书记指出："先进的思想文化一旦被群众掌握，就会转化为强大的物质力量；反之，落后的、错误的观念如果不破除，就会成为社会发展进步的桎梏。"[②]正是在此意义上，我们说自信是自立的强大精神支撑。自信这种精神力量是中国共产党人克服艰难险阻、创造历史伟业的重要基因，也是我们奋进新征程、创造新的更大胜利的强大精神力量。正是由于坚持对共产主义的坚定信仰，对共产主义必然实现的强大信念，无数中国共产党人用生命构筑保家卫国的钢铁长城，用鲜血浇筑革命胜利之果，用信仰之泉孕育中华民族独立之树。中国共产党团结带领人民仅用几十年时间就走完发达国家几百年走过的工业化历程，创造了经济快速发展和社会长期稳定两大奇迹，不断为人类作出更大贡献。

另一方面，自立是自信的检验标准和重要保证。马克思指出："哲学家们只是用不同的方式解释世界，问题在于改变世界。"[③]这鲜明地表明了马克思主义重视实践、以改造世界为己任的基本特征。正是在马克思主义的指导下，经过马克思主义政党独立自主的政治实践，

① 习近平：《高举中国特色社会主义伟大旗帜 为全面建设社会主义现代化国家而团结奋斗——在中国共产党第二十次全国代表大会上的报告》，人民出版社2022年版，第16页。

② 习近平：《在纪念马克思诞辰200周年大会上的讲话》，人民出版社2018年版，第19页。

③ 《马克思恩格斯选集》第1卷，人民出版社2012年版，第136页。

陕北延安革命老区的父老乡亲日子越过越红火。图为楼房林立、干净整洁的文安驿镇梁家河小区

社会主义才由理论转变为现实。所以说，马克思主义政党的独立自主的实践活动，是以马克思主义信仰为基础的政党自信的检验标准。毛泽东同志指出："只有千百万人民的革命实践，才是检验真理的尺度。"[①] 中国共产党的自立集中体现为马克思主义信仰基础上的党独立自主地开展革命、建设和改革的政治实践活动，党所从事的一系列独立自主政治实践活动的现实结果检验并影响着中国共产党人对马克思主义的自信。就此而言，中国共产党的自信在很大程度上取决于党的自立的实践成效，即中国共产党自立的实践成效在很大程度上为党的自信提供了重要的现实保障。譬如，党的十八大以来，以习近平同志为核心的党中央团结带领全党全国各族人民自信自强、守正创新，推动党和国家事业取得历史性成就、发生历史性变革，创造了新时代中

① 《毛泽东选集》第 2 卷，人民出版社 1991 年版，第 663 页。

国特色社会主义的伟大成就，成功推进和拓展中国式现代化，实现中华民族伟大复兴进入了不可逆转的历史进程。

由上，作为新时代中国特色社会主义思想的世界观和方法论，自信自立是相辅相成的，两者统一于马克思主义中国化的历史进程中。新时代新征程继续推进实践基础上的理论创新，需要坚持好、运用好这一世界观和方法论。

二、何为自信自立

何为自信自立，是从内在规律维度认识和把握为什么要坚持自信自立的问题。习近平总书记在党的二十大报告中指出："实践告诉我们，中国共产党为什么能，中国特色社会主义为什么好，归根到底是马克思主义行，是中国化时代化的马克思主义行。"[①] 这为我们全面认识和把握新时代中国共产党坚持自信自立的内在规律提供了指导遵循，明确了努力方向。

（一）坚持自信自立源于马克思主义行

中国共产党之所以能够坚持自信自立，源于马克思主义行、中国化时代化的马克思主义行。习近平总书记在党的二十大报告中指出："拥有马克思主义科学理论指导是我们党坚定信仰信念、把握历史主动的根本所在。"[②]

---

① 习近平：《高举中国特色社会主义伟大旗帜　为全面建设社会主义现代化国家而团结奋斗——在中国共产党第二十次全国代表大会上的报告》，人民出版社 2022 年版，第 16 页。

② 习近平：《高举中国特色社会主义伟大旗帜　为全面建设社会主义现代化国家而团结奋斗——在中国共产党第二十次全国代表大会上的报告》，人民出版社 2022 年版，第 16 页。

中华民族有5000多年的文明历史，创造了灿烂辉煌的中华文明，为人类文明进步作出了重大的贡献。鸦片战争以后，由于西方列强入侵和封建统治腐败，中国逐步成为半殖民地半封建社会，国家蒙辱、人民蒙难、文明蒙尘，中华民族遭受了前所未有的劫难，陷入了内忧外患的悲惨境地。中国向何处去？中国的出路在哪里？太平天国运动、洋务运动、戊戌变法、义和团运动、辛亥革命接连而起，各种力量轮番出场，各种方案轮番出台，改良主义、自由主义、社会达尔文主义、无政府主义、实用主义、民粹主义、工团主义等思潮竞相登场，但都以失败告终，终究没有解决中国的实际问题，未能挽救民族于危亡，更不必说实现民族复兴。

一个民族要自立于世界民族之林，就一刻不能没有理论思维，一刻不能没有正确思想指引。半殖民地半封建的中国迫切需要科学思想引领救亡力量，迫切需要先进组织领导救亡运动、凝聚革命力量。正当“山重水复疑无路”之时，十月革命一声炮响，给中国送来了马克思列宁主义。马克思主义自诞生以来，就闪烁着照亮人类探索历史规律和实现自身解放的真理光芒。它创造性地揭示了人类社会发展的一般规律和资本主义发展的特殊规律，为人类社会发展进步指明了方向。马克思主义以无产阶级和全人类的解放为己任，以人的自由全面发展为美好目标，反映了人民至上的根本价值立场，具有鲜明的实践品格，是始终站在时代前沿的不断发展的开放的理论。犹如黑暗中的一道霞光，马克思列宁主义给正在苦苦探索救国救民出路的中国人民指明了方向。一批先进知识分子以其对马克思主义的坚定信仰，传播并践行着马克思主义。对此，毛泽东曾在回忆中不无感慨地说：“在我一生中可能是关键性的这个时期，陈独秀表明自己信仰的那些话给我留下了深刻的印象。”[①] 在陈独秀的影响和帮助下，毛泽东拨开了心中笼罩的疑雾，进而建立起对马克思主义的信仰。

在马克思主义同中国工人运动的紧密结合中，中国共产党应运而生。中国共产党自成立之日起就将马克思主义确立为党的指导思想，注重运用马克思主义立场、观点、方法观察时代，把握时代，引领时代。马克思主义只有深深扎根中国大地，实现中国化和时代化，才能行得通，才能真管用。中国共产党始终坚持马克思主义指导思想，始终坚持自信自立，始终不断探索从中国具体实际出发、顺应时代大势、掌握历史主动，从而不断推进马克思主义中国化时代化，不断解决中国的具体实际问题，书写了中华民族几千年历史上最恢宏的史诗。马克思主义中国化不断实现历史性飞跃，形成了毛泽东思想、中国特色社会主义理论体系、习近平新时代中国特色社会主义思想重大理论成果，引领和推动中华民族迎来了从站起来、富起来到强起来的伟大飞跃。特别是中国特色社会主义进入新时代，我们党创立了习近平新时代中国特色社会主义思想。习近平新时代中国特色社会主义思想回应了新时代如何坚持和发展中国特色社会主义、如何建设一个长期执政的马克思主义政党、如何建设社会主义现代化强国的一系列发展面临的重大理论和实践问题，是当代中国马克思主义、二十一世纪马克思主义，是中华文化和中国精神的时代精华，实现了马克思主义中国化新的飞跃，开辟了马克思主义中国化时代化新境界。在这一思想的引领下，党和国家事业取得历史性成就、发生历史性变革，推动我国迈上全面建设社会主义现代化国家新征程。

百余年雨雪风霜，我们党之所以能够坚持独立自主地领导人民在

① 《毛泽东自述》，人民出版社 1993 年版，第 41 页。

一次次求索、一次次开拓中完成近代以来中国其他各种政治力量不可能完成的艰巨任务，就在于始终把马克思主义这一科学理论作为指导思想和行动指南，始终坚定对马克思主义信仰，不断推进马克思主义中国化时代化。马克思主义行，中国化时代化的马克思主义行，是中国共产党最有理由自信自立的思想理论支撑。自信自立是中国共产党的精神特质和历史传承，是习近平新时代中国特色社会主义思想的重要立场观点和方法之一。踏上新征程，我们要坚持好、运用好这一立场观点方法，以更加自信自立的昂扬风貌向着第二个百年奋斗目标勇毅前行。

（二）坚持自信自立源于中国共产党能

中国共产党之所以能够在马克思主义指导下自信自立地团结带领人民取得巨大成功，是同中国共产党“能”紧密关联的。这既缘于中国共产党强大的主体优势，更源自党百年伟大奋斗的历史辉煌。

一方面，中国共产党坚持自信自立源于中国共产党组织机体的强大优势。中国共产党是马克思主义政党，是中国工人阶级的先锋队，同时是中国人民和中华民族的先锋队，是中国特色社会主义事业的领导核心，代表中国先进生产力的发展要求，代表中国先进文化的前进方向，代表中国最广大人民的根本利益。党的最高理想和最终目标是实现共产主义。中国共产党从诞生之日起，就担负起为人民谋幸福、为民族谋复兴的历史使命。此外，党“有远大理想追求，有科学理论引领，有选贤任能机制，有严明纪律规矩，有自我革命精神，有强大领导能力”。[①] 特别是，经过不懈努力，中国共产党找到了自我革

---

① 谢春涛:《中国共产党为什么“能”》,《人民日报》2019 年 5 月 8 日。

命这一跳出治乱兴衰历史周期率的第二个答案，牢记党的自我革命永远在路上，持续提升自我净化、自我完善、自我革新、自我提高的政党能力，确保党永远不变质、不变色、不变味。党的二十大从坚持制度治党、依规治党，健全党统一领导、全面覆盖、权威高效的监督体系，推进政治监督具体化、精准化、常态化，发挥政治巡视利剑作用，落实全面从严治党政治责任，提出了完善党的自我革命制度规范体系。新征程上，中国共产党凝聚起始终推进党的自我革命的强大共识：一个饱经沧桑而初心不改的党，才能基业常青；一个铸就辉煌仍勇于自我革命的党，才能无坚不摧。

世上无难事，只要肯登攀。图为泰山十八盘

另一方面，中国共产党坚持自信自立源自党团结带领人民百年伟大奋斗的历史辉煌。中国共产党时刻牢记“中国共产党是什么、要干什么”这个根本问题，始终重视以党的自我革命引领社会革命，从而战胜一个又一个困难，取得一个又一个胜利。百余年来，中国共产党始终践行初心使命，团结带领全国各族人民绘就了人类发展史上的壮美画卷。一是从根本上改变了中国人民的前途命运，不断实现中国人民对美好生活的向往。中国人民更加自信、自立、自强，极大增强了志气、骨气、底气，焕发出前所未有的历史主动精神、历史创造精神。二是开辟了实现中华民族伟大复兴的正确道路，创造了经济快速发展和社会长期稳定两大奇迹。中华民族高度统一、紧密团结、独立自主、坚定自信，巍然屹立于世界东方。三是展示了马克思主义的强大生命力，使马克思主义以崭新形象展现在世界上。马克思主义的科学性和真理性在中国得到充分检验，马克思主义的人民性和实践性在中国得到充分贯彻，马克思主义的开放性和时代性在中国得到充分彰显。四是深刻影响了世界历史进程，给世界上那些既希望加快发展又希望保持自身独立性的国家和民族提供了全新选择。五是锻造了走在时代前列的中国共产党，中国共产党成为具有重大全球影响力的世界第一大执政党。

习近平总书记指出："中华民族近代以来180多年的历史、中国共产党成立以来100年的历史、中华人民共和国成立以来70多年的历史都充分证明，没有中国共产党，就没有新中国，就没有中华民族伟大复兴。"[①] 中国共产党之所以能，是因为党兼具"内外硬核"，这构成了党坚持自信自立的强大支撑。

境外声音

中国共产党能

从高中就开始阅读关于中国书籍的米胡茨说，在中国共产党领导下，中国人民把一个一穷二白的落后国家建设成世界第二大经济体，这样的发展速度和成就太了不起，要知道，中国是个有14亿多人口

① 习近平：《在庆祝中国共产党成立100周年大会上的讲话》，《人民日报》2021年7月2日。

的国家，可不是只有一两千万人口的国家。

——新华社驻布加勒斯特记者陈进、林惠芬：《中国创造的两大奇迹令人敬佩——访罗中友好合作论坛主席米胡茨》，《光明日报》2022年10月17日

（三）坚持自信自立源于中国特色社会主义好

马克思曾指出，人们创造自己的历史，但是他们并不是随心所欲地创造，而是在直接碰到的、既定的、从过去承继下来的条件下创造。历史经验表明，任何科学的理论和制度，必须本土化才能真正发挥作用。马克思主义是真理，不是僵化的教条，不是书斋里的学问，而是指导实践的行动指南。马克思主义传到中国，要真正发挥作用，就必须要实现中国化、本土化。另一方面，独特的文化传统、独特的历史命运、独特的基本国情，注定了我们必然要坚持自信自立的精神和方法，走适合自己特点的发展道路。党的百年奋斗道路是党领导人民独立自主探索开辟出来的，坚持自信自立是党在国家发展道路选择中的鲜明底色。习近平总书记指出："如果没有中华五千年文明，哪里有什么中国特色？如果不是中国特色，哪有我们今天这么成功的中国特色社会主义道路？我们要特别重视挖掘中华五千年文明中的精华，把弘扬优秀传统文化同马克思主义立场观点方法结合起来，坚定不移走中国特色社会主义道路。"①

中国特色社会主义，是中国共产党坚持自信自立，不断推进马克思主义中国化时代化的伟大创举。中国特色社会主义"好"，既是中

① 《习近平谈治国理政》第4卷，外文出版社2022年版，第315页。

国共产党坚持自信自立的现实依据，又是党更加坚持自信自立的实践保障。一方面，中国特色社会主义“好”，深刻体现在它是党把马克思主义基本原理同中国具体实际相结合、同中华优秀传统文化相结合的光辉典范。它坚持马克思主义同中国具体实际相结合，真正运用马克思主义科学的世界观和方法论解决中国的问题；坚持马克思主义同中华优秀传统文化相结合，使得马克思主义真理之树植根中华民族历史文化沃土、根深叶茂。中国特色社会主义“好”，具体体现在它是实现全面建成小康社会、全面建成社会主义现代化强国、实现中华民族伟大复兴的必由之路，是中国共产党坚持自信自立的重大成果。改革开放以来，中国共产党始终坚持中国特色社会主义道路，中国特色社会主义取得了巨大成就。我国综合国力与日俱增，人民生活水平不断提高，我们创造了经济快速发展和社会长期稳定的两大奇迹，使中华民族焕发出新的蓬勃生机。由此，我们说，中国特色社会主义“好”为新时代新征程党坚持自信自立提供了重要的实践支撑。

与此同时，中国特色社会主义“好”，还为新时代新征程党坚持自信自立提供了文化涵养路径。习近平总书记参加党的二十大广西代表团讨论时指出：“随着改革开放一路走过来，随着正确的中国特色社会主义思想、社会主义道路的建立，随着我们在实践中真正证明这条道路是正确的，文化自信随之而来。”他接着说道，“我们现在就是要理直气壮、很自豪地去做这件事，去挖掘、去结合中华优秀传统文化，真正实现马克思主义中国化时代化。”① 习近平总书记这一重要论述为我们深化认识把握党坚持自信自立的文化涵养来源，提供了重要遵循。具体说来，中国特色社会主义“好”，是因为它实现了科学社

① 《“就是要理直气壮、很自豪地去做这件事”（微镜头·习近平总书记参加党的二十大广西代表团讨论）》，《人民日报》2022 年 10 月 19 日。

会主义理论逻辑和中国社会发展历史逻辑的辩证统一，特别是它有中华优秀传统文化这个基因。中国共产党不断结合中华优秀传统文化以推动马克思主义中国化时代化的进程，也是党不断挖掘中华优秀传统文化涵养自身坚持自信自立的过程。由此说来，在不断推动马克思主义中国化时代化中持续挖掘并结合中华优秀传统文化，为中国共产党坚持自信自立提供了重要的文化涵养路径。这也是习近平总书记号召全党要理直气壮、很自豪地去挖掘、去结合中华优秀传统文化的深层意蕴。

中华优秀传统文化是中华民族和中国人民辛勤劳动、发明创造、革故鼎新、自强不息、团结一心、同舟共济、对伟大梦想不懈追求过程中形成的有别于其他文化的独特标识。党的二十大报告指出："中华优秀传统文化源远流长、博大精深，是中华文明的智慧结晶，其中蕴含的天下为公、民为邦本、为政以德、革故鼎新、任人唯贤、天人合一、自强不息、厚德载物、讲信修睦、亲仁善邻等，是中国人民在长期生产生活中积累的宇宙观、天下观、社会观、道德观的重要体现，同科学社会主义主张具有高度契合性。"① 中华优秀传统文化是中华民族的"根"和"魂"，是中华民族的独特优势，是中国特色社会主义的文化之根、文明之源。扎根于960多万平方公里的广袤土地，吮吸着中华民族漫长奋斗积累的文化养分精华，坚持走中国特色社会主义道路，必将推动我们在新时代新征程形成坚定的历史自信、文化自信和价值观自信，形成自信自立的价值理念和精神力量，始终保持马克思主义的蓬勃生机和旺盛活力。

---

① 习近平：《高举中国特色社会主义伟大旗帜 为全面建设社会主义现代化国家而团结奋斗——在中国共产党第二十次全国代表大会上的报告》，人民出版社2022年版，第18页。

名词解读

第二个结合

第二个结合，就是必须同中华优秀传统文化相结合。这是习近平总书记在建党百年庆祝大会上提出来的，党的二十大报告又作了深入阐述。这是对党的理论的又一重大创新，开创了我们党理论创新的新格局。这第二个结合必将使我们党的理论与中华民族5000多年辉煌灿烂的文明史更紧密地结合起来，获得无比充沛的思想文化资源，也必将使我们党的理论更深地扎根于中国的土地上，扎根于亿万人民的心中。

三、何以自信自立

何以自信自立，是从路径方式维度理解和把握如何自信自立的问题。新时代中国共产党团结带领人民迈向全面建成社会主义现代化强国、实现第二个百年奋斗目标新征程，必须坚持好、运用好自信自立这一世界观和方法论，更加坚定“四个自信”，更加坚定历史自信，更加坚持独立自主，不断谱写马克思主义中国化时代化新篇章。

（一）更加坚定“四个自信”

习近平总书记在党的二十大报告中指出：“我们要坚持对马克思主义的坚定信仰、对中国特色社会主义的坚定信念，坚定道路自信、理论自信、制度自信、文化自信，以更加积极的历史担当和创造精神为发展马克思主义作出新的贡献，既不能刻舟求剑、封闭僵化，也不能照抄照搬、食洋不化。”[①] 新时代新征程中国共产党团结带领全国各族人民完成全面建成社会主义现代化强国、实现第二个百年奋斗目标的中心任务，需要牢牢把握坚持自信自立这一习近平新时代中国特色社会主义思想的世界观和方法论，更加坚定“四个自信”，以中国式现代化全面推进中华民族伟大复兴。

第一，更加坚定道路自信。习近平总书记指出：“中国特色社会主义道路，开拓于中国人民共同奋斗，扎根于中华大地，是给中国人民带来幸福安宁的正确道路。”[②] 党的十八大以来，在以习近平同志为核心的党中央坚强领导下，在习近平新时代中国特色社会主义思想科学指引下，我们走出了一条中国式现代化道路，创造了人类文明新形态，形成了一系列关于中国特色社会主义道路新的科学认识，为我们坚定中国特色社会主义道路自信奠定了更加坚实的实践基础和思想基础。中国特色社会主义道路越走越宽广，中华民族伟大复兴展现出前所未有的光明前景。以中国式现代化全面推进中华民族伟大复兴，我们必须更加坚定道路自信。我们要坚定不移坚持和完善党的全面领导、维护党中央权威和集中统一领导、毫不动摇把党建设得更加坚强有力，确保党始终成为风雨来袭时全体人民最可靠的主心骨；继续一以贯之坚持中国特色社会主义道路，始终保持清醒坚定和强大前进定力，把中国发展进步的命运牢牢掌握在自己手中；统筹推进“五位一体”总体布局、协调推进“四个全面”战略布局，踔厉奋发、勇毅前行、团结奋斗，奋力谱写全面建设社会主义现代化国家崭新篇章；坚

① 习近平：《高举中国特色社会主义伟大旗帜　为全面建设社会主义现代化国家而团结奋斗——在中国共产党第二十次全国代表大会上的报告》，人民出版社 2022 年版，第 19 页。

② 习近平：《在纪念中国人民抗日战争暨世界反法西斯战争胜利 75 周年座谈会上的讲话》，《人民日报》2020 年 9 月 4 日。

持发展是第一要务，在贯彻新发展理念、构建新发展格局中坚持以人民为中心的发展思想，在高质量发展中促进全体人民共同富裕。总之，我们要更加坚定道路自信，既不走封闭僵化的老路，也不走改旗易帜的邪路，在中国特色社会主义道路上昂首迈向中华民族伟大复兴。

第二，更加坚定理论自信。习近平总书记指出："中国共产党为什么能，中国特色社会主义为什么好，归根到底是马克思主义行，是中国化时代化的马克思主义行。"[①]党的十八大以来，中国共产党创立了习近平新时代中国特色社会主义思想，开辟了马克思主义中国化时代化新境界。习近平新时代中国特色社会主义思想，来源于实践，着眼于回应中国之问、世界之问、人民之问、时代之问，又指导实践，为中华民族伟大复兴和人类发展进步提供了理论和行动指南。以中国式现代化全面推进中华民族伟大复兴，我们必须更加坚定理论自信：用习近平新时代中国特色社会主义思想武装全党、教育人民，确保入脑入心、融会贯通，坚持好、运用好贯穿其中的立场观点方法；全面贯彻习近平新时代中国特色社会主义思想，自觉运用科学理论指导实践，坚持守正创新，推进马克思主义基本原理同中国具体实际相结合、同中华优秀传统文化相结合，继续推进实践基础上的马克思主义中国化时代化。总之，我们要更加坚定理论自信，"继续推进马克思主义中国化时代化，坚定志不改、道不变的决心，牢牢把中国发展进步的命运掌握在自己手中"[②]。

第三，更加坚定制度自信。习近平总书记指出："中国特色社会

① 习近平：《高举中国特色社会主义伟大旗帜 为全面建设社会主义现代化国家而团结奋斗——在中国共产党第二十次全国代表大会上的报告》，人民出版社 2022 年版，第 16 页。

② 习近平：《在纪念辛亥革命 110 周年大会上的讲话》，《人民日报》2021 年 10 月 10 日。

主义制度是当代中国发展进步的根本制度保障，是具有鲜明中国特色、明显制度优势、强大自我完善能力的先进制度。”[①] 党的十八大以来，在以习近平同志为核心的党中央坚强领导下，我国各方面制度更加成熟更加定型，形成了强大的制度体系。“中国之制”所转化的强大治理效能彰显了中国特色社会主义制度的强大生命力和巨大优越性。以中国式现代化全面推进中华民族伟大复兴，我们必须更加坚定制度自信：既要坚持发挥党的领导这一最大优势，深刻领悟“两个确立”，坚决做到“两个维护”；又要坚持守正创新，推动制度的自我发展、自我完善；还要坚持把制度优势转化为治理效能，保障制度执行。总之，我们要更加坚定制度自信，“不断彰显中国特色社会主义制度优势，不断增强社会主义现代化建设的动力和活力，把我国制度优势更好转化为国家治理效能”[②]。

第四，更加坚定文化自信。习近平总书记指出：“没有高度的文化自信，没有文化的繁荣兴盛，就没有中华民族伟大复兴。”[③] 党的十八大以来，在中国共产党领导下，我国文化建设取得了历史性成就、发生了历史性变革，党以高度的文化自觉定位文化自信、谋划文化发展。以中国式现代化全面推进中华民族伟大复兴，我们必须更加坚定文化自信：继续坚持走中国特色社会主义文化发展道路，坚守中华文化立场，坚持中国特色社会主义方向；坚持在实践创造中进行文化创造，在历史进步中实现文化进步；坚持新发展理念，鼓励创新创造，充分激发全民族文化创新创造活力。尤其是，要把文化自信所蕴

① 习近平：《在庆祝中国共产党成立95周年大会上的讲话》，《求是》2021年第8期。
② 习近平：《高举中国特色社会主义伟大旗帜 为全面建设社会主义现代化国家而团结奋斗——在中国共产党第二十次全国代表大会上的报告》，人民出版社2022年版，第27页。
③ 习近平：《坚定文化自信，建设社会主义文化强国》，《求是》2019年第12期。

含的最基本、最深沉、最持久的力量充分激发出来，弘扬中华民族精神，增强全民族的凝聚力、向心力、创造力。总之，我们要更加坚定文化自信，“推进文化自信自强，铸就社会主义文化新辉煌”[①]。

习语润心

论四个自信

要坚定文化自信，深入挖掘晋商文化内涵，更好弘扬中华优秀传统文化，更好服务经济社会发展和人民高品质生活。

——习近平春节前夕赴山西看望慰问基层干部群众时的讲话，2022年1月26日至27日

（二）更加坚持独立自主

习近平总书记在党的二十大报告中指出：“党的百年奋斗成功道路是党领导人民独立自主探索开辟出来的，马克思主义的中国篇章是中国共产党人依靠自身力量实践出来的，贯穿其中的一个基本点就是中国的问题必须从中国基本国情出发，由中国人自己来解答。”[②] 正是在此意义上，《中共中央关于党的百年奋斗重大成就和历史经验的决议》把“坚持独立自主”确立为党的百年奋斗历史经验，并强调“独

① 习近平：《高举中国特色社会主义伟大旗帜　为全面建设社会主义现代化国家而团结奋斗——在中国共产党第二十次全国代表大会上的报告》，人民出版社2022年版，第42页。

② 习近平：《高举中国特色社会主义伟大旗帜　为全面建设社会主义现代化国家而团结奋斗——在中国共产党第二十次全国代表大会上的报告》，人民出版社2022年版，第19页。

进入新发展阶段，科技自立自强是促进发展大局的根本支撑。图为 2020 年 12 月 17 日凌晨，嫦娥五号返回器携带月球样品安全着陆，探月工程嫦娥五号任务取得圆满成功

立自主是中华民族精神之魂，是我们立党立国的重要原则”①。坚持独立自主，是中国共产党把马克思主义基本原理同中国具体实际相结合、同中华优秀传统文化相结合的重要理论成果，是马克思主义行、中国化时代化的马克思主义行的重要彰显。中国共产党完成新时代新征程的使命任务，需要从习近平新时代中国特色社会主义思想的世界观和方法论的哲学高度准确把握独立自主原则，不断丰富和发展“坚持独立自主”这一宝贵精神财富。

首先，准确把握坚持独立自主的科学内涵。坚持独立自主，指的是把党和国家的发展放在自身力量的基点上，并不意味着自我封闭，甚至盲目排外。具体说来，就是在坚定自信的基础上，以世界眼光积

① 《中共中央关于党的百年奋斗重大成就和历史经验的决议》，《人民日报》2021 年 11 月 17 日。

极主动学习借鉴国内外、党内外一切先进经验和有益文明成果，并结合自身具体实际加以消化吸收而为我运用。它要求我们“在发展过程中把握好中与西、内与外之间的内在张力，处理好借鉴与自立、开放与自主的辩证关系”①。只有准确把握坚持独立自主的科学内涵，才能在政治实践中真正坚持独立自主，在“不忘本来”和“吸收外来”中更好地“面向未来”。

其次，坚定不移走中国特色社会主义道路。方向决定道路，道路决定命运。中国道路的选择，“必须按照中国的特点、中国的实际来办，这是解决中国所有问题的正确之道”②。作为党的一种思维方法和精神传承，独立自主最为集中地体现在国家道路的选择上。党在百年奋斗中始终坚持从我国国情出发，探索并形成了符合中国实际的新民主主义革命道路、社会主义改造和社会主义建设道路、中国特色社会主义道路。习近平总书记深刻指出，“这种独立自主的探索精神，这种坚持走自己路的坚定决心，是我们党不断从挫折中觉醒、不断从胜利走向胜利的真谛”③。新时代新征程，以中国式现代化全面推进中华民族伟大复兴，我们必须一以贯之地走中国特色社会主义道路：“坚持以经济建设为中心，坚持四项基本原则，坚持改革开放，坚持独立自主、自力更生，坚持道不变、志不改，既不走封闭僵化的老路，也不走改旗易帜的邪路，坚持把国家和民族发展放在自己力量的基点上，坚持把中国发展进步的命运牢牢掌握在自己

---

① 本报评论部：《坚持独立自主（人民观点）——把党百年奋斗的历史经验传承好、发扬好》，《人民日报》2022 年 2 月 18 日。

② 习近平：《在纪念邓小平同志诞辰 110 周年座谈会上的讲话》，《人民日报》2014 年 8 月 21 日。

③ 习近平：《关于坚持和发展中国特色社会主义的几个问题》，《求是》2019 年第 7 期。

手中。”①

最后，始终坚持独立自主的和平外交政策。中国共产党独立自主的思维方法和精神传承也鲜明体现在外交政策的制定执行上。中国共产党根据对国际局势的独立判断，自主制定国家的外交政策，并且始终奉行独立自主和平外交政策。新时代新征程，以中国式现代化全面推进中华民族伟大复兴，我们必须更加坚持独立自主的和平外交政策：始终根据事情本身的是非曲直决定自己的立场和政策，维护国际关系基本准则，维护国际公平正义；坚持在和平共处五项原则基础上同各国发展友好合作，推动构建新型国际关系，深化拓展平等、开放、合作的全球伙伴关系，致力于扩大同各国利益的汇合点；坚持对外开放的基本国策，坚定奉行互利共赢的开放战略，不断以中国新发展为世界提供新机遇，推动建设开放型世界经济，更好惠及各国人民；积极参与全球治理体系改革和建设，践行共商共建共享的全球治理观，坚持真正的多边主义，推进国际关系民主化，推动全球治理朝着更加公正合理的方向发展。

境外声音

自信自立

摩洛哥驻华大使阿齐兹·梅库阿尔表示，在中国共产党的领导下，中国人民以惊人的速度、智慧和奉献精神，建设了如今的中国。

① 习近平：《高举中国特色社会主义伟大旗帜　为全面建设社会主义现代化国家而团结奋斗——在中国共产党第二十次全国代表大会上的报告》，人民出版社2022年版，第27页。

一个发展中国家能以如此大的规模和如此快的速度走向现代化，这是前所未有的。

中国取得的亮眼成就表明，中国人民找到了最适合本国国情的发展道路。不少国家希望在结合自身国情的基础上，学习借鉴中国的发展模式。

——孙楠、卜多门：《“中国取得这样的发展成就绝非偶然”——专访摩洛哥驻华大使阿齐兹·梅库阿尔》，《光明日报》2022 年 10 月 21 日

（三）更加坚定历史自信

习近平总书记在党的二十大报告中指出：“全党同志务必不忘初心、牢记使命，务必谦虚谨慎、艰苦奋斗，务必敢于斗争、善于斗争，坚定历史自信，增强历史主动，谱写新时代中国特色社会主义更加绚丽的华章。”① 新时代新征程中国共产党团结带领全国各族人民完成全面建成社会主义现代化强国、实现第二个百年奋斗目标的中心任务，需要在持续强化历史认知中不断增强历史自觉，从而进一步掌握党和人民事业发展的历史主动。

首先，持续强化历史认知。习近平总书记指出：“历史认知是历史自信的重要基础。”② 观今宜鉴古，无古不成今。能不能正确对待历史，特别是自身的历史，是一个政党安身立命的基础。强化历史认知，善于从历史中汲取智慧和力量，是中国共产党坚定历史自信的重要路径。党的百年奋斗之所以取得如此辉煌的历史成效，其中一个重

① 习近平：《高举中国特色社会主义伟大旗帜　为全面建设社会主义现代化国家而团结奋斗——在中国共产党第二十次全国代表大会上的报告》，人民出版社 2022 年版，第 1—2 页。

② 《习近平谈治国理政》第 4 卷，外文出版社 2022 年版，第 546 页。

要原因就是中国共产党坚持唯物史观和正确党史观，在党和国家历史问题上注重正本清源，在把握历史认知中认清历史大势，并以此凝聚全党的历史共识。新时代新征程中国共产党不断强化历史认知，需要遵循《中共中央关于党的百年奋斗重大成就和历史经验的决议》的指导要求，牢牢坚持唯物史观这一共产党人认识把握历史的根本方法，深刻认识党百年奋斗的重大成就和历史经验，全面把握中国特色社会主义进入新时代的历史性成就和历史性变革，真正看清楚过去我们为什么能够成功、弄明白未来我们怎样才能继续成功，在新时代新征程更好坚持和发展中国特色社会主义。与此同时，坚持正确党史观。具体说来，要用具体历史的、客观全面的、联系发展的观点看待党的历史，学会区分党史的本质和现象、主流和支流，准确把握党史的主题主线、主流本质；要从大历史观、从历史长时段和世界大视野看待党的历史，学会从历史长河、时代大潮、全球风云中分析演变机理、探究历史规律，从而把握历史发展规律和大势，始终掌握党和国家事业发展的历史主动。

其次，不断增强历史自觉。历史自觉是历史自信的必要前提。中国共产党的历史自觉不仅包含着对自身的觉悟和省思，还包括对自身历史的价值判断和价值选择。正是在此意义上，习近平总书记强调："历史是最好的教科书，也是最好的清醒剂。"[①] 百余年来，中国共产党之所以能够创造一个又一个辉煌成就，一个重要原因在于党始终秉持强烈的历史自觉，注重不断运用唯物史观总结自身历史经验，在不断深化认识把握历史发展规律中，敏锐把握历史发展态势。有学者指出："党的历史自觉，就是在'始终坚持真理、修正错误'的过程中

① 《习近平谈治国理政》第 4 卷，外文出版社 2022 年版，第 287 页。

实事求是是马克思主义的精髓和灵魂。图为中共中央党校（国家行政学院）的“实事求是”校训石刻

形成的，就是在进取中突破，于挫折中奋起，不断总结成功经验和失败教训而涵养的。”① 新时代新征程中国共产党不断增强历史自觉，需要遵循《中共中央关于党的百年奋斗重大成就和历史经验的决议》的指导要求，自觉地从党的百年奋斗成就和历史经验中获寻历史自信的内生力量，把不忘初心、牢记使命作为加强党的建设的永恒课题常抓常新，团结带领全国各族人民全面建成社会主义现代化强国、实现第二个百年奋斗目标。

最后，始终掌握历史主动。习近平总书记指出：“一百年来，不管形势和任务如何变化，不管遇到什么样的惊涛骇浪，我们党都始终

① 徐信华、徐尚思：《深刻把握贯通百年党史的历史自觉》，《光明日报》2022 年 5 月 30 日。

把握历史主动、锚定奋斗目标，沿着正确方向坚定前行。”[①] 中国共产党的历史主动是党“在尊重历史规律、尊重人民主体地位基础上体现出来的洞察历史大势、抓住历史机遇、推动历史进步的精神气质和实践品格”[②]。掌握历史主动是马克思主义政党的独特优势，坚持唯物史观是中国共产党能够发扬历史主动的思想基础。新时代新征程中国共产党始终掌握历史主动，需要坚持唯物史观和正确党史观，遵循《中共中央关于党的百年奋斗重大成就和历史经验的决议》的指导要求，把握世界发展大势，顺应时代发展潮流，不断增强党和国家工作的系统性、预见性、创造性；及时总结自身历史经验，将其作为正确判断形势、科学预见未来、把握历史主动的重要思想武器；发扬担当和斗争精神，坚定担当责任，增强斗争本领，在担当和斗争中开创新局面、打开新天地。

---

① 习近平：《在党史学习教育动员大会上的讲话》，人民出版社 2021 年版，第 6 页。
② 侯衍社：《掌握历史主动，在新时代更好坚持和发展中国特色社会主义》，《光明日报》2022 年 8 月 9 日。

第四章

坚持守正创新

习近平总书记指出，无论时代如何发展，我们都要激发守正创新、奋勇向前的民族智慧。作为中国人民和中华民族先锋队的中国共产党，一直以来都是一个坚持守正创新、不断推进自我革命的马克思主义政党。回顾党 100 多年的发展历程，正是由于历代中国共产党人始终坚持守正创新，不断坚持以马克思主义为根本指导思想，持续推进马克思主义基本原理同中国具体实际相结合、同中华优秀传统文化相结合，才团结带领全国各族人民不断取得一个又一个的新胜利。

一、科学把握守正创新的内涵及价值

回望我们党成立 100 多年来的发展历程，一代又一代的共产党人在不同历史时期，始终坚持守住马克思主义基本原理之“正”，同时又不断以创新的理念和思维推进其与中国具体实际和中华优秀传统文化的有机结合，这才渡过了一道道难关，领导全国各族人民不断创造了中国革命、建设、改革和新时代的伟大成就，不断推进了党的自我革命与发展。

（一）守正创新的内涵及内在逻辑

所谓守正创新，顾名思义，指的是既要恪守住正道，牢牢坚持按照事物变化发展的基本规律办事，又要勇于开拓创新，充分结合不断发展变化的客观实际，不断自觉能动地探索出符合事物客观规律的创新性思想认识和实践活动。

守正创新是马克思主义理论和实践发展的内在要求。从唯物辩证法的角度来看，守正创新的“正”，就是事物发展变化蕴含的客观规律，而“守正”则是要按照客观规律办事。守正创新中的“创新”，可以理解为是有目的、有意识的主动性创造活动，既包含理论性的创造活动，又包含实践性的创造活动。由此可见，从马克思主义的角度来看，所谓守正创新就是要在把握事物发展变化客观规律的基础上，根据既定的目标改变旧事物、创造新事物的理论或实践行为。

就其内在逻辑关系看，守正与创新是相辅相成、辩证统一的。一方面，守正是创新的前提和基础。事物的发展变化是蕴藏着其客观规律的，这些客观规律蕴含着正确的立场、科学的观念和基本的方法等本质性认识。只有遵从了这些本质性认识，按照客观规律认识世界和改造世界，创新才不会成为无源之水、无本之木，才能沿着正确的轨道向前发展。另一方面，创新是守正的目标和路径。事物都是随时代的前进、实践的深入而不断发展变化的，其间要经历由量变到质变的发展过程，有时甚至是螺旋式上升的渐进过程。只有对旧的事物进行符合新的历史发展的改造和创新，才能更加深刻地揭示新的历史条件下事物发展变化的客观规律。

对于一个民族、一个国家、一个政党甚至是个人来说，如果只知道守正，不注重创新，就会因循守旧、不思进取，导致干事创业缺乏活力、停滞不前；如果不恪守正道，只一味想着创新，那么所谓的创新就会是无源之水、无本之木，事业发展就会迷失正确发展方向。

回望中华文明走过的5000多年光辉历史，中华民族历来就是一个善于守正和创新的民族。早在先秦时期，“正”和“新”就已经出现在相关文字记载当中。先秦文化的两个重要流派——道家和儒家，都非常看重一个“正”字，都强调正气或正道对于为人修身做事乃至治理国家的重要性。比如，道家的创始人老子提出要“以正治国”，被誉为至圣先师的孔子明确强调做事情要名正言顺，认为“名不正，则言不顺”。

“新”字的历史更是源远流长。早在商周时期，“新”字就已经出现和被运用。比如，商王汤就曾经在其洗澡盆上刻上了自勉的箴言——“苟日新，日日新，又日新”，意思是说如果能够一天一天地不断更新，就应该持续不断地保持下去。《周易》里则强调了日日更新是一种高尚的品德，提出“日新之谓盛德”。这里所使用的“新”字，其含义已经有了很大的创新意蕴，其对后世的影响更是深远和持久的。

老子像

守正和创新这两个合成词的出现和使用，分别始于两汉及南北朝的相关文献当中。“守正”一词，最早出现在西汉史学家司马迁所著的《史记·礼书》，其中提到：“循法守正者见侮于世，奢溢僭差者谓之显荣。”自此之后，“守正”一词被广泛传承和沿用至今，并出现了守正不阿、守正不移、守正为心以及守文持正、正己守道、归正守丘等相关成语。

“创新”一词始见于南北朝时期著名文学家、史学家魏收所著的《魏书》当中，其中提到了“革弊创新者，先皇之志也”，这里的“创新”与“革弊”相对而用，已经有了现代词义上的革新、创新之意。唐朝以后，“创新”一词使用的频度逐渐高起来。比如，史学家令狐德棻在所著的《周书》中提出了要“创新改旧”；李延寿在其所著的《南史》和《北史》中提出了“理应创新”“革弊创新”和“创新改旧”；北宋时期的文学家范仲淹针对修建寺庙太过于劳民伤财，在《上执政书》中提出了“止可完旧，勿许创新，斯亦与民阜财之端也”的建议；明朝贤相李贤在《论太学疏》中指出了“有创新而不措者”，强调了创新必须要落实到举措当中；等等。

进入近现代以来，守正和创新的意识和主张更是在文化不断地传承中推进了中华民族的文明和进步。守正和创新或者被单独使用或者被合并使用，范围涉及经济社会发展、文化建设、科技进步、理论研究乃至党的建设等各个领域。我们党自成立以来，始终坚持具体问题具体分析的工作方法和与时俱进的工作方法，不断根据历史发展的基本趋势和形势作出正确的判断和决策。早在新民主主义革命时期，以毛泽东同志为核心的党的第一代中央领导集体在长征胜利后，准确把握国际和国内形势，注意到了日本对中国侵略的野蛮性和急迫性，及时作出了与国民党合作、团结一切可以团结的力量组成抗日民族统一战线的重要决策，并在抗日战争中冲在前面，发挥了抗日战争中流砥柱的关键作用，为抗日战争的胜利作出了突出贡献。党的十一届三中全会以后，以邓小平同志为主要代表的中国共产党人站在时代潮头，立足国内的基础上放眼世界，作出了“和平与发展”成为时代主题的准确研判，及时把工作中心转移到经济建设上来，作出了改革开放的伟大决策，开创了中国特色社会主义道路，推动了国民经济的快速发展，人民生活水平得到了明显改善。党的十八大以来，以习近平同志为核心的党中央以实现中华民族伟大复兴的战略全局和应对世界百年未有之大变局作为谋划一切工作的基本出发点，作出了世界正处于“大发展大变革大调整”时期的重要论断，在清醒认识国际国内各种不利因素的长期性、复杂性的基础上统筹研究部署，协同推进改革发展稳定各项工作，谋定而后动，厚积而薄发，制定了“五位一体”总体布局和“四个全面”战略布局战略部署，推动国民经济发展迈向了新的台阶，中国也逐渐走近世界舞台中央，在国际事务治理中发挥了重要作用，展现了大国担当。历经辉煌同时也经历无数磨难的中华民族，在守正创新中不断迸发出强大的发展力量，一次又一次战胜了各种艰难险阻，终于迎来了实现中华民族伟大复兴中国梦的胜利曙光。

（二）守正创新才创造了历史成就

从党的早期历史看，由于中国共产党一成立就在共产国际的指导下直接投入到革命实践中，来不及深入思考马克思主义，不太懂得怎样科学对待和灵活运用马克思主义。因而，我们党在领导革命实践中尽管一直强调要以马克思列宁主义为指导，但是在如何运用马克思列宁主义指导革命实践这个重大而基本的问题上，党内却出现了两种截然不同的态度：一种是教条主义的态度。他们注重的是马克思、恩格斯、列宁得出的结论，而不是他们的立场、观点和方法，“以为上了书的就是对的”[①]。另一种就是实事求是的态度。毛泽东较早地认识到教条主义的错误及其危害。1930 年 5 月，他在《反对本本主义》一

① 《毛泽东选集》第 1 卷，人民出版社 1991 年版，第 111 页。

文中明确提出，“没有调查，没有发言权”，鲜明地举起了“反对本本主义”的大旗，指出“中国革命斗争的胜利要靠中国同志了解中国情况”。实事求是是马克思主义的根本观点，是中国共产党人认识和改造世界的基本遵循，也是我们党的基本思想方法、工作方法、领导方法。毛泽东在《改造我们的学习》一文中指出：“‘实事’就是客观存在着的一切事物，‘是’就是客观事物的内部联系，即规律性，‘求’就是我们去研究。”[①] 由此可见，以毛泽东同志为主要代表的早期中国共产党人，已经开始树立起理论自觉和自信，运用守正与创新相结合的科学态度对待马克思主义，注意把马克思主义的基本原理与中国具体实际相结合，实事求是地研究中国的实际问题。在这个科学理念指导下，党用“农村包围城市”的创新革命道路，重新激活了中国革命的伟大实践，领导全国各族人民创造了新民主主义革命的伟大成就，实现了民族独立、人民解放。

新中国成立以后，我们党也曾注重学习苏联社会主义建设经验，但由于有新民主主义革命时期的经验，我们党又保持了守正创新的自觉。党创造性地用国家资本主义形式与和平赎买政策改造资本主义工商业，开辟了一条适合中国国情的社会主义改造道路，初步建立起社会主义基本制度。从1956年起，鉴于苏

《毛泽东在新泉进行连队调查》（油画）

① 《毛泽东选集》第3卷，人民出版社1991年版，第801页。

联模式暴露的弊端，党提出要突破苏联模式。中国社会主义建设更加明确地走上了守正创新的道路，开始探索具有本国特点的社会主义建设道路。在这一重要理念的指引下，中国自行研制的第一颗原子弹、氢弹先后爆炸成功，自行研制的第一颗人造地球卫星发射成功，在世界上首次人工合成牛胰岛素结晶，首次培育成功强优势籼型杂交水稻，等等。经过20多年的奋斗，我们党团结带领全国人民，创造了社会主义革命和建设的伟大成就，社会主义新中国初步建立起了比较完整独立的工业体系和国民经济体系，实现了中华民族有史以来最为广泛而深刻的社会变革，实现了一穷二白、人口众多的东方大国大步迈进社会主义社会的伟大飞跃。

党的十一届三中全会以来，我们党继续坚持守正创新，不断注重将马克思主义基本原理与中国具体实际相结合，确立了党在社会主义初级阶段的基本路线，坚定不移推进改革开放，战胜了来自各方面的风险与挑战，开创、坚持、捍卫、发展了中国特色社会主义，实现了从高度集中的计划经济体制到充满活力的社会主义市场经济体制、从封闭半封闭到全方位开放的历史性转变，实现了从生产力相对落后的状况到经济总量跃居世界第二的历史性突破。其间的最大理论和实践创新，是挑战了社会主义不能搞市场经济的铁律，石破天惊地提出社会主义市场经济理论，突破了马克思主义传统观点，创造性地发展了马克思主义。正如习近平总书记所指出的：“提出建立社会主义市场经济体制的改革目标，这是我们党在建设中国特色社会主义进程中的一个重大理论创新和实践创新，解决了世界上其他社会主义国家长期没有解决的一个重大问题。”[①] 如果说改革开放是决定当代中国命运的

① 习近平：《论坚持全面深化改革》，中央文献出版社2018年版，第50页。

关键一招，那么坚持社会主义市场经济改革方向，就是中国人民能够富起来的关键一招，并推动改革开放和社会主义现代化建设取得了举世瞩目的伟大成就。

党的十八大以来，以习近平同志为核心的党中央团结带领全党全国各族人民，从理论和实践结合上深刻回答了新时代坚持和发展什么样的中国特色社会主义、怎样坚持和发展中国特色社会主义，建设什么样的社会主义现代化强国、怎样建设社会主义现代化强国，建设什么样的长期执政的马克思主义政党、怎样建设长期执政的马克思主义政党等重大时代课题，提出一系列原创性的治国理政新理念新思想新战略，创立了习近平新时代中国特色社会主义思想，指引党和国家事业取得历史性成就、发生历史性变革，推动我国迈上全面建设社会主义现代化国家新征程。新时代中国特色社会主义成功实践的重要原因，就在于我们党在守正创新中坚持推进理论创新和实践创新。作为马克思主义中国化新飞跃的习近平新时代中国特色社会主义思想，既是我们党坚持把马克思主义基本原理同中国具体实际和中华优秀传统文化以及时代特征相结合的典范，也是我们党在坚持守正创新中坚持和发展马克思主义的典范。

新时代我国经济实力跃上新台阶

党的十八大以来，我国综合国力持续提升，经济总量连续跨越60万亿元、70万亿元、80万亿元、90万亿元、100万亿元、110万亿元大关。2021年我国国内生产总值达到114万亿元，占全球经济

的比重由 2012 年的 11.4% 上升到 18% 以上，作为世界第二大经济体的地位得到巩固提升；人均国内生产总值达到 1.25 万美元，接近高收入国家门槛。这些年，中国经济对世界经济增长的贡献总体上保持在 30% 左右，是世界经济增长的最大引擎。

（三）守正创新才建成了百年大党

回望百年奋斗历程，我们党作为先进的马克思主义政党，始终坚持以守正创新精神不断推进自身建设，不断提高党的建设科学化水平，这才始终保持了先进性、纯洁性，始终具有创造力、战斗力和凝聚力。正如习近平总书记所强调的："只有努力在革故鼎新、守正出新中实现自身跨越，才能不断给党和人民事业注入生机活力。"① 这既是对守正创新与全面从严治党的辩证关系的科学揭示，又是对新时代全面从严治党必须继续守正创新的明确要求。

---

① 习近平：《论坚持全面深化改革》，中央文献出版社 2018 年版，第 328 页。

“马克思主义是我们立党立国、兴党兴国的根本指导思想。”[①] 中国共产党是马克思主义政党，必须坚持以马克思主义为根本指导，同时又必须把马克思主义基本原理同中国具体实际相结合、同中华优秀传统文化相结合。马克思主义作为科学真理，为中国共产党解决中国问题提供了强大的理论武器，但要真正找到解决中国问题的正确道路，还必须坚持高度的理论自觉，既要守住马克思主义的基本立场、观点和方法之“正”，又要坚持“两个结合”，不断开创出马克思主义中国化理论之“新”，不断谱写马克思主义中国化时代化新篇章。

自马克思主义诞生以来，就存在着怎样对待马克思主义的问题。能否以科学态度对待马克思主义，直接关系到革命和建设事业的成败。100 多年来，我们党始终秉承守正创新的精神，既牢牢坚持马克思主义的基本精神和指导地位，又注重把马克思主义基本原理同中国实际和时代特征结合起来，坚持解放思想、实事求是、与时俱进，用发展着的马克思主义指导新的实践，坚定不移走自己的路，始终保持了开拓前进的精神动力。

守正创新还是新时代推进党的自我革命的必然要求。勇于自我革命是中国共产党区别于其他政党的显著标志。习近平总书记明确指出，牢记初心和使命，推进党的自我革命，要坚持守正和创新相统一。革命就是革新，革新必须遵循创新思维，而马克思主义政党的革命，又必须坚持马克思主义的基本政治方向不变色。新时代党的自我革命任重而道远，面临的执政环境是复杂的，影响党的先进性、弱化党的纯洁性的因素也是复杂的。党应对复杂的执政环境，既要固本培

---

① 习近平：《高举中国特色社会主义伟大旗帜 为全面建设社会主义现代化国家而团结奋斗——在中国共产党第二十次全国代表大会上的报告》，人民出版社 2022 年版，第 16 页。

元，坚持马克思主义的基本立场和价值追求；又要不断提高党自我净化、自我完善、自我革新、自我提高能力，消除一切损害党的先进性和纯洁性的因素，清除一切侵蚀党的健康肌体的病毒，永葆党的先进性和纯洁性。党的自我革命永远在路上，决不能有松劲歇脚、疲劳厌战的情绪，要以守正创新的精神，确保党始终走在时代前列，始终成为全国人民的主心骨，始终成为坚强领导核心。

知识拓展

《反对本本主义》

《反对本本主义》是毛泽东为反对当时红军中教条主义思想于1930年5月所写的文章，原篇名为《调查工作》。后该文遗失，20世纪60年代初期该文被重新发现后，毛泽东作了部分文字的修订和内容上的补充，题目改为《反对本本主义》。该文深入浅出地论述了没有调查就没有发言权的深刻道理，指出“调查就像‘十月怀胎’，解决问题就像‘一朝分娩’。调查就是解决问题”。文章认为，要纠正以为上了书的就是对的这种本本主义，只有向实际情况作调查。文章还指明了如何正确对待马克思主义“本本”的问题，指出“马克思主义的‘本本’是要学习的，但是必须同我国的实际情况相结合。我们需要‘本本’，但是一定要纠正脱离实际情况的本本主义”。

二、党百年历程不断发展的厚重底色

习近平总书记指出：“一百年来，我们党坚持解放思想和实事求是相统一、培元固本和守正创新相统一，不断开辟马克思主义新境界，

产生了毛泽东思想、邓小平理论、‘三个代表’重要思想、科学发展观，产生了新时代中国特色社会主义思想，为党和人民事业发展提供了科学理论指导。”① 理论是行动的先导，正是靠着守正创新产生的思想理论正确指引，中国共产党在百年历程中才始终保持着充沛的前行力量，并推进发展了中国特色社会主义道路、理论、制度和文化。

（一）守正创新与中国特色社会主义道路

“中国特色社会主义是实现中华民族伟大复兴的必由之路。”② 习近平总书记指出，无论搞革命、搞建设、搞改革，道路问题都是最根本的问题。必须坚持以中国式现代化全面推进中华民族伟大复兴，既不走封闭僵化的老路，也不走改旗易帜的邪路。这些重要论述，显示了我们党对于道路选择守正与创新的辩证统一。守正，就是我们的道路选择要坚持以马克思主义为根本指导，坚持和巩固党的领导地位，坚持社会主义基本原则和发展方向；创新，就是中国道路不能拘泥于封闭僵化的条条框框，不能失去原则地改旗易帜，而要从实际出发，开拓进取、锐意创新，不断探索适合国情发展的中国特色社会主义道路。

中国共产党的百年奋斗史，也是一部道路发展创新史。100 多年来，一代又一代的中国共产党人始终不忘初心、牢记使命，团结带领各族人民，进行不懈艰苦探索，开创了富有中国特色的革命、建设和改革道路。新民主主义革命时期，以毛泽东同志为主要代表的中国共产党人，坚持马克思主义指导，紧密结合中国国情，走出了农村包围城市、武装夺取政权的道路，取得全国革命的胜利，实现了民族独立

---

① 习近平：《在党史学习教育动员大会上的讲话》，人民出版社 2021 年版，第 12 页。

② 习近平：《高举中国特色社会主义伟大旗帜 为全面建设社会主义现代化国家而团结奋斗——在中国共产党第二十次全国代表大会上的报告》，人民出版社 2022 年版，第 70 页。

和人民解放。新中国成立初期，党领导人民在迅速治愈战争创伤、恢复国民经济的基础上，成功进行了社会主义改造，建立了社会主义制度，对社会主义建设进行了初步探索。党的十一届三中全会以来，我们党在总结国内外经验教训的基础上，从挫折中总结经验，从成功中反思不足，特别是深刻总结了“文化大革命”的惨痛教训，实现了指导思想的拨乱反正，同时又立足国情实际、大胆开拓创新，以巨大的政治勇气、理论勇气和实践勇气实行改革开放，把党和国家工作中心转移到经济建设上来，开辟了中国特色社会主义道路。从党的十二大明确提出“走自己的路，建设有中国特色的社会主义”，到党的十八大对中国特色社会主义道路作出明确界定，经过历代中国共产党人的不懈探索，中国特色社会主义道路日臻完善。

进入新时代，面对世情、国情、党情的深刻变化，中国共产党在对中国改革实践的继续探索中，又进一步拓展了中国特色社会主义道路。面对国际国内党执政环境的日益复杂，面对国内改革开放正处于攻坚期和深水区的严峻形势，以习近平同志为核心的党中央准确把握新时代新使命，不断坚定道路自信、理论自信、制度自信、文化自信，统筹推进“五位一体”总体布局，协调推进“四个全面”战略布局，统揽“四个伟大”，提出“两个一百年”和中华民族伟大复兴的奋斗目标，提出了新的“两步走”战略，擘画出了新时代发展中国特色社会主义道路的战略路线图，进一步丰富和拓展了新时代中国特色社会主义道路的内涵和外延。

要守正创新，既要在古人留给我们的丰厚文化遗产中交流互鉴，

承前启后，又要从当今世界发展潮流中革故鼎新，开辟未来。

——与希腊总理米佐塔基斯会谈时的讲话，2019 年 11 月 11 日

要守正创新、开拓创新，大胆探索自己未来发展之路。

——在经济社会领域专家座谈会上的讲话，2020 年 8 月 24 日

要加强改革前瞻性研究，把握矛盾运动规律，守正创新、开拓创新，更加积极有效应对不稳定不确定因素，增强斗争本领，拓展政策空间，提升制度张力。

——在中央全面深化改革委员会第十五次会议上的讲话，2020 年 9 月 1 日

文化产业既有意识形态属性，又有市场属性，但意识形态属性是本质属性。一定要牢牢把握正确导向，坚持守正创新，确保文化产业持续健康发展。

——在湖南长沙考察调研时的讲话，2020 年 9 月 17 日

为了实现中华民族伟大复兴，中国共产党团结带领中国人民，自信自强、守正创新，统揽伟大斗争、伟大工程、伟大事业、伟大梦想，创造了新时代中国特色社会主义的伟大成就。

——在庆祝中国共产党成立 100 周年大会上的讲话，2021 年 7 月 1 日

（二）守正创新与中国特色社会主义理论

回望中国共产党百年的历史，每当遇到新情况、新问题，我们党都能在坚持马克思主义基本原理的基础上，紧密结合实际国情，敢于

打破陈规定式，勇于推进理论创新，不断取得新的胜利。可以说，坚持守正创新是我们党砥砺前行不断取得成功的不竭动力，也是我们党作为百年大党不断推进理论创新的厚重底色。

中国共产党是马克思主义政党，决定了我们必须牢牢坚持以马克思主义为根本指导。马克思主义是我们立党立国、兴党兴国的根本指导思想。坚守马克思主义，首先是要坚信马克思主义是颠扑不破的真理。20 世纪 80 年代末 90 年代初，随着苏联解体、东欧剧变，当时社会上出现了很多对马克思主义的怀疑言论。对此，邓小平明确指出："不要认为马克思主义就消失了，没用了，失败了。"①"我坚信，世界上赞成马克思主义的人会多起来的，因为马克思主义是科学。"② 党百年历史的发展以雄辩的事实证明，中国共产党和中国人民的选择是正确的，没有对马克思主义的真信、真学、真用，就没有中国特色社会主义伟大事业的巨大成功。

马克思主义为解决中国问题提供了强大的理论武器，必须始终牢牢坚持，但要真正找到解决中国问题的正确道路，还必须创造性运用这个科学的理论武器，实现马克思主义基本原理和中国实际的有机结合。如同马克思、恩格斯曾经明确强调的：马克思主义基本原理的实际运用"随时随地都要以当时的历史条件为转移"。这就是说，对于马克思主义的实际运用，必须一切从当时当地的社会历史条件出发。

党的百年发展史，非常生动地诠释了这个科学道理。革命时期，我们党不懈探索马克思主义中国化的实现路径，创立了毛泽东思想，指导中国新民主主义革命和社会主义革命取得了伟大胜利；社会主义建设探索时期，我们党继续推进马克思主义中国化创新，指引社会主

---

① 《邓小平文选》第 3 卷，人民出版社 1993 年版，第 383 页。
② 《邓小平文选》第 3 卷，人民出版社 1993 年版，第 382 页。

义建设取得初步成果；改革开放以来，我们党以创新性思维大大开拓了马克思主义中国化的新境界，形成了中国特色社会主义理论体系，指引中国特色社会主义事业取得重大成就。所有这一切，都是我们党坚持守正创新的结果。正如习近平总书记所强调的："我们通过守正创新形成了中国特色社会主义理论体系，守正就不能偏离马克思主义、社会主义，但不是刻舟求剑，还要往前发展、与时俱进，否则就是僵化的、陈旧的、过时的。"①

党的十八大以来，中国特色社会主义进入新时代，中国共产党立足于对 21 世纪时代特征的深刻洞悉和当代中国历史发展方位的科学判断，继续坚持守正创新的优良品质，不断在坚持马克思主义基本原理的基础上，以巨大的政治勇气推进马克思主义中国化，创立了习近平新时代中国特色社会主义思想。这一马克思主义中国化的最新理论成果，科学回答了新一代中国共产党人面临的时代课题与实践挑战，开辟了马克思主义在当代中国发展的新境界，引领中国取得了许多历史性成就、发生了许多历史性变革，引领了 21 世纪世界马克思主义理论的创新性发展。

（三）守正创新与中国特色社会主义制度

制度是关系党和国家事业发展的根本性、全局性、稳定性、长期性问题。制度的发展和完善，同样要坚持守正创新，要在坚持根本制度、基本制度的基础上，不断推进各领域制度创新。中国共产党在百年发展历程中，在其领导中国革命、建设和改革过程中，始终坚持将制度建设和制度创新放在突出位置，既按照推进新民主主义革命和社会

① 习近平：《思政课是落实立德树人根本任务的关键课程》，人民出版社 2020 年版，第 9 页。

主义建设的基本原则创设了国家根本制度、基本制度，又及时结合中国国情，不断强化顶层设计，将成熟的实践经验通过制定制度稳定下来，实现了一系列适应中国国情和时代发展要求的重大制度创新。从这个角度来说，中国共产党的百年发展史，也是一部制度发展创新史。

新民主主义革命时期，中国共产党在根据地建立人民政权，根据无产阶级专政的一系列基本原则，开始了国家制度建设的初步探索，并建立了一整套新民主主义的政治、经济、军事和文化制度，为新中国成立后的制度建设提供了宝贵经验。新中国成立后，中国共产党团结带领人民完成了社会主义革命，确立了社会主义的根本制度，并且围绕人民代表大会制度这一根本政治制度，建立了工人阶级国家政权组织制度体系，完成了中华民族有史以来最为广泛而深刻的社会变革，为社会主义国家运行和社会治理奠定了根本政治前提和重要制度基础。

改革开放以来，中国共产党带领人民在“摸着石头过河”的社会主义改革探索中，进入了制度发展创新的“快车道”。40 多年来，我们党始终坚守中国特色社会主义制度的战略定力，注重继承和发展既有的社会主义根本制度和人民代表大会、中国共产党领导的多党合作和政治协商制度、民族区域自治制度以及基层群众自治制度等基本制度，创立了公有制为主体、多种所有制经济共同发展的中国特色社会主义经济制度，逐步形成涵盖经济、政治、文化、社会、生态等一系列体系完备、相互衔接的制度体系。同时，我们党还立足国情实际，牢牢把握制度发展创新的规律性，在创设新的制度规范上下足功夫，使其既具有较强的科学性、规范性和包容性，又具有较高的现实性、针对性和可操作性。

进入新时代，人们对美好生活的向往更加强烈，对制度创新产生了新需求、新期待。以习近平同志为核心的党中央继续坚持守正创新的理念，加强制度顶层设计，既注重保持中国特色社会主义制度体系的稳定性和延续性，又注重适应国家治理体系和治理能力现代化需要和满足人民群众对美好生活的新期待，开启了全方位深层次的制度创新，构建起系统更完备更稳定、科学规范更加成熟定型、运行更加富有成效的中国特色社会主义制度体系。党的十九届四中全会通过的《中共中央关于坚持和完善中国特色社会主义制度、推进国家治理体系和治理能力现代化若干重大问题的决定》，全面回答了在我国国家制度和国家治理体系上应该“坚持和巩固什么、完善和发展什么”这个重大政治问题，既阐明了必须牢牢坚持的重大制度和原则，又部署了推进制度建设的重大任务和举措，充分体现了制度建设守正与创新的辩证统一。

（四）守正创新与中国特色社会主义文化

文化是一个国家的根脉所在，是一个民族深层的精神依托。一个国家或民族的文化，体现的是其整体的共同积淀和共同记忆，也是这个国家或民族生存和发展的核心凝聚力。从这个角度来讲，一个国家或民族的发展进程一定是一个对其自身文化进行守正与创新的过程。回顾党的百年征程，我们党在发展的每个历史阶段，都秉承了守正与创新相统一的精神，带领全国各族人民不断继承、建设和发展了中华优秀传统文化、红色革命文化和社会主义先进文化。

在中华民族形成和发展的漫长岁月中，沉淀和凝练了独特的民族心理结构，构成了中华民族优秀文化心理的内核。这些内核，早已融入中国人的骨髓血液，凝结成中国人的优秀基因，成为中国人的独特气质。“中华文明源远流长，蕴育了中华民族的宝贵精神品格，培育了中国人民的崇高价值追求。自强不息、厚德载物的思想，支撑着中华民族生生不息、薪火相传，今天依然是我们推进改革开放和社会主义现代化建设的强大精神力量。”[①] 可以说，没有中华文明5000多年的文化积淀，就不会有今天的中国特色。革命战争年代，以毛泽东同志为主要代表的中国共产党人，为什么能够克服“本本主义”？为什么能够走出农村包围城市的独特革命道路？研究这些问题，会得到各种各样的答案。但最根本、最彻底、最有解释力的答案，一定是来自文化层面。正是由于毛泽东等第一代中国共产党人对于中华优秀传统文化的守正与创新，并使之与马克思主义有机结合，与中国革命实际有机结合，我们党才领导人民取得了新民主主义革命的伟大胜利。

新中国成立以后，中国共产党带领中国人民走上了建设社会主义的道路，建立了社会主义基本制度。在富有中国特色的社会主义改造和建设之路上，中国共产党人继续以守正创新的科学态度对待马克思主义与中华优秀传统文化，并使之实现了进一步结合，使得中国社会主义建设道路呈现出与传统社会主义国家不同的新面貌。大到社会主义建设道路的探索，小到科学教育卫生乃至日常生活，在守正与创新中不断发展的中国文化为社会主义现代化建设注入了强大推进力量。

改革开放以来，中国共产党深刻反思“文化大革命”教训，重新审视和思考中华优秀传统文化、马克思主义先进文化，进一步明确了哪些基本内核需要继承和坚守，哪些内容形式可以丰富和创新，领导全国人民开启了以思想解放推动社会变革的崭新征程。特别是勇于突破了把社会主义理解为“公有制＋计划经济”的铁律，在社会主义运动历史上，首次将这两个不能和平共处的事物联系到一起，最终确立了社会主义市场经济体制，并推进中国特色社会主义伟大事业实现

① 《习近平谈治国理政》第1卷，外文出版社2018年版，第158页。

长远发展。这既是对马克思主义学说的守正与创新，也是对中华优秀传统文化的守正与创新，同时还说明了一个深刻道理：作为一种发展道路和制度模式，对它的选择，必须从一个国家和民族的历史渊源、文化积淀中去探寻答案。

党的十八大以来，以习近平同志为核心的党中央更加重视文化建设的守正与创新，明确提出要坚定文化自信，并对中华文化的发展作出一系列历史性、战略性谋划。从“明者因时而变，知者随事而制”中，得出破冰前行、改革创新的治国智慧；从“利民之事，丝发必兴；厉民之事，毫末必去”中，得出坚持人民利益至上的为政之道；从“以实则治，以文则不治”中，得出空谈误国、实干兴邦的治国经验。习近平总书记以“执古之道，以御今之有”的政治智慧，从5000多年的中华文明中把握历史规律，从中华优秀传统文化中汲取宝贵的治国理政经验，形成了治国理政的大历史观。党的二十大报告明确指出：“全面建设社会主义现代化国家，必须坚持中国特色社会主义文化发展道路，增强文化自信，围绕举旗帜、聚民心、育新人、兴文化、展形象建设社会主义文化强国、发展面向现代化、面向世界、面向未来的，民族的科学的大众的社会主义文化，激发全民族文化创新创造活力，增强实现中华民族伟大复兴的精神力量。”[①] 习近平总书记反复强调要坚持马克思主义的指导地位，推进中华优秀传统文化的创造性转化和创新性发展，强调要坚定理想信念，弘扬社会主义核心价值观，为坚定文化自信、推进文化建设提供了根本遵循。正如党的二十大报告指出的：“我们从事的是前无古人的伟大事业，守正

① 习近平：《高举中国特色社会主义伟大旗帜 为全面建设社会主义现代化国家而团结奋斗——在中国共产党第二十次全国代表大会上的报告》，人民出版社2022年版，第42—43页。

才能不迷失方向、不犯颠覆性错误，创新才能把握时代、引领时代。我们要以科学的态度对待科学、以真理的精神追求真理，坚持马克思主义基本原理不动摇，坚持党的全面领导不动摇，坚持中国特色社会主义不动摇，紧跟时代步伐，顺应实践发展，以满腔热忱对待一切新生事物，不断拓展认识的广度和深度，敢于说前人没有说过的新话，敢于干前人没有干过的事情，以新的理论指导新的实践。”①

三、党新征程上建功立业的关键要素

守正不渝，创新不止。中国共产党历来就是一个坚持守正创新的政党。回顾党成立 100 多年的发展历程，一代又一代的共产党人在不同历史时期，面对艰难险阻，之所以能够不断取得新胜利，其根本原因就在于我们党始终坚持了守正创新的优秀特质。习近平总书记指出，“我们要准确把握时代大势，勇于站在人类发展前沿，聆听人民心声，回应现实需要，坚持解放思想、实事求是、守正创新”②。当代中国，正在经历人类历史上最为宏大而独特的实践创新，由此也提出了大量亟待回答的理论和实践课题，如何回答好中国之问、世界之问、人民之问、时代之问，就需要善于守正创新，把坚持马克思主义和发展马克思主义统一起来，继续推进马克思主义基本原理同中国具体实际相结合、同中华优秀传统文化相结合，以新的理论指导新的实践。新时代条件下，党要团结带领全国各族人民全面建设社会主义现代化国家、全面推进中华民族伟大复兴，必须继续坚持守正创新的优良传统。

① 习近平：《高举中国特色社会主义伟大旗帜　为全面建设社会主义现代化国家而团结奋斗——在中国共产党第二十次全国代表大会上的报告》，人民出版社 2022 年版，第 20 页。
② 习近平：《更好把握和运用党的百年奋斗历史经验》，《求是》2022 年第 13 期。

（一）在守正创新中推进新时代理论发展

新时代条件下，我们党只有继续以守正创新的科学态度对待马克思主义，及时回答实践中提出的理论新课题，才能为实践提供科学指导，不断团结带领全国人民沿着正确道路向前进。当前，国际国内局势风云变幻，我国既面临着难得的发展机遇，又面临着前所未有的挑战。

从国际看，和平、发展、合作依然是当今时代的潮流，世界多极化和经济全球化趋势继续深化，但经济增长乏力、大国关系复杂、局部动荡加剧等问题也日益突出，新冠肺炎疫情的大流行又使这些矛盾更加突出。从国内看，我国发展总体向好，全面建成小康社会的任务已经完成，并顺利开启了全面建设社会主义现代化国家的新征程，但发展中不平衡、不协调、不可持续问题突出，制约经济社会发展的体制机制障碍躲不开、绕不过，社会生活中仍然存在这样那样的矛盾和问题。从党内情况来看，全面从严治党虽然取得了明显成效，但依然存在着精神懈怠的危险、能力不足的危险、脱离群众的危险、消极腐败的危险，党面临的执政考验、改革开放考验、市场经济考验、外部环境考验仍然是长期、复杂和严峻的。中国共产党在70多年执政过程中，运用大历史观科学把握共产党执政规律，即一靠民主监督、二靠自我革命。这是中国共产党自信可以摆脱“历史周期率”，保持人民民主专政的政权长盛不衰的关键因素。习近平总书记作出“江山就是人民，人民就是江山”的深刻论述，提出中国共产党从来不代表任何利益集团、任何权势团体、任何特权阶层的利益，始终代表中国最广大人民群众的根本利益，把人民对美好生活的向往作为奋斗目标，深刻揭示了“江山”与“人民”之间相互统一的内在关系。习近平总书记提出全面从严治党，深刻揭示了马克思主义政党实现长期执政的基本规律，全面阐述了自我革命的科学内涵、指导原则、基本途径和科学方法，丰富和发展了马克思主义建党学说。

“实践没有止境，理论创新也没有止境。不断谱写马克思主义中国化时代化新篇章，是当代中国共产党人的庄严历史责任。”① 面对这些前所未有的新情况新问题新挑战，我们只有立足国情，放眼全球，面向未来，扎根实践，继续以守正创新的科学态度对待马克思主义，牢牢坚持马克思主义基本原理，科学把握世界发展大势，以改革创新精神深入研究党和国家面临的重大理论问题，不断丰富和发展马克思主义，特别是不断丰富习近平新时代中国特色社会主义思想，使其更加深入人心，更加符合实践发展要求，我们党才能带领全国各族人民在全面深化改革中不断开拓和创新中国特色社会主义道路，加快全面建成社会主义现代化强国和实现伟大民族复兴的步伐，创造更加幸福和美好的未来。

继续以守正创新的科学态度对待马克思主义，推进新时代中国特色社会主义理论发展，有两个关键问题必须处理好。一方面，必须坚持一切从实际出发。推进新时代中国特色社会主义理论发展，是从客观实际出发，还是从理论本身出发，这实质上是一个坚持唯物主义还是坚持唯心主义的根本问题。马克思主义作为一种科学理论，是我们必须要坚守的“正”，它提供给我们的从来只是一种指导性的基本理论和研究分析问题的灵活方法，而决不是解决中国实际问题的具体答案和通用路径。“实践告诉我们，中国共产党为什么能，中国特色社

① 习近平：《高举中国特色社会主义伟大旗帜　为全面建设社会主义现代化国家而团结奋斗——在中国共产党第二十次全国代表大会上的报告》，人民出版社 2022 年版，第 18 页。

会主义为什么好，归根到底是马克思主义行，是中国化时代化的马克思主义行。”[①]因此，要想真正解决中国的实际问题，就必须以马克思主义为根本指导，并不断把马克思主义基本原理同中国具体实际、同中华优秀传统文化相结合，不断推进马克思主义中国化理论的创新发展，进而用其根据中国的国情解决中国的实际问题，而决不是奉行教条主义，简单机械地重复、照搬和套用马克思主义的个别词句。

另一方面，必须坚持实事求是。对于运用马克思主义来说，实事求是既是一种对待马克思主义的科学态度，也是一种运用马克思主义解决中国问题的灵活方法。马克思主义基本原理怎样才能实现同中国具体实际、同中华优秀传统文化相结合，进而发展成为新时代中国特色社会主义理论，其最有效的途径正是要坚持实事求是。这也是继续以守正创新的科学态度对待马克思主义的内在要求。关于实事求是，毛泽东曾这样解释：“‘实事’就是客观存在着的一切事物，‘是’就是客观事物的内部联系，即规律性，‘求’就是我们去研究。”这里所说的实事求是，实际上就是说探寻中国发展的正确指导理论，必须首先研究中国的实际情况，坚持实践第一观点，体现出守正要求，然后再发挥主观能动性，探索其客观规律和内在联系，形成创新性理论认识，进而用之指导我们的实践。

（二）在守正创新中推进现代化强国建设

经过百年来不断守正创新的接续艰苦奋斗，中国共产党带领人民顺利实现了第一个百年奋斗目标。在此基础上，我们党又乘势而上开

① 习近平：《高举中国特色社会主义伟大旗帜　为全面建设社会主义现代化国家而团结奋斗——在中国共产党第二十次全国代表大会上的报告》，人民出版社2022年版，第16页。

启了全面建设社会主义现代化国家新征程。在全面建成小康社会基础上全面建设社会主义现代化国家，既是中国特色社会主义发展的战略安排，也是中国特色社会主义发展的历史逻辑。历史发展的逻辑具有延续性和承继性，指导历史发展的基本理念也应当具有延续性和承继性。我们党靠着守正创新实现了第一个百年奋斗目标，在社会主义现代化强国建设新征程上，我们面临的路途更艰辛，任务更繁重，挑战更巨大，更应当坚持守正创新。

当前，我国正处于实现中华民族伟大复兴关键时期，当今世界正经历百年未有之大变局，这是全面建设社会主义现代化国家所处的历史坐标和时代背景。就前者而言，我们如今比历史上任何时期都更接近、更有信心和能力实现中华民族伟大复兴的目标，但中华民族伟大复兴绝不是轻轻松松、敲锣打鼓就能实现的，伟大复兴是异常艰巨的历史任务。就后者而言，世界百年未有之大变局并非一时一事、一域一国之变，而是世界性、结构性、历史性的变局，必定衍生出一系列的困难。从这个意义上说，“两个大局”意味着两大艰巨任务。面对新问题新挑战，我们党必须继续坚持守正创新，切实做到胸怀两个大局，从战略上增强自信、临危不乱，坚决守住马克思主义之正，用马克思主义的立场、观点、方法观察时代、把握时代、引领时代，坚决规避因受各种冲击而丢弃马克思主义旗帜的“苏东之殇”，同时还不能循规蹈矩，以旧方法和老经验处理新问题，而是要积极主动开辟新局。

中国特色社会主义进入新时代，我国社会主义现代化建设仍然处于重要战略机遇期，但机遇和挑战都有新的变化，机遇和挑战之大都前所未有。当前，国际国内局势风云变幻，世界正经历百年未有之大变局，世界正处于大发展大变革大调整时期，我国既面临着难得的机遇，又遇到严峻的挑战。机遇与挑战的新发展变化，危和机并存、危中有机、危可转机的新态势新环境，对守正创新提出了更高要求。必须深刻认识我国社会主要矛盾变化带来的新特征新要求，深刻认识错综复杂的国际环境带来的新矛盾新挑战，笃定守正创新，善于以科学思维应对挑战、开拓新局。

新征程上，我们党将团结带领全国各族人民全面建成社会主义现代化强国、实现第二个百年奋斗目标，以中国式现代化全面推进中华民族伟大复兴。“中国式现代化，是中国共产党领导的社会主义现代化，既有各国现代化的共同特征，更有基于自己国情的中国特色。”[①] 这个现代化是人口规模巨大的现代化，是一个 14 亿多人口的发展中大国的现代化，是一个将彻底改写现代化世界版图的现代化。中国现代化国家建设目标的独特个性在于，它是全体人民共同富裕的现代化，这是我们党领导现代化建设的出发点和落脚点。增进民生福祉，努力实现人的全面发展和社会全面进步，必须坚持守正创新。既要在坚定“四个自信”的基础上发愤图强，又要保证中国式现代化的价值归宿牢牢铆定在努力实现人的全面发展和幸福生活上，在守正创新中为全面建设社会主义现代化国家新征程提供充沛动力。特别是要在创新上持续发力，牢牢坚持创新在现代化建设全局中的核心地位，始终贯穿改革创新精神，以开拓创新的精神状态，确保全面建设社会主义现代化国家不断地从胜利走向新的胜利。

① 习近平：《高举中国特色社会主义伟大旗帜　为全面建设社会主义现代化国家而团结奋斗——在中国共产党第二十次全国代表大会上的报告》，人民出版社 2022 年版，第 22 页。

知识拓展

我国全社会研发经费居世界第二

党的十八大以来，创新驱动发展战略成效显著，我国在载人航天、探月工程、量子科学、深海探测、超级计算、卫星导航等诸多领域取得重大成果，科技实力显著增强。全社会研发经费从2012年的1.03万亿元增长到2021年的2.79万亿元，居世界第二位；研发强度从2012年的1.91%提高到2021年的2.44%，接近经合组织（OECD）国家的平均水平；基础研究经费是十年前的3.4倍，达到历史最高值。

中国最大的风电制造公司——华锐风电科技集团东营基地风电机组装配车间

（三）在守正创新中推进新时代党的建设

党的十九届六中全会用“十个坚持”深刻总结了百年党史历程中积累的宝贵经验，其中坚持党的领导、坚持理论创新、坚持独立自主、坚持中国道路、坚持开拓创新、坚持自我革命等内容，都在一定程度上蕴含了守正创新的科学精神。全会提出，全党必须铭记生于忧患、死于安乐，常怀远虑、居安思危，继续推进新时代党的建设新的伟大工程。这既是对党的百年奋斗史经验的科学总结，又是以习近平同志为核心的党中央对新时代党的建设的战略擘画。

中国共产党的领导是中国特色社会主义的最本质特征，同时也是最根本的政治保证和特有优势，坚持党的全面领导是坚持和发展中国特色社会主义的必由之路。与其他领域的创新相比较，党的建设领域的创新具有一个突出特点，就是它与政治紧密相连，必须坚持党性原则，必须一以贯之地坚持和加强党的全面领导，这是守正创新的第一要义。同时，要与时俱进改进党的领导方式和执政方式。改进党的领导方式和执政方式的前提是必须坚定“四个自信”，坚持和加强党的全面领导，其目的也是要更好地实现党的领导。新时代新征程，坚持和加强党的全面领导，就是要坚持和加强党在国家生活和社会生活的各个领域、各条战线的领导，其关键是根据国家生活和社会生活的新变化，面对党的建设提出的新问题进行创新。

全面从严治党是党永葆生机活力、走好新的赶考之路的必由之路。党的十八大以来，全面从严治党既是党中央的重大政治成就，也是党中央深化治党管党规律性认识的重要途径，而全面从严治党本身也蕴含着深刻的规律性，其中一条重要的规律性，就是要守正创新。正是靠着守正创新，我们党才能够实现思想建党、制度治党、组织强党的有机结合等理论创新，才能够探索出强化巡视监督利剑作用等实践创新。新征程上，我们要认真总结和继续借鉴全面从严治党的优秀经验，同时更要从全面从严治党面临的新形势新任务出发，创造新的经验，焕发新的面貌，更加深入探索全面从严治党的规律性认识，将主观认识同客观实际结合起来，从变化了的实际提炼出事物发展的内在规律，更好推动全面从严治党向前发展。

全面建设社会主义现代化国家、全面推进中华民族伟大复兴，关键在党。随着中国特色社会主义进入新时代，面对实现中华民族伟大复兴的战略全局和世界百年未有之大变局，我们党只有继续坚持守正创新的精神，勇于正视自身问题，不断以刀刃向内的勇气推进自我革命，强化自身建设和自我完善，继续深入推进新时代党的建设新的伟大工程，才能始终成为社会主义现代化建设事业的坚强领导核心，不断带领全国各族人民在新征程上继续开拓和创新中国特色社会主义道路，加快全面建成社会主义现代化强国和实现中华民族伟大复兴的步伐，带领人民创造更加幸福的生活和更加美好的未来。

第五章

坚持问题导向

“博学之，审问之，慎思之，明辨之，笃行之”，中国人自古将提问的能力作为学习能力的标志。“问题却是公开的、无所顾忌的、支配一切个人的时代之声。问题是时代的格言，是表现时代自己内心状态的最实际的呼声。”[①] 唯物辩证法告诉我们，问题是矛盾的外化，是事物内在矛盾运动的外在呈现。问题无时不在、无处不有。强烈的问题意识和鲜明的问题导向已成为习近平总书记一大执政风格。2022 年 10 月，习近平总书记在党的二十大报告中指出：“我们要增强问题意识，聚焦实践遇到的新问题、改革发展稳定存在的深层次问题、人民群众急难愁盼问题、国际变局中的重大问题、党的建设面临的突出问题，不断提出真正解决问题的新理念新思路新办法。”[②] 问题是实践的起点、创新

① 《马克思恩格斯全集》第 1 卷，人民出版社 1995 年版，第 203 页。

② 习近平：《高举中国特色社会主义伟大旗帜　为全面建设社会主义现代化国家而团结奋斗——在中国共产党第二十次全国代表大会上的报告》，人民出版社 2022 年版，第 20 页。

的起点和理论的起点。坚持问题导向，是我们要学习的重要的思维方法和工作方法。

一、强化问题导向

问题导向，本质上是一种科学思维方法。“问题是事物矛盾的表现形式，我们强调增强问题意识、坚持问题导向，就是承认矛盾的普遍性、客观性，就是要善于把认识和化解矛盾作为打开工作局面的突破口。”[①] 发现问题、分析问题、解决问题，是中国共产党人的工作传统，是中国共产党人在马克思主义理论引导下找寻的治国理政工作方法。

（一）实践中寻找问题

在中国共产党建立、巩固、发展的历史中，始终贯穿着中国共产党人强烈的问题意识、忧患意识和使命担当。100 多年来，中国共产党从不讳疾忌医，而是直面问题、分析原因，从中汲取继续前进的智慧和力量。1919 年，找寻中国未来的有识之士开启了“问题与主义”之争。同年，26 岁的青年毛泽东撰写《问题研究会章程》，列举了 71 项 144 个问题，涵盖了政治、经济、文化、社会、国防、外交以及科学技术等诸多方面，宣称：“问题之研究，须以学理为根据。因此在各种问题研究之先，须为各种主义之研究。”[②] 以毛泽东同志为主要代表的中国共产党人，围绕着“什么是新民主主义革命和社会主义革命、怎样进行新民主主义革命和社会主义革命”的问题，指导我们党和国家走出了一条具有中国特色的新民主主义革命和社会主义革命的道路，

① 《习近平在中共中央政治局第二十次集体学习时强调 坚持运用辩证唯物主义世界观方法论 提高解决我国改革发展基本问题本领》，《人民日报》2015 年 1 月 25 日。
② 《毛泽东早期文稿》，湖南人民出版社 2013 年版，第 366 页。

取得了新民主主义革命和社会主义革命的伟大胜利。以邓小平同志为主要代表的中国共产党人紧紧围绕“什么是社会主义、怎样建设社会主义”这个根本问题，带领我们党和国家走出了一条建设中国特色社会主义道路。中国共产党人还回答了“什么是社会主义、怎样建设社会主义和建设什么样的党、怎样建设党”“实现什么样的发展、怎样发展”等一系列重大问题。进入新时代，习近平总书记带领我们走上了探寻之路，追问“新时代坚持和发展什么样的中国特色社会主义、怎样坚持和发展中国特色社会主义，建设什么样的社会主义现代化强国、怎样建设社会主义现代化强国，建设什么样的长期执政的马克思主义政党、怎样建设长期执政的马克思主义政党”等重大时代课题。

中国特色社会主义进入新时代，面对诸多新情况、新问题和新矛盾，有效找到准确而又科学的答案，就必须倍加重视运用调查研究这个传家宝。习近平总书记明确指出：“当今世界正经历百年未有之大变局，我国发展的内部条件和外部环境正在发生深刻复杂变化。我们要保持经济社会持续健康发展，必须深入研判、深入调查、科学决策。”① 这就要求面对复杂情况，必须开展调查研究，真正在理论和实践统一、主观世界和客观世界统一中找方法、定对策。

早在 1930 年 5 月，毛泽东在《反对本本主义》中提出了“没有调查，没有发言权”的著名论断。该论断让广大党员干部深刻理解调查研究对于做好一切工作的重要意义，同时也深刻地揭示了一个道理，即在没有真正了解问题的情况下，就不应该对问题指手画脚，否则，最终会延误或错误地解决问题。中国共产党在百年奋斗历程中，坚持“没有调查，没有发言权”，创立了指导中国革命、建设、改革

① 《习近平在吉林考察时强调 坚持新发展理念深入实施东北振兴战略 加快推动新时代吉林全面振兴全方位振兴》，《人民日报》2020 年 7 月 25 日。

的科学理论，制定了正确路线、方针、政策，战胜了各种艰难险阻，取得了一个又一个胜利。这充分表明，只有通过调查研究，冷静分析形势、掌握真实情况、找准症结所在，才能作出正确决策。党的十八大以来，以习近平同志为核心的党中央继承发扬“没有调查，没有发言权”的优良传统，就加强和改进调查研究工作提出了一系列新观点新论断新要求，进一步丰富发展了“没有调查，没有发言权”的思想。习近平总书记强调：“调查研究是谋事之基、成事之道。没有调查，就没有发言权，更没有决策权。研究、思考、确定全面深化改革的思路和重大举措，刻舟求剑不行，闭门造车不行，异想天开更不行，必须进行全面深入的调查研究。”①这充分说明调查研究是科学决策的前提条件。习近平总书记身体力行，经常深入地方和基层进行调查研究，足迹遍及大江南北、城市乡村，向实践寻找答案。通过调查研究，党的十八大以来形成一系列重大决策，对于指导党和人民的事业沿着正确的道路发展，起到了极为重要的作用。譬如，在推进深化改革方面，习近平总书记不仅到改革开放最前沿地区考察，也到其他地区考察，提出了改革不停步、开放不止步的全面深化改革的重大决策。在脱贫攻坚方面，党的十八大闭幕不久，习近平总书记就到河北阜平县考察脱贫工作。党的十八大以来，习近平总书记走遍了14个集中连片特困地区，而且年年去、常常去，直接到贫困户看真贫、扶真贫，了解当地群众的生活和贫困问题，直接听取贫困地区干部群众意见，不断完善扶贫思路和扶贫举措。2013年11月3日，习近平总书记在与湘西土家族苗族自治州花垣县十八洞村干部、村民代表座谈时，首次提出“精准扶贫”。“精准扶贫”方略的实施，就是在深

① 《习近平在武汉召开部分省市负责人座谈会时强调　加强对改革重大问题调查研究　提高全面深化改革决策科学性》，《人民日报》2013年7月25日。

入调查研究的基础上提出来的，极大增强了脱贫攻坚的针对性、有效性，有力提升了脱贫攻坚的整体效能，成为打赢脱贫攻坚战的制胜法宝。在加强作风建设方面，习近平总书记在全面调查基础上，回应人民群众的期待，出台了改进工作作风、密切联系群众的八项规定，提出了一系列新思想新观点新要求，开启了作风建设的新时代。综合来看，习近平总书记注重从调查研究中发现问题、认识国情、寻求规律，在调查研究中孕育符合实际、揭示规律的理论思考、战略思考，提出切实可行、有效管用的方针政策，做到了作出重大决策、实施重大战略、推进重要工作必须开展调查研究。

知识拓展

1919年7月20日，胡适在《每周评论》上发表《多研究些问题，少谈些“主义”》一文，认为“‘主义’的大危险，就是能使人心满意足，自以为寻着包医百病的‘根本解决’，从此用不着费心力去研究这个那个具体问题的解决法了”。同年8月17日，李大钊在同一刊物上发表了《再论问题与主义》的文章，指出问题与主义是不可分割的关系，“我们的社会运动，一方面固然要研究实际的问题，一方面也要宣传理想的主义”，针对胡适反对“根本解决”的观点，他提出，“在没有组织没有生机的社会”，“恐怕必须有一个根本解决，才有把一个一个的具体问题都解决了的希望”。面对接踵而至的回应和批评，胡适连续写了《三论问题与主义》《四论问题与主义》，先后于1919年8月24日、31日在《每周评论》第36号、第37号发表。此次“问题与主义”的论战正是马克思主义在中国传播过程中与资产阶级改良主义在思想理论上的一次重要论争，是“问题意识”在

中国道路选择上的最早争辩。在论战中，以李大钊为代表的马克思主义传播者们，理论上虽然不很成熟，运用理论亦尚不熟稔，却通过论战坚定了对马克思主义的信仰，不断开辟马克思主义传播的前进道路。马克思主义之所以是科学的革命的理论，不仅仅在于它解释世界，而且在于它改造世界。从它诞生的那一刻起，马克思主义面对的就不是鲜花和掌声，而是荆棘和攻击，每前进一步都要经历艰苦的斗争。这次论战的影响是深刻的，对马克思主义在中国的传播具有重要意义。

习近平总书记强调："党的十八大以来，党和国家事业取得历史性成就、发生历史性变革，其中一条很重要的经验就是坚持问题导向，把解决实际问题作为打开工作局面的突破口。"[①]党的十八大以来，以习近平同志为核心的党中央直面党和国家发展中的一系列重大理论和现实问题，坚持一切从实际出发、一切由实践检验的科学态度，推动党和国家事业取得历史性成就。2012年，习近平总书记在十八届中共中央政治局常委同中外记者见面会上，屡提"问题"："新形势下，我们党面临着许多严峻挑战，党内存在着许多亟待解决的问题。尤其是一些党员干部中发生的贪污腐败、脱离群众、形式主义、官僚主义等问题，必须下大气力解决。全党必须警醒起来。打铁还须自身硬。我们的责任，就是同全党同志一道，坚持党要管党、从严治党，切实解决自身存在的突出问题，切实改进工作作风，密切联系群众，使我们党始终成为中国特色社会主义事业的坚强领导核心。"[②]这

① 《习近平在中央党校（国家行政学院）中青年干部培训班开班式上发表重要讲话强调 年轻干部要提高解决实际问题能力 想干事能干事干成事》，《人民日报》2020年10月11日。

② 《习近平谈治国理政》第1卷，外文出版社2018年版，第4—5页。

是全国党代会选举产生中共中央政治局常委同记者见面会制度建立以来，党的最高领导人第一次在这样的场合公开指出党内存在的问题。2021 年，中央纪委国家监委立案审查调查中管干部 63 人；全国纪检监察机关共立案 63.1 万件，处分 62.7 万人，其中处分国有企业 5.9 万人、金融系统 1.2 万人、政法系统 6.4 万人，留置行贿人员 5006 人、处分 4806 人、移送检察机关 2822 人；全国有 3.8 万人向纪检监察机关主动投案，10.4 万人主动交代问题。这场史无前例的反腐败斗争，以“得罪千百人、不负十四亿”的使命担当祛疴治乱，不敢腐、不能腐、不想腐一体推进，“打虎”“拍蝇”“猎狐”多管齐下，反腐败斗争取得压倒性胜利并全面巩固，消除了党、国家、军队内部存在的严重隐患，确保党和人民赋予的权力始终用来为人民谋幸福。

习语润心

要坚持问题导向，把严守政治纪律和政治规矩放在首位。加强党的纪律建设，要针对现阶段党纪存在的主要问题，更加强调政治纪律和政治规矩。这次修订的条例将纪律整合为政治纪律、组织纪律、廉洁纪律、群众纪律、工作纪律和生活纪律，其中政治纪律是打头、管总的。实际上你违反哪方面的纪律，最终都会侵蚀党的执政基础，说到底都是破坏党的政治纪律。因此，讲政治、遵守政治纪律和政治规矩永远排在首要位置。要抓住这个纲，把严肃其他纪律带起来。

——习近平在十八届中央政治局常委会第一百一十九次会议关于审议中国共产党廉政准则、党纪处分条例修订稿时的讲话，2015 年 10 月 8 日

问题导向就是要发现问题，勇于发问、敢于质疑；直面问题，实事求是、客观对待；解决问题，改革创新、攻坚克难。问题意识贯穿习近平总书记治国理政的方方面面。党的十八大以来，以习近平同志为核心的党中央坚持一切从实际出发、一切由实践检验的科学思维，直面党和国家发展中的一系列重大理论和现实问题，真抓实干，攻坚克难。从提出中国特色社会主义进入新时代，我国社会主要矛盾已经发生转化的重大论断，到推动经济高质量发展，擘画开启全面建设社会主义现代化国家新征程的重大战略；从提出要增强忧患意识、底线思维、胸怀两个大局，以党的自我革命推动伟大社会革命的论断，到坚持问题导向，保持战略定力，以奋发有为的精神状态进行具有许多新的历史特点的伟大斗争；从提出始终坚持以人民为中心的发展思想，着力解决发展不平衡不充分的问题，到实现“更好满足人民在经济、政治、文化、社会、生态等方面日益增长的需要，更好推动人的全面发展、社会全面进步”。敏于发现问题、勇于直面问题、敢于解决问题，中国共产党才能在各种风险和挑战面前，不断取得社会主义事业发展的新胜利，也正是因为我们党以正视问题的勇气和刀刃向内的自觉不断推进党的自我革命，百年大党才能够在各种惊涛骇浪面前，始终保持昂扬向上的精神状态和奋斗不息的顽强斗志。建功新时代、奋进新征程，中国共产党要想走好新的百年路，就必须“增强全党全国各族人民的志气、骨气、底气，不信邪、不怕鬼、不怕压，知难而进、迎难而上，统筹发展和安全，全力战胜前进道路上各种困难和挑战，依靠顽强斗争打开事业发展新天地。”[1]

---

① 习近平：《高举中国特色社会主义伟大旗帜　为全面建设社会主义现代化国家而团结奋斗——在中国共产党第二十次全国代表大会上的报告》，人民出版社 2022 年版，第 27 页。

做好全局性谋划还应正确处理精准与全局的关系问题。作为唯物史观的根本方法，合规律性是在说指导实践的认识必须符合客观规律，达到对客观事物的真理性认识；合目的性则是指实践及其结果必须符合主体自身的需要、利益等价值追求。习近平总书记指出："在革命、建设、改革各个历史时期，我们党运用历史唯物主义，系统、具体、历史地分析中国社会运动及其发展规律，在认识世界和改造世界的过程中不断把握规律、积极运用规律，推动党和人民事业取得了一个又一个胜利。"① 在新时代，我国社会主要矛盾已经转化为人民日益增长的美好生活需要和不平衡不充分的发展之间的矛盾。面对主要矛盾的新变化，我们在坚持"五位一体"总体布局和"四个全面"战略布局的前提下，更需要坚持合规律性与合目的性的统一。在全面深化改革中，面对复杂的问题，要坚持全面深化改革目标不动摇，精准把握问题的根本，制定正确的改革措施，在尊重现实规律的情况下充分解决具体问题；在推进从严管党治党中，要以零容忍的态度坚决"打虎""拍蝇""猎狐"，绝对不放过任何影响党的先进性和纯洁性的"毒瘤"，同时要根据具体问题具体分析，制订可行的方案处理贪污腐败问题。

（二）理论中探究问题

80 余年过去了，毛泽东等中国共产党人在青年时代寻找社会改造道路时所关注的问题，绝大部分在今天已经不是问题了。但任何时代、任何民族以及追求进步的任何人，都是通过不断地提出和解决问题向前迈进的。马克思主义是我们立党立国、兴党兴国的根本指导思

---

① 习近平：《坚持历史唯物主义不断开辟当代中国马克思主义发展新境界》，《求是》2020 年 1 月 15 日。

想。实践告诉我们，中国共产党为什么能，中国特色社会主义为什么好，归根到底是马克思主义行，是中国化时代化的马克思主义行。拥有马克思主义科学理论指导是我们党坚定信仰信念、把握历史主动的根本所在。

问题凝结了中国共产党人的理论思考。中国共产党100多年来的实践探索和理论创新，深深植根于“中国问题”的土壤中，马克思主义中国化的百年发展，无不与当时中国的现实“问题”紧密联系在一起。100多年来，我们党始终坚持解放思想和实事求是相统一，不回避问题，始终保持刀刃向内、自我革命的勇气，创立了毛泽东思想、邓小平理论，形成了“三个代表”重要思想、科学发展观，创立了习近平新时代中国特色社会主义思想，深化了对共产党执政规律、社会主义建设规律、人类社会发展规律的认识，不断推进马克思主义中国化时代化，不断将马克思主义理论发展推向新境界、新高度，为党和人民事业发展提供了科学理论指导，为中国特色社会主义伟大事业奠定了组织优势、思想优势。

问题就是时代的口号

（二〇〇六年十一月二十四日）

马克思有一句名言，他指出：“问题就是公开的、无畏的、左右一切个人的时代声音。问题就是时代的口号，是它表现自己精神状态的最实际的呼声。”众所周知，每个时代总有属于它自己的问题，只要科学地认识、准确地把握、正确地解决这些问题，就能够把我们的社会不断推向前进。

构建和谐社会就是一个解决这些时代问题的持续过程。我们国家发展的阶段性特征，决定了我们在和谐社会建设过程中面临着许多与别的时代、别的国家所不同的社会问题。特别是现阶段就业、社会保障、协调发展、收入分配、安全生产、社会治安等与群众切身利益关系比较密切的问题还比较突出。这些问题就是我们这个时代的口号，就是时代的声音，也就是我们构建和谐社会必须要逐步解决的问题。对这些时代问题，首先要从时代的高度、大局的高度去看待、去研究，科学分析当前在和谐社会建设中所面临的问题和矛盾，分析成因，寻找对策，科学解决。只有立足于时代去解决特定的时代问题，才能推动这个时代的社会进步；只有立足于时代去倾听这些特定的时代声音，才能吹响促进社会和谐的时代号角。

——习近平：《之江新语》，浙江人民出版社2007年版，第235页

坚持问题导向是马克思主义的理论品格和根本要求。“哲学家们只是用不同的方式解释世界，问题在于改变世界。”[①]马克思主义学说之所以能在今天仍然保持着旺盛的生命力，就在于从其创立、发展阶段到民族化、全球化阶段，一直保持着强烈的问题意识，不断追问和回答时代的重大问题。马克思主义是实践的理论，在工人阶级和广大劳动人民自我解放实践的理论环节中发挥着重大作用。马克思主义理论发展于不断地回答人类社会发展和工人阶级解放运动中遇到的新问题，推进马克思主义中国化时代化是一个追求真理、揭示

① 《马克思恩格斯选集》第1卷，人民出版社2021年版，第136页。

真理、笃行真理的过程。马克思主义中国化时代化理论创新推进更是解决中国革命、建设和改革问题的总结。由此可见，问题是马克思主义理论创新的起点，也是马克思主义理论创新的动力源。坚持问题导向，强调理论与实践相统一。对经过反复实践和比较得出的正确理论既要一以贯之，又要根据时代变化和实践发展，不断深化认识，不断总结经验，不断实现理论创新和实践创新良性互动，在这种坚持和互动中发展当代中国马克思主义、二十一世纪马克思主义，开辟马克思主义中国化时代化新境界。

坚持问题导向，就是要抓事物的本质、抓事物内在的矛盾，本质是通过矛盾体现出来的，矛盾是通过问题而呈现出来的。毛泽东同志指出："问题就是事物的矛盾。哪里有没有解决的矛盾，哪里就有问题。"[①] 矛盾普遍存在，问题也无处不在，是事物矛盾的具体表现形式。我们所处的世界，无论是精神世界还是现实世界，都能够不断发现问题、解决问题。问题的产生就是主体与客体的脱节，即主体意识到自己对客体的某一方面无知或失去分辨能力。从社会历史的角度来看，历史无非就是问题的消亡和解决，现实也无非是问题的存在和发展。从辩证法的角度看待我们所处的世界，本身就是一个不断发现问题、解决问题的过程。所以，作为哲学命题的"问题意识"，是人们对存在问题的能动性、探索性和前瞻性的反映，它不仅是一种面对本体和前提的思考，更是面对现实生活世界的思考，集中体现在人们发现问题、解析问题和解决问题的能力和方法上。改造主客观世界的实质就在于不断解决问题。认识和把握客观世界的矛盾，才能把握自然和人类社会发展的规律，突破自然、历史和社会加之于人的枷锁。调

① 《毛泽东选集》第 3 卷，人民出版社 1991 年版，第 839 页。

查研究正是对客观物质世界进行科学认识，并将认识转化成理论以指导、推进实践的过程。广泛开展调查研究既是对马克思主义认识论的实践体现，又是坚持马克思主义认识论的必然要求。增强问题意识，“防患于未然”；坚持问题导向，“知不足而后进”，承认矛盾的普遍性、客观性，把认识和化解矛盾作为打开工作局面的突破口，始终是中国共产党人进行理论和实践创新的科学方法。因此，分析和解决问题首先要敏于发现问题、善于抓住问题、敢于正视问题、不断解决问题。党的十八大以来，国内外形势新变化和实践新要求，迫切需要我们从理论和实践的结合上深入回答关系党和国家事业发展、党治国理政的一系列重大时代课题。以习近平同志为核心的党中央正是从破解和解决关乎我国发展前途命运的重大问题上开创了治国理政的新局面。如“空谈误国，实干兴邦”“一分部署，九分落实”“撸起袖子加油干”“亲力亲为抓改革，扑下身子抓落实”等，都是针对实际问题讲的，同时也不断深化着马克思主义的理论创新。

逻辑同历史是统一的。问题是当代中国马克思主义创新发展的推动力，这是以社会主义的实践发展和马克思主义的理论发展为根据的。时代问题是理论形成和发展的基础，马克思主义本身就是时代的产物，它孕育于对时代问题的自觉探索和科学回答之中。同样，马克思主义的创新发展也是从回应、探索和回答时代问题开始的。19 世纪末 20 世纪初，资本主义从自由竞争阶段过渡到垄断阶段。然而，这一阶段却是马克思和恩格斯未曾预测和论及的新阶段。在此期间，资本主义发生了显著变化，无产阶级革命处于新的形势，马克思主义面临着新的时代课题。对此，列宁在深刻把握时代特点的基础上揭示出资本主义经济政治发展不平衡的规律及其与社会主义革命之间的关系，通过认真分析俄国国情探索化解时代问题的新道路，作出“社会

列宁

主义不能在所有国家内同时获得胜利。它将首先在一个或者几个国家内获得胜利”①的科学论断，指出“开始革命的巨大光荣落到了俄国无产阶级的头上”②的历史使命，在回答时代问题中创新了马克思主义理论，也推动了社会主义革命的发展。

随着俄国十月革命的胜利，中国革命不仅有了马克思列宁主义的科学指导，还有十月革命的成功经验可以参照。因此，在大革命期间，中国革命选择了与俄国革命一样的道路——以城市为中心。但是，这条道路实际上与中国革命形势和具体国情都不相符，也就必然走向了失败。大革命的失败给中国共产党人提出了一个重要而紧迫的问题：“中国革命要走一条什么样的道路”。对此，毛泽东将马克思主义一般原理与中国革命特点和国情结合起来，在长期的实践探索中独创性地开辟了农村包围城市的革命新道路。沿着这条道路，中国革命取得了最后胜利。农村包围城市的理论极大地推进了马克思主义中国化的进程。同样，中国共产党开创的中国特色社会主义建设的新道路，一方面源于对时代问题的重新认识和深刻把握，改变“世界战争迫在眉睫”的看法，提出“和平与发展”的时代主题；另一方面也源于以马克思主义世界观和方法论为指导，围绕“在中国这样经济文化比较落后的国家如何建设社会主义、如何巩固和发展社会主义”的基本问题，创造性地提出、探索和回答了“什么是马克思主义、怎样对待马克思主义”“什么是社会主义、怎样建设社会主义”“建设什么样的党、怎样建设党”“实

---

① 《列宁全集》第28卷，人民出版社1990年版，第88页。
② 《列宁全集》第29卷，人民出版社1985年版，第339页。

现什么样的发展、怎样发展”等重大理论和实际问题，形成了中国特色社会主义理论，开辟了马克思主义在当代中国发展的新境界。党的十八大以来，习近平总书记深刻把握我国经济社会发展的历史变化、阶段性特征和机遇挑战等基本问题，坚持迎难而上的问题导向。习近平总书记在中国共产党第二十次全国代表大会上号召全党全国各族人民，要不信邪、不怕鬼、不怕压，知难而进、迎难而上，依靠顽强斗争打开事业发展新天地。

100 多年来的伟大实践向历史提交了答卷。历史是“出题人”，中国近代史提出了实现民族独立和追求国家富强这两大课题。在中国共产党之前，有不少“答题人”交出答卷，但只有中国共产党向人民、向历史交出了一份优异的答卷，因为中国共产党掌握了正确的答题方法即马克思主义，以及将马克思主义与中国实际结合起来。新时代，面对百年未有之大变局，需要解决的问题越来越多样、越来越复杂，如何实现更高水平的发展，实现中华民族伟大复兴的中国梦，客观形势要求我们进一步增强问题意识、坚持问题导向，积极面对和化解前进中遇到的问题，扎根中国大地、立足实践基础，着眼于对实际问题的理论思考，着眼于新的实践和新的发展，不断推动中国特色社会主义伟大事业向前迈进。

二、理解问题的时代要求

坚持问题导向，要深知问题从何而来，又要知问题为谁而问，更要知问题去向何处。中国共产党成立 100 多年来，新中国成立 70 多年来，改革开放 40 多年来，中国共产党领导中国人民和中华民族在不同的历史时期书写了革命、建设和改革的雄壮史诗。今天，站在“两个一百年”的历史交汇点，面对新时代的新形势、新任务、新使命，我们绝不能躺在原来的功劳簿上遥想起“当年之勇”而沾沾自喜，而应以更大的勇气和魄力开启全面建设社会主义现代化国家的新征程，继续谱写中华民族伟大复兴的新篇章。中国共产党人历经百年，科学回答中国之问、世界之问、人民之问、时代之问。中国共产党是将马克思主义作为理论武装的政党，是将人民置于心中最高位置的政党，更是将带领人民走向伟大复兴的政党。走过百年奋斗历程的中国共产党在革命性锻造中更加坚强有力，在坚持和发展中国特色社会主义的历史进程中始终成为坚强领导核心。因此，以习近平同志为主要代表的中国共产党人在时代的浪潮中，从中国国情出发，直面问题、分析问题，为中国行稳致远领航。

（一）回答中国之问

问题映射出时代的风采。新时代凸显新问题，新问题需要新理论。当今世界正经历百年未有之大变局，我国正处于实现中华民族伟大复兴的关键时期。站在“两个一百年”的历史交汇点上，习近平总书记带领中国共产党人辨难题、识方向，领航中国巨轮。

中国共产党在领导人民进行革命、建设、改革的长期实践中，逐步形成和确立了一条正确的思想路线，核心就是坚持解放思想、实事求是、与时俱进、求真务实，一切从实际出发，着眼解决新时代改革开放和社会主义现代化建设的实际问题。而实践是发现问题、检验真理的必经之路。一切从实际出发，要求把客观存在的事物作为观察和处理问题的根本出发点。从实际出发，要从变化发展着的现实出发，从特定的社会和历史条件出发，从客观事物存在和发展的规律出发，在实践中按照客观规律办事。“‘实事’就是客观存在着的一切事物，‘是’就是客观事物的内部联系，即规律性，‘求’就是我们去研究。”[①] 实事求是是马克思主义的根本观点，是中国共产党人认识世界、改造世界的根本要求，是党的基本思想方法、工作方法、领导方法。调查研究是在调查了解和分析研究客观实际情况基础上，提出解决问题的方法和对策，其本质是认识世界、改造世界的科学过程。因此，做好调查研究，必须坚持实事求是原则。习近平总书记强调：“坚持实事求是，最基础的工作在于搞清楚‘实事’，就是了解实际、掌握实情。”[②]

这就要求坚持实事求是原则，首先必须调查了解清楚客观事物的实际情况，做到“求实”，也就是“情况明”。习近平总书记指出，“我们担负领导工作的干部，在对重大问题进行决策之前，一定要有眼睛向下的决心和甘当小学生的精神，迈开步子，走出院子，去车间码头，到田间地头，进行实地调研”。[③] 习近平总书记深入体察实际的实事求是作风，在他到陕西延川县文安驿镇梁家河村插队落户时就已显现。农村插队的 7 年，是习近平总书记深入社会实践，体察实际的 7 年。习近平总书记曾在不同场合说过，“当县委书记一定要跑遍所有的村，当市委书记一定要跑遍所有的乡镇，当省委书记一定要跑遍所有的县市区”。[④] 在正定工作期间，他骑自行车下乡跑遍了全县的每一个村庄，深入群众当中拉家常、问寒暖，真真切切地听民声、察民情。在宁德，他到任 3 个月就走遍了 9 个县，后来又跑遍了绝大部分乡镇；到任浙江后，用一年多时间跑遍了全省 90 个县市区；在上海仅 7 个月，他就跑遍了全市 19 个区县。党的十八大以来，习近平总书记提倡大兴调查研究之风，并身体力行，体察实际，深入社会实

① 《毛泽东选集》第 3 卷，人民出版社 1991 年版，第 801 页。
② 习近平：《坚持实事求是的思想路线》，《学习时报》2012 年 5 月 28 日。
③ 习近平：《之江新语》，浙江人民出版社 2007 年版，第 154 页。
④ 《习近平谈治国理政》第 2 卷，外文出版社 2017 年版，第 144—145 页。

践的足迹遍布祖国大江南北。“摸着石头过河”是中国共产党人“求真经”路上的“锦囊”。党的十八大以来，以习近平同志为核心的党中央围绕重大时代课题，深入回答了新时代坚持和发展什么样的中国特色社会主义和怎样坚持和发展中国特色社会主义，形成了思想深邃、系统全面、逻辑严密的习近平新时代中国特色社会主义思想，是当代中国马克思主义、二十一世纪马克思主义。

问题有大有小，有偏有全，必须要抓住全局性、关键性问题。2015 年 10 月 29 日，习近平总书记在党的十八届五中全会第二次全体会议上的讲话中鲜明提出了创新、协调、绿色、开放、共享的发展理念。新发展理念是针对我国发展中的突出矛盾和问题提出来的，对于破解发展难题、厚植发展优势具有重要指导意义。创新发展注重的是解决发展动力问题，对准的是科技水平不高、创新能力不强、体制机制改革不够等突出矛盾；协调发展注重的是解决发展不平衡问题，对准的是区域、城乡、经济和社会、物质文明和精神文明等不协调的突出矛盾；绿色发展注重的是解决人与自然和谐问题，对准的是资源约束趋紧、环境污染严重、生态系统退化等突出矛盾；开放发展注重的是解决发展内外联动问题，对准的是用好国际国内两个市场、两种资源的能力还不够强等突出矛盾；共享发展注重的是解决社会公平正义问题，对准的是分配不公和收入差距、城乡区域公共服务水平差距较大等突出矛盾。因此可以说，这五大发展理念抓住了当前制约我国发展的症结和要害，开出了解决这些问题的良方和对策。落实五大发展理念，要增强问题意识、强化问题导向，注重研究和解决重点难点问题，在解决问题中开拓发展新境界。坚持问题导向，特别要注意抓住薄弱环节、补齐各种短板。无论是制定具体规划、出台政策措施还是完善体制机制，都要强化补短板的意识，在攻坚克难中增强发展的协同性平衡性。

化工产业在国民经济中占有重要地位，但行业发展普遍存在“小、散、乱、差”“老、粗、笨、重”等痛点，化工园区也存在管理水平参差不齐、安全环保压力大等难题。作为整个化工产业发展的主阵地，化工园区的数字化转型势必带动化工产业优化升级。根据2021年的数据，山东是全国化工园区体量第一大省，产值约2万亿元，占全国的20%，仅规模以上化工企业就有近3000家，省一级梳理出要重点发展的高端化工产业链就有10条。近年来，山东省在大力实施化工行业综合整治的同时，积极推动行业绿色化、智慧化、高端化发展，取得了令人瞩目的成绩。2021年8月，以海尔集团卡奥斯工业互联网平台为依托的山东省智慧化工综合管理平台正式上线。作为全国首个省级智慧化工综合管理平台暨“工业互联网+化工园区”综合服务平台，山东省智慧化工综合管理平台以促进化工产业智能化改造和数字化转型升级为目标，全面整合山东全省化工行业产业链上下游数据及资源，打造化工产业发展的“智慧大脑”，并以山东为样板，树立全国智慧化工转型的示范标杆，是山东化工行业智慧化发展和科学精准营造有持续进化能力的产业生态的一项有益探索。以该平台为依托，山东在全国率先构建起从政府到园区再到企业的平台互联模式，全省84个化工园区和125个重点监控点被织进省级智慧化工园区综合管理平台这一张“网”上，主要产品、产能、安全环保、在建工程等近10个维度的数据被打通汇聚。

（二）回答世界之问

习近平总书记指出：“人类发展进步大潮滚滚向前，世界经济时有波折起伏，但各国走向开放、走向融合的大趋势没有改变。”“当今世界正在经历百年未有之大变局。这场变局不限于一时一事、一国一域，而是深刻而宏阔的时代之变。”党的十九届六中全会通过的《中共中央关于党的百年奋斗重大成就和历史经验的决议》，把“坚持胸怀天下”作为党百年奋斗的十条宝贵历史经验之一。“党始终以世界眼光关注人类前途命运，从人类发展大潮流、世界变化大格局、中国发展大历史正确认识和处理同外部世界的关系。”[①] 世界的发展需要中国，中国的发展离不开世界。处理好中国与世界的关系，必须以全球视野回答好当今世界面临的重大问题。当前。世界百年未有之大变局加速演进，新一轮科技革命和产业变革深入发展，国际力量对比深刻调整，我国发展面临新的战略机遇。同时，世纪疫情影响深远，逆全球化思潮抬头，单边主义、保护主义明显上升，世界经济复苏乏力，局部冲突和动荡频发，全球性问题加剧，世界进入新的动荡变革期。世界怎么了？我们该怎么办？

学习笔记

当前，世界百年未有之大变局进入加速演变期。和平与发展仍然是时代主题，但是不稳定性不确定性更加突出。英国“脱欧”、法国“黄马甲”运动、美国大规模骚乱等“西方之乱”不断上演，其背后是国际金融危机深层次影响持续发酵，西方国家贫富差距不断扩大，催生政治极化、民粹主义、种族冲突等问题。特别要看到，2020 年新冠肺炎疫情全球大流行，成为世界百年未有之大变局的新变量、催化剂。这次百年一遇的大疫情，不仅让复苏乏力的世界经济雪上加

① 《中共中央关于党的百年奋斗重大成就和历史经验的决议》，人民出版社 2021 年版，第 68 页。

霜，更重要的是它凸显出西方资本主义主导下国际体系的严重弊端，宣告了新自由主义的彻底破产，加快了国际力量此消彼长，使国际格局“东升西降”的趋势更加显著，推动大变局不断向纵深发展。

——《习近平新时代中国特色社会主义思想学习问答》，学习出版社、人民出版社 2021 年版，第 45 页

和平与发展是人类的共同事业，也是当今时代的主题，关乎所有人的生存权和发展权。和平孕育发展生机，发展保障持久和平。只有各国共同肩负维护和平的责任，人类才能共同享有和平。习近平总书记强调：“和平是人民的永恒期望。和平犹如空气和阳光，受益而不觉，失之则难存。没有和平，发展就无从谈起。”[①] 经济全球化是世界和平的现实前提。在经济全球化推动下，世界各国相互联系、相互依存日益紧密，人类已经成为你中有我、我中有你的命运共同体。在这一历史进程之中，和平、发展、合作、共赢的历史潮流不可阻挡，人心所向、大势所趋决定了人类前途终归光明。经历了 20 世纪两次使人类陷入灾难的世界大战之后，世界进入一个高速发展的历史时期，虽然局部战争不断，但世界总体上的和平为当今人类发展带来了繁荣兴盛的态势。习近平总书记强调：“没有和平，中国和世界都不可能顺利发展；没有发展，中国和世界也不可能有持久和平。”[②] 中华民族是一个爱好和平的民族，中国文化有着深厚的和平文化基因，“协和万邦”“和合共生”“天下大同”等理念印刻在中国人的精神品格之中。中国式现代化是走和平发展道路的现代化。我国不走一些国家通

① 《习近平谈治国理政》第 1 卷，外文出版社 2018 年版，第 331 页。
② 《习近平谈治国理政》第 1 卷，外文出版社 2018 年版，第 248 页。

过战争、殖民、掠夺等方式实现现代化的老路，那种损人利己、充满血腥罪恶的老路给广大发展中国家人民带来深重苦难。我们坚定站在历史正确的一边、站在人类文明进步的一边，高举和平、发展、合作、共赢旗帜，在坚定维护世界和平与发展中谋求自身发展，又以自身发展更好维护世界和平与发展。中国近代以来的苦难更激起了中国人民追求和平的强烈诉求。和平与发展是人类的共同事业。国际的和平是人类和平的基本要义。同时，坚持走和平发展道路与坚守国家核心利益并行不悖，损害国家核心利益，国家安全得不到保障，也就不可能实现和平发展。发展是保障人类基本权利、满足人们对美好生活热切向往的根本途径。当今，国际社会发展不平衡、不均衡现象和问题尚未得到实质性改变，维护各国的正当发展权利，不断改善欠发达国家和地区的发展条件，实现各个国家和群体的共同发展、可持续发展，依旧任重道远，这也是将和平与发展作为全人类共同价值的重要意义所在。中国是联合国创始成员国之一，是第一个在联合国宪章上签字的国家。1971 年 10 月 25 日，第二十六届联合国大会以压倒性多数通过第 2758 号决议，决定恢复中华人民共和国在联合国的一切权利，这是联合国历史上具有里程碑意义的事件。重返联合国后，中国始终站在历史正确的一边、站在人类文明进步的一边，高举和平、发展、合作、共赢旗帜，在坚定维护世界和平与发展中谋求自身发展，又以自身发展更好维护世界和平与发展。中国始终坚持维护世界和平、促进共同发展的外交政策宗旨，致力于推动构建人类命运共同体。以实际行动践行联合国宪章宗旨和原则，坚定支持联合国在国际事务中的核心地位和主导作用，坚定维护以联合国为核心的国际体系和以国际法为基础的国际秩序，坚定践行多边主义理念，推动国际关系民主化法治化合理化，为世界和平与发展事业作出了重要贡献。

公平正义是人类的共同理想，也是国际秩序的基石。“世界多极化进一步发展，新兴市场国家和发展中国家崛起已经成为不可阻挡的历史潮流。”[①] 经济全球化、社会信息化极大解放和发展了生产力，既创造了前所未有的发展机遇，也带来了治理赤字、信任赤字、发展赤字、和平赤字等新威胁和新挑战。两极对抗的世界局势已经不复存在，多边主义局势已经形成。然而，旧有的思维观念仍然固化在一些人的头脑中，力图以大国来左右世界秩序。因此，为建构公平正义的国际秩序，习近平总书记指出：“国际规则只能由联合国 193 个会员国共同制定，不能由个别国家和国家集团来决定。国际规则应该由联合国 193 个会员国共同遵守，没有也不应该有例外。”[②] 要维护以联合国为核心的国际体系，以公平正义为要旨，反对单边主义，坚持多边主义。世界要公道不要霸权。摒弃丛林法则、强权政治，维护公平正义，是各国人民在国际关系领域的正当追求。坚持公平正义，首要的是坚守主权平等原则。主权平等是国与国规范彼此关系的重要准则，也是联合国及所有机构、组织共同遵循的首要原则，在这一点上各国已形成高度共识。国家不分大小、强弱、贫富一律平等，主权和尊严必须得到尊重，内政不容干涉，反对以强凌弱，反对把自己的意志强加于人。确保国际规则的平等统一适用，不能“合则用、不合则弃”，更不能搞双重标准、多重标准。在世界格局深刻复杂演变、国际形势动荡变革的当下，人们对公平正义价值的呼唤尤为强烈。

民主自由是人类的共同追求。近现代世界历史上，国际关系的发展进步，正是在一大批国家反对殖民主义、争取民族独立解放、建立

① 《十八大以来重要文献选编》（中），中央文献出版社 2016 年版，第 695 页。
② 习近平：《在中华人民共和国恢复联合国合法席位 50 周年纪念会议上的讲话》，人民出版社 2021 年版，第 8 页。

国际政治经济新秩序等推进国际关系民主化的努力中逐步实现的。从国际层面来说，民主意味着各国平等参与国际事务，共同掌握世界命运，遵循共商共建共享原则参与国际治理等。自由意味着每个国家都有自主选择发展道路和发展模式的权利，各国要彼此尊重对方开展正常正当经济文化活动的权利。

习近平总书记在新时代世界的逆流涌动下深度审视世界之问，将中国自身发展与世界发展融为一体，在问题意识和问题导向的指导下摒弃零和博弈的思维方式和强国政治的陈旧逻辑，坚持以自身发展为基点谋求世界共同发展，针对国际发展问题、秩序问题、疫情问题等提出构建人类命运共同体、卫生健康共同体、“一带一路”、全球治理观等，为攻克世界难题提供中国智慧和中国方案。中国共产党始终坚持为人类谋进步、为世界谋大同，以世界眼光关注人类前途命运，深刻洞察人类发展进步潮流，积极回应各国人民普遍关切，为解决人类面临的共同问题作出贡献。一是创造了人类文明新形态。中国共产党领导人民成功开辟了中国式现代化道路，拓展了发展中国家走向现代化的途径，为人类对更好社会制度的探索提供了中国方案。二是展示了马克思主义强大生命力。中国共产党实现了马克思主义中国化时代化一次又一次新的飞跃，使世界范围内社会主义和资本主义两种意识形态、两种社会制度的历史演进及其较量发生了有利于社会主义的重大转变。三是致力于为世界和平与发展事业作贡献。中国始终高举和平与发展大旗，始终做世界和平的建设者、全球发展的贡献者、国际秩序的维护者。习近平总书记在中国共产党第二十次全国代表大会上真诚呼吁：“世界各国弘扬和平、发展、公平、正义、民主、自由的全人类共同价值，促进各国人民相知相亲，尊重世界文明多样性，以文明交流超越文明隔阂、文明互鉴超越文明冲突、文明共存超越文明优越，共同应对各种全球性挑战。”[①] 同时，习近平总书记作出庄严承诺：“中国人民愿同世界人民携手开创人类更加美好的未来！”[②]

（三）回答人民之问

中国共产党要应答人民群众对美好生活的向往之问。人民群众是社会历史的主体，是历史的创造者。人民群众这一概念，有着质和量的两个规定性。从质上看，人民群众是指一切对社会历史发展起着推动作用的人；从量上看，人民群众是指社会人口中的绝大多数。纵观历史，不同阶段下人民需要有着不同的意涵所指。在当代中国，全体社会主义劳动者、社会主义事业的建设者、拥护社会主义的爱国者、拥护祖国统一和致力于中华民族伟大复兴的爱国者都属于人民群众的范畴。习近平总书记指出：“历史充分证明，江山就是人民，人民就是江山，人心向背关系党的生死存亡。”中国共产党运用大历史观，始终坚持以人民为中心的发展思想，坚持人民主体地位，从人民群众中汲取无穷的智慧和力量，把人民对美好生活的向往作为奋斗目标，依靠人民创造历史伟业。党的百年历史就是一部践行党的初心使命的历史，就是一部党与人民心连心、同呼吸、共命运的历史。新中国成立初期，中国共产党在英勇奋斗中满足人民对巩固民族独立和人民解放的需要。改革开放时期，中国共产党在大胆探索中满足人民对生存、温饱、小康的需要。党的十八大以来，我国社会发展取得历史性

① 习近平：《高举中国特色社会主义伟大旗帜　为全面建设社会主义现代化国家而团结奋斗——在中国共产党第二十次全国代表大会上的报告》，人民出版社 2022 年版，第 63 页。

② 习近平：《高举中国特色社会主义伟大旗帜　为全面建设社会主义现代化国家而团结奋斗——在中国共产党第二十次全国代表大会上的报告》，人民出版社 2022 年版，第 63 页。

成就、发生历史性变革，发展起来以后的问题与发展前和发展中的问题相比已有很大不同，集中表现在社会主要矛盾的重大转化。新时代，我国社会主要矛盾重心转移，人民群众的需要超出物质层面和范畴，呈现出对美好生活需要的向往，是日趋多样化、多层次、多方面、高质量的新需要。习近平总书记坚持人民历史主体性和价值主体性的统一，牢牢把握住人民对更好的教育、更稳定的收入、更优美的环境等的现实要求，深刻认识人民对美好生活需要背景下的现实问题，深刻回答中国该何去何从，如何开启全面建设社会主义现代化国家新征程的时代之问。

对于中国共产党而言，回答人民之问需要开展调查研究。调查研究不是为了调查而调查，而是着眼于解决实际问题。这就要求从调研一开始就要坚持问题导向，不搞漫无目的、走马观花式的调查研究。通俗地讲，坚持问题导向，就是要做到调查研究“有的放矢”，找准群众问题这个“的”。这是调查研究最根本的问题之一。习近平总书记强调，调查研究“要有明确的目的，带着问题下去，尽力掌握调研活动的主动权”①。调研带什么问题呢？习近平总书记进一步指出：“调查研究要紧扣人民群众生产生活，紧扣经济社会发展实际，紧扣全面从严治党面临的现实问题，紧扣贯彻落实党的十九大精神需要解决的问题。”② 习近平总书记强调：“提出解决问题的办法要切实可行，制定的政策措施要有较强操作性，做到出实招，见实效。”③ 这一系列论述都贯彻着问题导向的重要理念和原则。这就是说，在开展调查研究之前，必须对调研问题做到心中有数。只有这样才能使调

① 习近平：《谈谈调查研究》，《学习时报》2011 年 11 月 21 日。
② 习近平：《在党的十九届一中全会上的讲话》，《求是》2018 年第 1 期。
③ 习近平：《之江新语》，浙江人民出版社 2007 年版，第 1 页。

查研究始终紧扣问题开展，增强调研针对性，使调研得出的科学决策更加有效，从而提高调查研究的成效。坚持问题导向开展调查研究，根本问题在于发现问题。一是要有问题意识。马克思曾说："世界史本身，除了用新问题来回答和解决老问题之外，没有别的方法。"① 习近平总书记指出："我们中国共产党人干革命、搞建设、抓改革，从来都是为了解决中国的现实问题。"② 这都说明调查研究要有问题意识，要提高对问题的敏锐性，明确开展调查研究是为了解决什么问题。二是发现问题需要深入基层、深入群众。"关起门来""坐在办公室里"是找不出问题的。广泛接触群众，通过与群众的零距离接触开展调研、发现问题，这是得以发现问题的根本所在。

党的十八大以来，以习近平同志为核心的党中央把消除贫困摆在治国理政更加突出的位置，全面打响脱贫攻坚战。习近平总书记指出："要坚持问题导向，集中力量解决脱贫领域'四个意识'不强、责任落实不到位、工作措施不精准、资金管理使用不规范、工作作风不扎实、考核评估不严格等突出问题。要建立长效机制，对脱贫领域的突出问题，一经举报，要追查到底。对查实的典型案件，要坚决予以曝光，严肃追究责任。对发现的作风问题，要举一反三，完善政策措施，加强制度建设，扎紧制度笼子。"③ 从实施精准扶贫方略，到形成中国特色脱贫攻坚制度体系；从支持和鼓励全社会采取灵活多样的形式参与扶贫，到在抗击新冠肺炎疫情斗争中对脱贫攻坚进行再动员、再部署，一系列具有原创性、独特性的重大举措，为打赢这场人类历史上规模最大、力度最强的脱贫攻坚战提供了有力保障。

① 《马克思恩格斯全集》第 1 卷，人民出版社 1995 年版，第 203 页。
② 《习近平谈治国理政》第 1 卷，外文出版社 2018 年版，第 74 页。
③ 《习近平扶贫论述摘编》，中央文献出版社 2018 年版，第 125 页。

紧紧依靠人民才是解决问题之道。坚持树立问题导向意识是新的历史条件下开创全面深化改革新局面的必然选择。而树立问题导向意识，要敢于正视问题，任何回避问题的想法与做法，都必然为问题所困惑。然而，树立了问题导向意识，并不等于找到了问题的解决办法。成熟的改革领导者、推动者，既是成熟的问题发现者，又是成熟的问题解决者。如何发现问题，既是一个立场问题，又是一个方法与能力问题。改革的领导者必须站在人民的立场上，发现和解决问题，使改革的成果惠及人民。而发现和解决问题，又必须掌握科学的方法，正如毛泽东所说，我们不仅要提出过河的目的，而且要解决过河的船或桥，这样才能达到过河的目的。也就是说，我们不仅要树立问题导向意识，而且要提高发现问题解决问题的能力与本领。只有这样，才能有效地推进各行业各领域的改革，改革大业才能够焕发蓬勃生机，才能为中国经济社会发展注入强大正能量。“改革开放积累的

山东省高速铁路运营里程达 2319 公里，高速公路通车里程达 7477 公里，实现“县县通高速”。图为山东省滨德高速德州北枢纽立交桥

宝贵经验，其中很重要的一条就是强调必须坚持以人为本，尊重人民主体地位，发挥群众首创精神，紧紧依靠人民推动改革。没有人民支持和参与，任何改革都不可能取得成功。无论遇到任何困难和挑战，只要有人民支持和参与，就没有克服不了的困难，就没有越不过的坎。”[①] 党的十一届三中全会以来，中国共产党人紧紧依靠人民推行改革开放，密切联系群众，代表群众利益，极大地促进了社会生产力的发展、夯实了综合国力，极大地保障和改善了民生，改变了我国人民的需要普遍集中在低层次物质文化需要的状况，促使整个社会在充分满足物质文化需要的基础上更注重社会需要和精神需要。

（四）回答时代之问

进入新时代，中国实现了从“赶上时代”到“引领时代”的伟大跨越。习近平总书记指出：“十年来，我们经历了对党和人民事业具有重大现实意义和深远历史意义的三件大事：一是迎来中国共产党成立一百周年，二是中国特色社会主义进入新时代，三是完成脱贫攻坚、全面建成小康社会的历史任务，实现第一个百年奋斗目标。这是中国共产党和中国人民团结奋斗赢得的历史性胜利，是彪炳中华民族发展史册的历史性胜利，也是对世界具有深远影响的历史性胜利。”[②]

进入新时代，中国经济发展平衡性、协调性、可持续性明显增强，国家经济实力、科技实力、综合国力跃上新台阶，续写了经济快速发展和社会长期稳定两大奇迹。10 年来我国国内生产总值从 54 万

① 习近平：《切实把思想统一到党的十八届三中全会精神上来》，《人民日报》2014 年 1 月 1 日。

② 习近平：《高举中国特色社会主义伟大旗帜 为全面建设社会主义现代化国家而团结奋斗——在中国共产党第二十次全国代表大会上的报告》，人民出版社 2022 年版，第 4 页。

亿元增长到 114 万亿元，我国经济总量占世界经济的比重达 18.5%，提高 7.2 个百分点，稳居世界第 2 位；人均国内生产总值从 3.98 万元增加到 8.1 万元。2020 年，全国群众安全感指数达到 98.4%，我国成为世界上最有安全感的国家之一。进入新时代，以习近平同志为核心的党中央团结带领全党全军全国各族人民砥砺前行，为实现中华民族伟大复兴提供了更为完善的制度保证、更为坚实的物质基础、更为主动的精神力量，推动中华民族迎来了从站起来、富起来到强起来的伟大飞跃，实现中华民族伟大复兴进入了不可逆转的历史进程。

把握时代之问，最重要的是要敢于回答开展党自我革命的执政之问。习近平总书记反复强调，各级党员领导干部须不回避矛盾，不掩盖问题，增强问题意识。对个人来讲，发现自身问题是一个自我完善、自我超越的过程。对于领导干部而言，善于发现问题是执政能力和素质的体现，而我们很多时候却找不出自身的毛病，沉溺于自我陶醉、自我感觉良好之中，造成一种“伪问题”的现象。其实，一个人、一个单位，在其发展历程中既会有一帆风顺的时期，也难免遇到艰难曲折，存在问题是再正常不过的事情。时代的问题是客观存在的，不同时代面临着不同的问题，一个有所创造、有所作为的党员领导干部，就是要顺应时代口号，多去查找发现工作中存在的问题和不足，尤其要善于发现那些阻碍发展、群众关心的紧要问题，要带头深入调查研究，扑下身子干实事、谋实招、求实效。中国特色社会主义最本质的特征是中国共产党领导，中国特色社会主义制度的最大优势是中国共产党领导，中国共产党是最高政治领导力量。百年征途中，中国共产党牢记初心使命，在革命斗争和长期执政中始终保持自身先进性和纯洁性，在政治定力和忧患意识中时常检视自身，在伟大的社会变革中勇于开展自我革命，以党的集中统一领导推动实现经济快速发展和社会长期稳定两大奇迹。党成立百年之际，我国发展的第一个百年奋斗目标如期实现，全面建成小康社会和消除绝对贫困，人民生活迈出历史性步伐。但一代人有一代人的长征路，党面临的赶考远未结束。为走好新的赶考之路，习近平总书记在中国共产党第二十次全国代表大会上强调："全党同志务必不忘初心、牢记使命，务必谦虚谨慎、艰苦奋斗，务必敢于斗争、善于斗争，坚定历史自信，增强历史主动，谱写新时代中国特色社会主义更加绚丽的华章。"①

"一把手"的综合素质要非常高

"一把手"是党政领导集体的"班长"，是一个地方和部门贯彻中央大政方针、省委省政府重大决策的第一责任人，把方向、抓大事、谋全局是"一把手"的根本职责。各级党政"一把手"要站在战略的高度，善于从政治上认识和判断形势、观察和处理问题，善于透过纷繁复杂的表面现象，把握事物的本质和发展的内在规律。要进一步增强总揽全局的能力，善于立足一域谋全局，把握形势谋大事，以"登东山而小鲁""登泰山而小天下"的气度和胸襟，"会当凌绝顶，一览众山小"，始终把全局作为观察和处理问题的出发点和落脚点，以全局利益为最高价值追求，以世界眼光去认识政治形势、把握经济走势、了解文化态势，用战略思维去观察当今时代、洞悉当代中国、

① 习近平：《高举中国特色社会主义伟大旗帜 为全面建设社会主义现代化国家而团结奋斗——在中国共产党第二十次全国代表大会上的报告》，人民出版社2022年版，第1—2页。

谋划当前浙江，切实把本地、本部门的工作放到国际国内大背景和全党全国全省的工作大局中去思考、去研究、去把握，不断提高领导工作的原则性、系统性、预见性和创造性。

——习近平：《干在实处　走在前列——推进浙江新发展的思考与实践》，中共中央党校出版社 2006 年版，第 419—420 页

“事者，生于虑，成于务，失于傲。”围绕革命、建设和改革中不断涌现的各种问题，中国共产党人始终贯彻“解放思想”的原则，讲究“实事求是”的科学方法，以问题导向把握革命、建设、改革的目标任务，将对问题的认识系统总结、归纳，上升为科学决策，落实为行动指南，具化为方针政策。在对“中国问题”的科学审视、正确判断中，善于从历史条件出发提出问题，注重抓根本问题、普遍问题、要害问题、战略问题，历史地看待问题、辩证地思考问题、唯物地分析问题，善于从错综复杂的问题堆里把握长远的、根本的、重大的、关键的问题，进行思考、大胆实践、科学探索，形成了关于革命、建设和改革的思路、方向与着力点，着力推动解决革命、建设和改革的一系列突出矛盾和问题，从而创造了社会主义革命、建设和改革的伟大成就。

三、明确解决问题的实践路径

（一）提高发现问题的敏锐度

锐始者必图其终，成功者先计于始。伟大事业的成功，总是以伟大事业的引领者、推动者、参与者过硬的本领为支撑的。鲜明的问题

导向标示了中国共产党人的目标任务。马克思指出："哲学家们只是用不同的方式解释世界，而问题在于改变世界。"[①] 中国共产党领导人民干革命、搞建设、抓改革，从来都是为了解决中国的现实问题。问题既是目标任务，也为实现目标任务指明了路径方法。不同历史时期，我们党面临的目标和任务各不相同，社会主义革命、建设、改革都由问题倒逼而产生，又在不断解决问题中得以深化。坚持问题导向必须树立问题意识。树立问题意识符合马克思主义认识论和辩证法，是贯彻党的思想路线的具体体现。树立问题意识的前提和基础在于发现问题、查找问题，其折射的是一种敬业态度和责任观念，反映的是一种精神状态和思想境界。只有树立强烈的问题意识，才能实事求是地对待问题，才能明确时代进步的目标和路径。

习语润心 

党中央把黄河流域生态保护和高质量发展上升为国家战略以来，我们围绕解决黄河流域存在的矛盾和问题，开展了大量工作，搭建黄河保护治理"四梁八柱"，整治生态环境问题，推进生态保护修复，完善治理体系，高质量发展取得新进步。同时也要看到，在黄河流域生态保护和高质量发展上还存在一些突出矛盾和问题，要坚持问题导向，再接再厉，坚定不移做好各项工作。

——在深入推动黄河流域生态保护和高质量发展座谈会上的讲话，2021 年 10 月 22 日

① 《马克思恩格斯选集》第 1 卷，人民出版社 2012 年版，第 136 页。

坚持问题导向必须正视现实问题。进入新时代，中国特色社会主义现代化建设处在新的历史方位，国内外形势更趋复杂多变。从全球发展态势来看，世界正经历百年未有之大变局，国际政治经济格局以及全球治理体系发生深刻变革，国际力量对比正在发生近代以来最具革命性的变化；从国内发展形势来看，社会主要矛盾发生深刻改变，改革开放深入推进，已经进入“深水区”、处在“攻坚期”，我国迈上全面建设社会主义现代化国家新征程。当代中国正处于爬坡过坎的紧要关口和重要节点，进入发展关键期、改革攻坚期、矛盾凸显期，人们思想认识问题与现实利益问题相互交织，长期积累的问题与新出现的问题互相叠加，所面临问题的复杂程度、解决问题的艰巨程度明显加大。我们要增强问题意识，聚焦实践遇到的新问题、改革发展稳定存在的深层次问题、人民群众“急难愁盼”问题、国际变局中的重大问题、党的建设面临的突出问题，不断提出真正解决问题的新理念新思路新办法。

（二）修炼辨别问题的精准性

正视问题是胆识与勇气的检验。问题就像一面镜子，能反映出单位建设、个人工作的好坏；问题就像一把尺子，能度量出领导干部思想觉悟的高低，胆识、气魄和心胸的大小。有问题不可怕，真正可怕的是无视问题，甚至掩盖回避问题，使小问题变成大问题，小隐患酿成大灾难。身为领导干部，要有一种敢于正视问题的精神，敢于“揭短亮丑”的胆识和勇气。正确对待问题，实事求是，客观对待，深入分析问题的原因和实质，找准问题症结，把问题解决在萌芽状态，做到防患于未然，这是领导干部正确的谋事成事之道，也是领导干部应具有的基本政治品德和素质。那种“见成绩就上、见问题就躲、见矛盾就推”的做法，是逃跑主义，最终难以成就事业。要善于从顺境中发现隐患、从细节中发现问题、从机遇中发现风险；善于在完成任务时看到差距、在取得成绩时想到不足、在受到赞扬时保持清醒。“从问题导向把握新发展理念。我国发展已经站在新的历史起点上，要根据新发展阶段的新要求，坚持问题导向，更加精准地贯彻新发展理念，切实解决好发展不平衡不充分的问题，推动高质量发展。……比如，加快推动经济社会发展全面绿色转型已经形成高度共识，而我国能源体系高度依赖煤炭等化石能源，生产和生活体系向绿色低碳转型的压力都很大，实现 2030 年前碳排放达峰、2060 年前碳中和的目标任务极其艰巨。……总之，进入新发展阶段，对新发展理念的理解要不断深化，举措要更加精准务实，真正实现高质量发展。”①作为工业大省，山东产业结构偏重、能源结构偏煤特征比较突出，经济绿色低碳转型任务十分艰巨。2021 年，山东大力实施“四增两减一提升”工程，推进能源结构优化调整，加快构建清洁低碳、安全高效的现代能源体系。70 个县纳入国家整县分布式光伏发电开发试点，数量居全国首位；半岛南 3 号、4 号海上风电全容量并网发电，实现在建海上风电“零的突破”。到 2021 年 11 月底，全省新能源和可再生能源发电量达到 1006 亿千瓦时，同比增长 35%。

坚持问题导向必须深入分析问题。这要求我们，要用辩证唯物主义和历史唯物主义的思想方法，坚持具体问题具体分析，从表象和内在、共性和个性、历史和现实、国内和国外的相互关系中深入分析，从繁杂问题中把握事物的规律性，从苗头问题中发现事物的倾向性，从偶然问题中揭示事物的必然性。在此基础上，拿出解决办法，努力做到对症下药、有的放矢。

① 习近平：《把握新发展阶段，贯彻新发展理念，构建新发展格局》，《求是》2021 年第 9 期。

（三）找准解决问题的突破口

人类认识世界、改造世界的过程，就是一个发现问题、解决问题的过程。问题导向是以解决问题为主要方向和根本目的的一种思维方式和工作方法，坚持问题导向是马克思主义最优良的方法论传统和最鲜明的方法论特征。解决问题是党性与责任的考验。毛泽东曾指出：“什么叫工作，工作就是斗争。那些地方有困难、有问题，需要我们去解决。我们是为着解决困难去工作、去斗争的。”[①] 发现问题是为了解决问题，促进工作，在问题面前考验干部的党性和责任，领导干部就是帮助广大群众解决实际问题，如果看到了问题却置之不理，就是丧失党性、推卸责任。因此，领导干部要强化问题意识，在工作中坚持问题导向，把改革创新的落脚点放在解决问题上。问题不来虚的，它总是实实在在。解决问题，不能坐而论道、纸上谈兵，要善于抓住重点问题，对经济建设、社会管理、信访稳定、民生领域存在的突出问题和矛盾，要一个一个实打实地解决。善于抓住事关全局的关键问题；通过调研解决问题、依靠群众解决问题、持续用力解决问题；及时化解萌芽问题、快速处理棘手问题、慎重对待敏感问题、合力解决重大问题。

坚持问题导向必须有效解决问题。坚持问题导向的最终归宿在于解决问题。解决问题绝不是口头功夫，关键是看行动能力。1930 年 5 月，毛泽东同志在《反对本本主义》中指出：“调查就像‘十月怀胎’，解决问题就像‘一朝分娩’。调查就是解决问题。”[②] 这形象地指出调查的目的是解决问题，而不是为了调查而调查。解决问题要进行

---

① 《毛泽东选集》第 4 卷，人民出版社 1991 年版，第 116 页。
② 《毛泽东选集》第 1 卷，人民出版社 1991 年版，第 110—111 页。

精准施策。习近平总书记指出：“要从细节处着手，养成习惯。如果对工作、对事业仅仅满足于一般化、满足于过得去，大呼隆抓，眉毛胡子一把抓，那么问题就会被掩盖。”① 这是在强调我们在经济和社会发展中要学会精准施策这一重要方法。所谓精准施策，就是在正确研判实际情况、掌握客观事实的条件下，根据事物本身特征或具体的发展趋势，本着实事求是的原则有针对性地提出对策和解决方案，从而使面临的问题得到实际解决的一种方法。习近平总书记曾在不同场合多次强调要做到精准施策。在部署全面深化改革时，习近平总书记强调“突出问题导向，加强分类指导，注重精准施策，提高改革效应”；在全面推进脱贫攻坚时，习近平总书记强调“真抓实干、精准施策”；在部署疫情防控和复工复产时，习近平总书记强调“精准防疫、精准施策”。领导干部要以对党忠诚、对人民负责的精神，把解决问题作为工作导向，把化解矛盾和破解难题作为履职尽责的第一要务；要始终坚持守土有责、守土负责、守土尽责，以勇于自我革命的气魄和坚韧不拔的毅力，敢于触及积存多年的矛盾纠葛，善于打破深层次利益关系，遇到顽症主动“开刀”，碰到痼疾敢于“亮剑”；既要有敢于担当的精神和科学务实的态度，又要有克服困难的韧劲和久久为功的魄力，大力发扬钉钉子精神，采取务实管用的措施和办法，推动疑难问题不断得到解决，在攻克一个又一个问题堡垒中创造新的业绩。

（四）探寻理论创新的新起点

面对中华民族伟大复兴战略全局和世界百年未有之大变局，中国面临的国际国内环境十分复杂，中国共产党肩负的执政任务十分繁

---

① 《习近平关于党风廉政建设和反腐败斗争论述摘编》，中央文献出版社、中国方正出版社 2015 年版，第 85 页。

重。如果没有马克思主义理论的强力支撑，我们党就难以驾驭复杂局面、处理复杂问题，就难以应对中国特色社会主义事业前进途中的各种风险挑战。“只有聆听时代的声音，回应时代的呼唤，认真研究解决重大而紧迫的问题，才能真正把握住历史脉络、找到发展规律，推动理论创新。”[①] 马克思主义的发展不仅需要在自我批判中获得历史依据和理论依据，更需要在对现实、对时代的批判中获得实践依据和时代依据。理论性与实践性的统一是马克思主义研究的基本原则，这个原则内在地包含着对问题意识和解决问题能力的要求。习近平总书记指出：“马克思主义理论素养是领导干部的必备素质，是保持政治上坚定的思想基础。”[②] 马克思主义理论是被历史和实践证明了的科学理论，为我们认识世界、把握规律、追求真理、改造世界提供了科学的世界观和方法论，对我们树立科学思维具有重要的指导意义，需要我们持之以恒地学习和钻研。对于马克思主义理论的学习，要力求学思结合、学懂弄通，力戒心浮气躁、浮于表面、不求甚解。马克思主义理论工作者的问题意识和解决问题能力集中体现在如何面对和回答马克思主义的当代性问题。马克思主义始终是面向现实并扎根实践的，具有深刻的革命性和当代性。但是，这种革命性和当代性品格不是既成的、自然的，而是通过历史性生成和理论上的阐扬而获得和得以体现的。今天，所谓马克思主义的当代性问题，就是诞生于 19 世纪中期的马克思主义学说还能不能回应和解答 170 多年后的世界所出现的新情况、新问题。这里，不仅要回答马克思主义理论本身在发展中的问题，还要回答新的时代向马克思主义提出的新问题。马克思主义的

① 习近平：《在哲学社会科学工作座谈会上的讲话》，人民出版社 2016 年版，第 14 页。
② 《习近平在中央党校春季学期第二批入学学员开学典礼上强调 认真学习马克思主义经典著作 不断推进中国特色社会主义事业》，《人民日报》2011 年 5 月 14 日。

当代性问题也由此而引发。面临新的问题和境遇，中国共产党人必须努力揭示和阐扬马克思主义的当代意义。能否回答以及在多大程度上回答马克思主义的当代性问题，关键在于我们是否有一双洞察时代问题的眼睛，能否在国际国内的相互联系中、在社会发展实践中、从历史的经验教训中发现问题，能否科学地分析问题和有效地解决问题。习近平总书记指出："坚持不忘初心、继续前进，就要坚持马克思主义的指导地位，坚持把马克思主义基本原理同当代中国实际和时代特点紧密结合起来，推进理论创新、实践创新，不断把马克思主义中国化推向前进。"① 同时习近平总书记还指出："中国共产党人深刻认识到，只有把马克思主义基本原理同中国具体实际相结合、同中华优秀传统文化相结合，坚持运用辩证唯物主义和历史唯物主义，才能正确回答时代和实践提出的重大问题，才能始终保持马克思主义的蓬勃生机和旺盛活力。"② 我们要置身于中国改革开放的伟大实践，以马克思主义为指导，不断提出、分析和回答当代世界尤其是当代中国的重大现实问题，强化对当代现实问题的理论理解力、解释力和阐释力，自觉回应、回答马克思主义的当代性问题，致力于形成"中国智慧"与"中国方案"。

坚持以马克思主义为指导来解决现实问题是以学懂悟透马克思主义基本理论为前提的。学习马克思主义理论首先要认真研读马克思主义经典著作。习近平总书记指出，"阅读经典著作，本身就是增长知识、开阔眼界、增加思想深度和训练思维方式的过程，就是培养高瞻

① 《习近平谈治国理政》第2卷，外文出版社2017年版，第33页。
② 习近平：《高举中国特色社会主义伟大旗帜　为全面建设社会主义现代化国家而团结奋斗——在中国共产党第二十次全国代表大会上的报告》，人民出版社2022年版，第17页。

远瞩的战略洞察力和脚踏实地的工作作风的过程”①。认真研读马克思主义经典著作，要准确理解和深刻把握马克思主义的基本原理和精神实质，掌握辩证唯物主义和历史唯物主义科学的世界观和方法论，正确认识人类社会发展的客观规律，学会运用马克思主义的立场、观点和方法去思考问题、分析问题和解决问题。

其次要深入学习马克思主义中国化的系列重大理论成果，包括毛泽东思想、邓小平理论、“三个代表”重要思想、科学发展观和习近平新时代中国特色社会主义思想。马克思主义中国化的理论成果是马克思主义基本原理同中国具体实际相结合的产物，是对马克思主义世界观、方法论以及价值观的生动体现，为中国社会发展以及社会主义建设、党的建设等各项工作提供了正确的理论指引和科学的方法论指导，为中国共产党治国理政提供了科学的思维方式和工作方法，需要我们全面系统地深入学习。

值得注意的是，马克思主义理论学习要始终保有问题意识，坚持学思结合。习近平总书记指出：“你脑子里装着问题了，想解决问题了，想把问题解决好了，就会去学习，就会自觉去学习。”②加强马克思主义理论的学习，一方面，要注意从现实问题出发，立足于待解决的实际问题，联系自身的工作实际，增强学习的针对性，避免盲目性，防止理论学习脱离实际问题；另一方面，在学习过程中要善于发现问题和提出问题，把学习和思考紧密结合起来，多问一些“是什么”“为什么”“怎么办”的问题，把解决问题贯穿于理论学习的全过程，避免走马观花、蜻蜓点水式地学习，杜绝理论学习的肤浅化和表

① 《习近平在中央党校春季学期第二批入学学员开学典礼上强调　认真学习马克思主义经典著作　不断推进中国特色社会主义事业》，《人民日报》2011年5月14日。

② 习近平：《在中央党校建校80周年庆祝大会暨2013年春季学期开学典礼上的讲话》，人民出版社2013年版，第11页。

面化。理论学习有时难免有些枯燥乏味，只有带着问题学，理论学习才会有“志趣”，才会有源源不断的动力，才能有更多的获得感，进而有力拓展我们思维视野的广度、提升思想境界的高度。

纵观人类发展史，一切发展进步无不是在破解时代问题中实现的。以色列人从小就为孩子播下重视问题的种子。孩子放学回家，父母不问考了多少分，而是问：提了问题吗？提了几个问题？强烈的问题意识、创新意识使得这个面积不大的国家成为举世公认的科技、军事强国。中国共产党是一个善于总结历史经验、善于从具体的经验中概括出一般规律进而指导实践的政党。在我国革命、建设和改革的各个历史时期，中国共产党人将马克思主义基本原理和人的解放的现实问题相结合，不断探求人的解放的现实表征和理论阐释。党的十九大以来，以习近平同志为核心的党中央坚持问题导向，攻克了许多长期没有解决的难题，办成了许多事关长远的大事要事，推动党和国家事业取得举世瞩目的重大成就。百年大党的发展历程证实，正是问题与理论的互动推动了马克思主义中国化时代化的发展，正是问题与理论的互动推动中国迎来了从站起来、富起来到强起来的伟大飞跃，而问题与理论的互动必将推动当代中国马克思主义、二十一世纪马克思主义放射出更加璀璨的光芒。

第六章

坚持系统观念

“不谋全局者，不足谋一域。”中国人自始至终都将全面系统地认识和解决问题作为推动事物发展的重要方法论基础。在新时代，坚持系统观念是对实践经验的科学总结，也是我们党理论素养深厚、政治智慧高超的重要体现。习近平总书记高度重视坚持系统观念的思想方法和工作方法，作出了一系列重要论述，并提出了一系列重要指示和要求，为实现建设社会主义现代化强国的目标提供了思想上和行动上的科学指引。习近平总书记在党的二十大报告中强调：“必须坚持系统观念。万事万物是相互联系、相互依存的。只有用普遍联系的、全面系统的、发展变化的观点观察事物，才能把握事物发展规律。”[①] 精准把握系统观念的理论内涵，掌握坚持系统观念的重要意义，做到前瞻性思考、全局性谋划、整体性推进，才能做到未雨绸缪、把握主

① 习近平：《高举中国特色社会主义伟大旗帜 为全面建设社会主义现代化国家而团结奋斗——在中国共产党第二十次全国代表大会上的报告》，人民出版社 2022 年版，第 20 页。

动，精准施策、正确应对，向实现中华民族伟大复兴的中国梦迈进。

一、把握系统观念的学理内涵

掌握正确的方法对于做好工作至关重要，系统观念是具有基础性的思想和工作方法，它既是中华优秀传统文化的提炼升华，又是唯物辩证法的当代发展，因而，我们有必要对系统观念的学理内涵进行精准把握，并在此基础上对坚持系统观念的内涵予以科学界定，以完整诠释坚持系统观念的实践要求，助力我国全面建成社会主义现代化强国。

（一）追溯辞源释义

究竟何为系统？系统概念是人类在长期的社会实践中形成的，英文中的“系统”一词来源于古代希腊文systεmα，意为由部分组成的整体，它是相互作用的各种要素的综合体，系统对诸要素发挥着整合作用。系统这一整体是具有特定功能的有机整体。“系统”一词的产生和出现与科学技术的发展息息相关，从其字面意思来看不难发现，在以小农经济为基础的封建社会中几乎找不到它的踪迹，我国最早出现“系统”一词主要归功于著名的科学家钱学森，在钱老的《论宏观建筑与微观建筑》中，他将系统界定为：由相互作用相互依赖的若干组成部分结合而成的，具有特定功能的有机整体，而且这个有机整体又是它从属的更大系统的组成部分。

古希腊哲学家德谟克利特所著《世界大系统》是最早采用“系统”

一词的书。它的发展经历了“从经验到哲学到科学，从思辨到定性到定量”的过程。

在近代自然科学发展的基础上，马克思和恩格斯继承前人特别是黑格尔的合理思想，将系统概念概括为明确的思想。

——王信领：《自然辩证法：干部读本》，人民出版社2000年版，第186—187页

总之，系统就是由相互作用和相互依赖的若干组成部分结合而成的、具有特定功能的有机整体。自觉运用和体现这种整体性和相互联系性的思想意识，就是系统观念，它要求从系统整体最优的角度分析和解决问题，全面地、连贯地、发展地、灵活地看问题。从系统的辞源意义来看，系统观念具有3个显著特征：系统是所有元素构成的复合统一整体，整体性是系统最基本和本质的特征，是多方面复杂因素的综合，在分析和处理问题时，不能只考虑某个组成部分的最优化，而必须将系统整体最优化作为分析和解决问题的根本出发点；系统中是不存在孤立的元素的，系统内所有元素间都相互依存、相互作用和相互制约，在发现和处理问题时，必须着眼于系统中各组织部分之间的关系，合理调整系统内部各要素间的结构，优化系统功能，实现“1+1>2”的协同效应；系统是多样性的统一，是差异性的统一，系统内部各要素之间存在质上的差异，这就要求具有开放性的思维，不是将差异消除，而是把各要素间的差异阻碍减到最小，开放性是系统维持自身结构和不断发展的基础条件。

（二）探究文化底蕴

中华民族历史悠久，中华文化经历了5000多年历史的积淀而独

具魅力，系统观念虽是随着现代科学系统的出现而形成的科学术语，但是它所揭示的规律，在古人那里早已有所认识，系统观念传承了中华优秀传统文化的精髓，具有丰厚的文化底蕴。

“天人合一”的古代朴素系统观。虽然在古代的文学典籍中没有“系统”一词的出现，但是老子的《道德经》中渗透着关于系统的理念，其中最显而易见的便是“一”，在老子看来“一”具有整体和整合为一的意义，与现代系统的定义颇为相近。“道生一，一生二，二生三，三生万物”，短短13个字却足以说明系统论的基本理念。所谓“道生一”就是自然客观规律赋予系统的概念，“一生二，二生三，三生万物”说的是作为系统的“一”是由各种异质成分组成的，系统的整体性运行离不开各个部分间的相互依存、相互联系、相互制约。“天人合一”作为传统哲学的重要命题，体现着传统系统思维的重要价值，内涵丰富深远，它蕴含着宇宙系统观、生态系统观和社会系统观的多重意蕴。老子将“道”视为宇宙万物的本源，宇宙间的天、地、人相互联系，共同承担繁衍生息的权利和义务。人来自大自然，是大自然的有机组成部分，人不能游离于自然之外，更不能凌驾于自然之上，天、地、人之间有着不可分割的内在联系，它们同处于一个充满生机的生命洪流之中。实现“天人合一”的系统性就是坚持人与自然的整体和谐，达到“天地与我并生，而万物与我为一”的境界。

“凡事预则立，不预则废”的系统前瞻性智慧。子思在《礼记·中庸》中曾言：“凡事豫则立，不豫则废。言前定则不跲，事前定则不困，行前定则不疚，道前定则不穷。”意为：做任何事情，事前有充分的准备和预判就能获得成功，如果没有事先的计划和准备，就不能获得胜利。“豫”同“预”，二者均有预先计划、准备之义，此言旨在强调完善的前瞻性规划对于国家发展的重要意义。在先秦儒家

孔子杏坛讲学图

代表孔子看来，做任何事情，预先有规划才能做到有的放矢，稳扎稳打，最终取得成功；反之则会一事无成。在讲话前有所准备就能言之有理有据，不然就会理屈词穷站不住脚；做事前有所准备就能水到渠成，不然就会陷入困境；行动前有所准备就能及时化解风险，不然就会追悔莫及。这样的道理同样适用于国家的治理，对于一个国家、一个民族来说，只有对自身的长期发展有所规划，才能沿着正确的道路前进，无往而不胜。世间万物总是处于发展变化之中，这是凡事应有谋划的逻辑起点，孔子曾说“人无远虑，必有近忧”，人应该深谋远虑，防患于未然。荀子也讲“先患虑患谓之豫，豫则祸不生”，在祸患发生之前就要有应对之策，做到有备无患。虽然所处的时代不同，面临的发展环境不同，但先哲们所讲的道理在今天仍然具有启发意义。在瞬息万变的当今时代，要想掌握推动全面发展的主动权，就必须未雨绸缪，加强前瞻性思考。

“不谋全局者，不足谋一域”的系统全局性意识。“不谋万世者，不足谋一时；不谋全局者，不足谋一域。”出自《寤言二·迁都建藩议》，意为不能制定长久的国家政策，一时的聪明也是微不足道的；不从全局的角度考虑问题，即使治理好一方地区，也是微不足道的。这启示我们如果要做好一件事情，就得从这件事情的全局考虑，否则很难成功。“一域”要服从“全局”，“小局”要服从“大局”，只看到自己眼前的局部，只看到一个地区的利益，则容易导致“一叶障目，不见泰山”的认知局限，“一域”蔽眼，不见全局，不仅会影响大局的形成，即使是小局也必然管理不好。反之，只有从战略性的、宏观的、全局的角度看问题，才能有一种“登泰山而小天下”的气势和胸怀，才能开阔视野、扩展胸襟，从更广大的时空范围内找寻和把握机遇，谋全局者，一域一隅才能因势而上，赢得发展。

（三）把握科学内涵

党的二十大报告明确指出，必须坚持人民至上，坚持自信自立，坚持守正创新，坚持问题导向，坚持系统观念，坚持胸怀天下。系统观念是马克思主义基本原理的重要内容，强调系统是由相互作用、相互依赖的若干组成部分结合而成的、具有特定功能的有机体。唯物辩证法认为，事物是普遍联系的，整个世界是相互联系的整体，每一事物都是世界普遍联系中的一环，由相互联系、相互作用的若干要素组成的具有稳定结构和特定功能的有机整体，就是系统。对系统的认识反映在头脑中，就形成系统观念，系统观念就是应用系统思维分析事物的本质和内在联系，从整体上把握事物发展规律的方法，是一种重要的认识论、方法论，具有丰富内涵。

首先，系统观念是一种整体观念。强调系统的各组成要素只有相互配合，才能有效运转，实现整体效应最大化。坚持系统观念，既要揭示事物的根本要素，又要调整和理顺根本要素之间的相互联系、优先顺序、科学比例，通过科学的搭配使其构成最佳的结构，促进事物整体功能的发挥，由此，要从整体出发而不是从部分出发来看问题。整体包括部分，但不是部分的简单加和，而是部分相互联系、相互影响、相互制约的综合作用下构成的整体；部分也不是孤立存在的部分，而是作为整体这个大系统中的要素而存在的，是整体中不可或缺的有机组成部分。坚持以系统观念来谋划问题，就是在正确处理整体与部分的辩证关系基础上把握全局的总体趋势和方向，既总揽全局，又明确重点。党的十八大以来，习近平总书记高度重视用系统观念谋划党和国家事业的发展。2014 年，习近平总书记在十八届中央政治局第十九次集体学习时强调："要树立战略思维和全球视野，站在国内国际两个大局相互联系的高度，审视我国和世界的发展，把我国对外开放事业不断推向前进。"[①] 同年 12 月，他在江苏调研时首次完整提出了"全面建成小康社会、全面深化改革、全面依法治国、全面从严治党"的战略总布局，正是从系统观念出发作出的重要部署。

其次，系统观念是一种战略观念。要求把事物置于更宏大的大环境中来把握，正确看待眼前和长远的关系、把握好局部和全局的关系。系统观念强调以整体的眼光来看事物。事物的整体性在多种维度中呈现出来：在时间上，系统观念要求跳出眼前的短期发展利益从长远利益来规划，正确看待眼前和长远的关系，从事物发展的时间维度来把握其完整性；在空间上，系统观念要求从全局看局部，把握好局部和全局的关系，从事物的空间维度上把握其完整性；在外部环境上，系统观念要求跳出事物自身，把事物置于更为宽广的外部大环境中来把握，把握好事物自身与外部大环境的关系，从事物与外部环境维度上来把握其完整性。

系统观念关注当前的现实，但更加强调考虑和谋划长远性的问题。现实蕴含着事物运动变化的各种因素，预示着事物发展的方向，关注现实才能为放眼长远问题找到客观依据，既避免陷入迷于春秋大梦的空想，同时也避免陷入悲观无望的自我否定。在党领导中国革命

① 《习近平关于社会主义经济建设论述摘编》，中央文献出版社 2017 年版，第 294 页。

的初期，党和红军内部曾弥漫着一种对革命前途悲观的论调。毛泽东以长远的战略眼光指出，“中国革命高潮快要到来”，“它是站在海岸遥望海中已经看得见桅杆尖头了的一只航船，它是立于高山之巅远看东方已见光芒四射喷薄欲出的一轮朝日，它是躁动于母腹中的快要成熟了的一个婴儿”。[①] 毛泽东立足中国革命实际对中国革命长远形势的正确预判坚定了党和红军革命斗争的信心和信念。进入新时代以来，我国社会主要矛盾发生深刻变化，有的人对我国发展所处阶段形成了错误认识，陷入了西方炒作的“中国已经是发达国家”的政治陷阱。习近平总书记立足中国特色社会主义事业发展的客观实际指出，我国仍处于并将长期处于社会主义初级阶段的基本国情没有变，我国是世界最大发展中国家的国际地位没有变，透过社会发展的复杂性表象把握住了我国社会主义发展仍处于初级阶段的实质性特征，进一步夯实了持续深入推动中国特色社会主义现代化建设的战略定力。

最后，系统观念是一种辩证观念。强调用发展的眼光审视系统，避免孤立、静止、片面地看问题。辩证法是把握事物之间关系的一种根本方法。事物是普遍联系的，每一种事物都是一个系统，它们并不是孤立的存在，而是处在多样化的关系中，诸如事物各要素之间的关系，事物的部分和整体的关系，事物发展的目前和长远的关系，事物的局部和全局的关系，事物和外部大环境的关系，等等，由此，为正确把握系统的发展规律，形成正确的认识，需要以辩证思维来理解。

在新时代背景下，习近平总书记审时度势，强调“凡事预则立，不预则废”，洞察新时代发展的机遇与挑战，在立足现实的基础上着眼长远发展，将实现现阶段目标与实现长远战略性目标相统一，在党

---

① 《毛泽东选集》第 1 卷，人民出版社 1991 年版，第 106 页。

的十九大报告中指出，“综合分析国际国内形势和我国发展条件，从二〇二〇年到本世纪中叶可以分两个阶段来安排。第一个阶段，从二〇二〇年到二〇三五年，在全面建成小康社会的基础上，再奋斗十五年，基本实现社会主义现代化”，“第二个阶段，从二〇三五年到本世纪中叶，在基本实现现代化的基础上，再奋斗十五年，把我国建成富强民主文明和谐美丽的社会主义现代化强国”，[①] 以高瞻远瞩的战略眼光为我们擘画了中国特色社会主义现代化强国建设的美好愿景。

唯物辩证法科学地反映了关于宇宙自然、人类社会和人类思维的最一般、最普遍、最深刻、最基础的规律与本质。唯物辩证法用具体历史的、客观全面的、联系发展的观点来看待历史，主张世界万事万物是永恒运动和普遍联系的，而运动的法则主要是依据一切事物内部的客观存在的“一分为二”的矛盾性构成的辩证运动法则，联系的纽带与方法主要是客观存在的以既对立又统一为核心的一系列辩证原理。唯物辩证法把具体历史事件放到特定历史环境中去思考，同时在历史长时段中去做整体性、连续性的理解，实现了具体历史的统一。坚持系统观念就是坚持唯物辩证法，要从客观事物的内在联系去把握事物，去认识问题、处理问题，要从事物的总体与全局上、从要素的联系与结合上研究事物的运动与发展，找出事物发展的规律、建立科学有序的秩序，实现整个系统的最优化，要坚持用开放的、整体的系统观点，用从定性到定量的综合集成方法研究经济社会问题。

① 习近平：《决胜全面建成小康社会　夺取新时代中国特色社会主义伟大胜利——在中国共产党第十九次全国代表大会上的报告》，人民出版社2017年版，第28、第29页。

名词解读 

所谓辩证思维，是指将辩证法特别是唯物辩证法应用于思维过程和思维方式的一种总体性的思维方式。这种关于辩证思维的界定，首先，强调的是将唯物辩证法应用于思维过程和思维方式的一种总体性的思维方式。其次，它指明了辩证思维与辩证逻辑的辩证互动关系，即辩证思维既包含了辩证逻辑，但又不限于辩证逻辑。也就是说，辩证逻辑又是辩证思维的重要体现和组成部分，但两者不能在等价的意义上运用。再次，它还阐明了辩证思维不仅应用逻辑思维、形象思维、社会思维，而且还涵括了灵感、想象、联想、直觉、创造性思维、模糊思维等思维方式和现代科学的基本思维方式以及种种精神因素（包括种种理性因素和非理性因素）在思维过程中的复杂交互作用。

——冯国瑞：《辩证思维及其当代意义》，《北京行政学院学报》2010 年第 5 期

二、坚持系统观念的重要意义

党的十九届五中全会审议通过的《中共中央关于制定国民经济和社会发展第十四个五年规划和二〇三五年远景目标的建议》中明确提出，坚持系统观念是我国“十四五”时期在经济社会发展过程中必须遵循的五项原则之一。将坚持系统观念上升为党和国家工作的指导方法，这具有重要的历史意义，因为无论是在党的历次全会上还是党的中央文件中这都是第一次。它不仅是此次全会的工作亮点，更是将党的理论与马克思主义哲学进行结合的创新点，是马克思主义哲学在党领导经济社会发展中的实践与运用，是对习近平新时代中国特色社会

主义思想方法论的丰富和发展。

（一）认识和解决问题的基本思维方法

思想方法是人们分析问题、认识事物的方法，工作方法是人们解决问题、做好工作的方法。系统观念是马克思主义基本原理的重要内容，是马克思主义哲学认识和解决问题的一个科学思想方法和工作方法。习近平总书记强调，“系统观念是具有基础性的思想和工作方法”[①]，因而它是其他思想和工作方法的基础。坚持系统观念既是先进科学理念的提炼升华，又是唯物辩证法的当代发展；既是对复杂性社会形势的深刻反映，更是被实践证明了的行之有效的根本性、基础性思想和工作方法，将在全面建设社会主义现代化国家的新征程中发挥重要的方法论指引作用。为此要充分把握系统观念的马克思主义哲学意蕴，树立系统思维，坚持用系统观念认识和解决问题。

山东实践

2022年8月12日，山东省政府新闻办召开新闻发布会，介绍纵深推进新旧动能转换相关情况。据介绍，5年来山东坚定不移严控“两高”优化其他，不断拓展发展空间。创新提出“四个区分”“五个减量替代”，紧盯16个“两高”行业，实行闭环管理，摸清底数、强化监管，分类推进、限时整改。累计治理“散污”企业11万多家，化工园区由199个压减至84个，化工企业入园率由不足20%提升至38%，整合退出地炼产能2352万吨，压减焦化产能1866万吨。对符

① 《中共中央关于制定国民经济和社会发展第十四个五年规划和二〇三五年远景目标的建议》，人民出版社2020年版，第56页。

合政策和标准的非“两高”行业，精准制定具体措施，加强规范、系统优化，集中能耗、煤耗等要素重点支持低能耗、低排放的先进制造业、高新技术产业和现代服务业，高质量发展之路越走越宽、越走越实。

第一，系统整体的统领地位。系统与要素之间是相辅相成的，在二者的关系中，整体处于支配地位，要素不能凌驾于整体之上。马克思主义认为，事物是普遍联系的，整体大于部分的总和，整体决定部分。在全面建设社会主义现代化国家新征程中，以习近平同志为核心的党中央，深刻分析我国发展所面临的复杂环境和发展形势，着眼于全面建设社会主义现代化国家的奋斗目标，坚持系统观念统筹推进“五位一体”总体布局，协调推进“四个全面”战略布局，根据新的实践需要，形成一系列新布局、新方略，全面协调推动各领域工作，带领全党全军全国各族人民取得了历史性成就。

第二，关键要素的不可或缺性。系统对于要素而言虽然处于优势地位，但要素的重要性也不容忽视，倘若只见整体，不见局部，同样会步入思维误区乃至决策困境。经济社会发展的总体目标是整体相关的，不论是“五位一体”总体布局，还是“四个全面”战略布局，它们都是有机的系统工程，其中的每一部分都是极其重要、不可或缺的，必须整体统筹、协调推进。随着全球化的深入推进，中国的发展与世界的发展息息相关，在逆全球化甚嚣尘上的背景下，作为世界第二大经济体的中国并没有独善其身，而是正以更加开放的姿态融入世界发展中，积极构建国内国际双循环的新发展格局，提出了全球发展倡议、全球安全倡议，在促进自身发展的同时为世界经济的发展贡献着自己的力量。

第三，系统整体的制约性。要素是系统中的要素，处于系统的支配下，其性能会受到系统的整体制约和规定。系统对于要素的制约性启示我们，经济、政治、文化、社会、生态文明等各项发展任务的实现都会受到系统的整体制约，脱离其他方面配合的孤军深入式的单项改革是难以成功的。在推进党的建设伟大工程上，习近平总书记在党的二十大报告中指出："全党必须牢记，全面从严治党永远在路上，党的自我革命永远在路上，决不能有松劲歇脚、疲劳厌战的情绪，必须持之以恒推进全面从严治党，深入推进新时代党的建设新的伟大工程，以党的自我革命引领社会革命。"[①] 党的建设关系重大，牵动全局，直接关系到党和国家的前途和命运，党的政治建设、思想建设、组织建设、作风建设、纪律建设等各个方面要服从于党的建设总要求，发挥其协调作用，全面提高党的建设科学化水平。

坚持系统观念是全面建设社会主义现代化国家认识和解决问题的重要遵循，是习近平新时代中国特色社会主义思想的重要方法论基础，要全面厘清坚持系统观点的基本逻辑，认识其时代价值意蕴，树立系统思维，一往无前地向第二个百年奋斗目标前进。

习语润心

党的十八大以来，党中央坚持系统谋划、统筹推进党和国家各项事业，根据新的实践需要，形成一系列新布局和新方略，带领全党全国各族人民取得了历史性成就。在这个过程中，系统观念是具有基础

① 习近平：《高举中国特色社会主义伟大旗帜　为全面建设社会主义现代化国家而团结奋斗——在中国共产党第二十次全国代表大会上的报告》，人民出版社 2022 年版，第 64 页。

性的思想和工作方法。

——关于《中共中央关于制定国民经济和社会发展第十四个五年规划和二〇三五年远景目标的建议》的说明，2020年11月3日

（二）党百年奋斗历程的重要经验

百年党史，波澜壮阔，蕴含着磅礴力量和无穷智慧。从长的历史时段看，中国共产党百年奋斗的历史意义就是要既立足中华大地，又放眼人类未来，由此才能体现出中国共产党和中国人民、中华民族的关系，体现出中国共产党和马克思主义、世界社会主义、人类社会发展的关系，才能体现出中国共产党百年奋斗的历史逻辑、理论逻辑、实践逻辑，才能得出其伟大意义——“从根本上改变了中国人民的前途命运”“开辟了实现中华民族伟大复兴的正确道路”“展示了马克思主义的强大生命力”“深刻影响了世界历史进程”“锻造了走在时代前列的中国共产党”。党的十九届六中全会指出：“全党要坚持唯物史观和正确党史观，从党的百年奋斗中看清楚过去我们为什么能够成功、弄明白未来我们怎样才能继续成功，从而更加坚定、更加自觉地践行初心使命，在新时代更好坚持和发展中国特色社会主义。”历史告诉我们，中国共产党是一个重视思想建党、理论强党的马克思主义政党，在革命、建设和改革的各个历史时期，都十分注重运用马克思主义哲学的系统观念来指导实践和推动工作，始终坚持系统观念，运用系统思维是我党在百年奋斗历程中总结的成功经验和形成的优良传统。

在新民主主义革命时期，毛泽东同志就提出统筹兼顾和“弹钢琴”的工作方法，1949年3月在《党委会的工作方法》中提出了著名

的“弹钢琴”的工作方法，即“要产生好的音乐，十个指头的动作要有节奏，要互相配合”[①]。学会“弹钢琴”，先要心中有“谱”、胸中有“数”，为此要做到统筹兼顾。后来，在社会主义革命和建设时期，特别是在1957年1月27日的省市自治区党委书记会议上，毛泽东同志又讲到“统筹兼顾，各得其所。这是我们历来的方针。……实行这样一个方针比较好，乱子出得比较少”。这充分体现了坚持系统思维的要义所在，对于工作的部署、开展既要突出重点，又要统筹一般，只有这样才能制订科学翔实的计划，保证工作的有序进行。

在改革开放时期，作为总设计师的邓小平同志也是坚持系统观念、运用系统思维的典范，在探索中国社会主义建设的过程中，中国特色社会主义被他作为一个完整的系统工程，并结合我国的实际情况进行研究、考察和建设，他指出“我们的一切工作都会涉及全局与局部的关系、中央与地方的关系、集中统一与因地制宜的关系”[②]。在处理具体问题时，他始终强调“如果处理不当，就很容易动摇我们的方针，影响改革的全局”[③]。在改革开放时期提出现代化建设的任务是多方面的，各个方面需要综合平衡，要处理好改革、发展和稳定的关系，不能单打一，坚持“两手抓，两手都要硬”等战略方针。

在社会主义现代化建设新时期，以江泽民同志为主要代表的中国共产党人，为了统筹中国特色社会主义经济、政治、文化协调发展，提出了党在社会主义初级阶段的基本纲领，还提出了在推进社会主义现代化建设过程中必须处理好的12个带有全局性的重大关系，成功把中国特色社会主义推向21世纪。以胡锦涛同志为主要代表的中国

① 《毛泽东选集》第4卷，人民出版社1991年版，第1442页。
② 《邓小平文选》第1卷，人民出版社1994年版，第198页。
③ 《邓小平文选》第3卷，人民出版社1993年版，第371页。

共产党人，在新世纪解决什么是发展，怎样实现科学发展的问题时，提出了科学发展观，其根本方法是统筹兼顾，为解决我国在发展中的突出矛盾和问题，以系统观念统筹经济社会发展，统筹城乡协调发展，统筹人与自然和谐发展。

在中国特色社会主义新时代，统筹推进“五位一体”总体布局、协调推进“四个全面”战略布局是以习近平同志为核心的党中央坚持系统观念、运用系统方法的集中体现。习近平总书记指出，我们要学会运用辩证法，善于“弹钢琴”，处理好局部和全局、当前和长远、重点和非重点的关系。统筹推进“五位一体”总体布局、协调推进“四个全面”战略布局，都是复杂的系统工程，涉及党和国家工作全局，既涉及生产力又涉及生产关系，既涉及经济基础又涉及上层建筑，涉及经济社会发展各领域以及许多重大理论问题和实际问题，需要把各方面联系起来分析、统筹起来谋划，坚持整体推进。

在中国特色社会主义不断向前迈进的新征程中，系统观念都是我们一直在坚持并且要长期坚持下去的一种整体观、全局观，一种可以更好地指导工作和实践的理性思维和科学思维。

黄河流域生态保护和高质量发展，是事关中华民族伟大复兴的千秋大计。黄河流域生态保护，不仅要关注“河”，还要关注“湖”“岸”。黄河污染表象在水里，问题在流域，根子在岸上。破解难题，山东以沿黄地区河湖为重点，深入推进污染治理一体化，坚决打好蓝天、碧水、净土保卫战，不断改善黄河流域环境质量。在东平湖集中整治攻坚行动中，山东投资 32 亿元统筹推进山水林田湖草生

态保护修复，新增各类湿地2.6万亩。

从开展“散乱污”企业综合整治，到率先完成黄河流域入河排污口排查，再到与河南签订黄河流域（豫鲁段）横向生态保护补偿协议，率先建立省际间横向生态补偿机制……山东更加注重保护和治理的系统性、整体性、协同性，切实守好改善生态环境“生命线”。

——郭雪营：《守护黄河安澜，奏响发展强音——山东推动黄河流域生态保护和高质量发展述评》，山东广播电视台闪电新闻客户端2022年3月14日

（三）应对新时代风险挑战的根本要求

随着科学技术进步和经济社会发展，我国社会主义现代化建设实践日趋复杂化、动态化和综合化。党的十九届五中全会审议通过的《中共中央关于制定国民经济和社会发展第十四个五年规划和二〇三五年远景目标的建议》指出：“我国发展环境面临深刻复杂变化。当前和今后一个时期，我国发展仍然处于重要战略机遇期，但机遇和挑战都有新的发展变化。”① 面对国内外纷繁复杂的新形势，对我们如何使用正确的思想方法和工作方法提出了更高的要求。习近平总书记强调：“全面建成小康社会后，我们将开启全面建设社会主义现代化国家新征程，我国发展环境面临深刻复杂变化，发展不平衡不充分问题仍然突出，经济社会发展中矛盾错综复杂，必须从系统观念出发加以谋划和解决，全面协调推动各领域工作和社会主义现代化建设。”②

---

① 《中共中央关于制定国民经济和社会发展第十四个五年规划和二〇三五年远景目标的建议》，人民出版社2020年版，第3页。

② 《中共中央关于制定国民经济和社会发展第十四个五年规划和二〇三五年远景目标的建议》，人民出版社2020年版，第56页。

从国际来看，当今世界正经历百年未有之大变局，科学技术迅猛发展，全球产业革命加速兴起，各个国家都积极主动参与全球治理的变革，人类命运共同体理念深入人心。同时也应该看到国际环境日趋多变，局部战争和热点问题此起彼伏，新冠肺炎疫情影响广泛而深远，经济全球化遭遇逆流，国际经济政治格局急剧演变，整个国际社会出现了较大变化，国家关系悄然生变、国际格局不断变迁、国际环境变幻莫测，为世界经济发展增加了很多不确定性。受世界经济深度衰退的影响，全球产业链、供应链遭受冲击，治理赤字、信任赤字、和平赤字、发展赤字仍在扩大，各种力量加速分化组合，不断冲击国际政治秩序，部分国家为了保护自己的利益而奉行单边主义、保护主义、霸权主义、强权政治，对世界和平与发展构成严重威胁。这就要求我们要有系统思维，要有世界眼光，充分了解世界格局。习近平总书记指出："当前，世界百年未有之大变局加速演进，和平发展进步力量不断增长。我们应该顺应历史大势，坚持合作、不搞对抗，坚持开放、不搞封闭，坚持互利共赢、不搞零和博弈，坚决反对一切形式的霸权主义和强权政治，坚决反对一切形式的单边主义和保护主义。"①

从国内看，我国经济已由高速增长阶段转向高质量发展阶段，正处在转变发展方式、优化经济结构、转换增长动力的攻关期。但是发展不平衡不充分问题仍然突出，经济发展过程中各类问题相互交织叠加，科技创新、企业创新能力难以满足高质量发展的要求，生态问题依然存在，环境保护任重道远，就业、医疗、教育等民生保障措施还不够完善，存在不少短板。受新冠肺炎疫情等多种因素的影响，当前经济发展态势有所下行，增加了经济发展的不稳定性，企业特别是中

① 习近平：《在中华人民共和国恢复联合国合法席位50周年纪念会议上的讲话》，《人民日报》2021年10月26日。

中国中车自主研制的世界首套设计时速600公里的高速磁浮交通系统，成功攻克时速600公里高速磁浮交通系统关键核心技术，标志着我国掌握了高速磁浮成套技术和工程化能力。图为时速600公里高速磁浮列车行驶在中车四方股份公司试验线上

小微企业、个体工商户生产经营困难较多，实现“六保六稳”面临很大压力。但需要特别注意的是我国发展具有多方面的优势和条件，譬如我们有独特的政治优势和制度优势，有雄厚的经济基础，有深厚的人民基础，因而我国的经济社会发展具有强大韧性，稳中向好、长期向好的基本面没有改变。

简言之，“十四五”时期仍然是战略机遇同各种风险挑战并存的时期，面对新形势、新任务就需要我们自觉运用且善于运用系统观念、系统思维来解决和应对凸显的新问题新情况，深入认识我国社会发展的阶段性规律，清晰把握国际社会发展趋势。我们要辩证认识和把握国内外大势，准确识变、科学应变、主动求变，增强机遇意识和风险意识，善于在危机中育先机、于变局中开新局。运用系统观念分析形势，使我们坚定了“十四五”时期完成预定任务、实现预期目标的决心和信心。

知识拓展

近些年来，从互联网泡沫破灭到波及全球的金融危机，从埃博拉病毒暴发到新冠肺炎疫情在世界蔓延，人类社会发展面临的各种风险显著增加。其中，既有小概率高风险的“黑天鹅”，也有大概率高风险的“灰犀牛”。习近平总书记指出，“我们必须始终保持高度警惕，既要高度警惕‘黑天鹅’事件，也要防范‘灰犀牛’事件”，“用大概率思维应对小概率事件，牢牢守住不发生系统性风险的底线”。

——《习近平新时代中国特色社会主义思想学习问答》，学习出版社、人民出版社2021年版，第376页

三、运用系统观念的基本要求

站在全面建设社会主义现代化国家的新起点，坚持以系统观念为指导，既是推动社会主义现代化建设全面协调的必然要求，又是把握中国社会未来演化图景的应有之义。习近平总书记在阐述新时代中国共产党的历史使命时指出，实现中华民族伟大复兴是近代以来中华民族最伟大的梦想。面对国内外复杂的形势和艰巨的任务，我们需要更加自觉地运用系统科学的方法分析和解决问题，立足中国社会发展的客观实际，对社会系统进行整体设计，加强前瞻性思考、做到全局性谋划、促进整体性推进，实现各要素间的协同配合，才能最终达成社会的全面发展。

（一）树立系统思想，加强前瞻性思考

加强前瞻性思考是在系统思维的指导下，增强工作主动性的一个重要体现，具体表现为善于运用马克思主义的立场、观点和方法，把历史、现实和未来发展贯通起来，科学预见形势发展的未来走势，主动把握趋势、辨明方向；把近期、中期和远期目标统筹起来谋划，加强调查研究，深刻认识我国社会主要矛盾变化带来的新特征新要求，深刻认识错综复杂的国际环境带来的新矛盾新挑战，增强机遇意识和风险意识，准确识变、科学应变、主动求变，树立底线思维，妥善做好应对各种困难局面的准备。

在新的时代背景下，面对云谲波诡的国际形势、反复肆虐的新冠肺炎疫情，统筹发展和安全的任务艰巨繁重，系统观念值得我们高度重视。一方面，要居安思危，立足最坏打算争取最好结果。古语云，安而不忘危，存而不忘亡，治而不忘乱。居安思危，不仅仅要对潜在的忧患保持警惕和防范，更需要积极地探寻产生忧患的原因及解决忧患、规避风险的途径和方法，唯有如此，面对复杂多变的国内外形势，我们才能遇事不慌、临危不乱。另一方面，要双向思考问题，掌握应对问题的主动权。在国家建设和社会发展的总体进程中，只有将我们所能接受的最坏的结果和我们所追求的好的结果统筹考量，我们才能提前做好应对预案，面对突发情况时才能够有章可循、冷静沉着，掌握应对问题的主动权，才能“任凭风浪起，稳坐钓鱼台”。

坚持系统观念，要运用前瞻性思考对当前社会新发展阶段的形势进行深入辨析，在工作中发挥主动性，增强机遇意识，厘清未来发展方向。要以系统观念起手定式，其最主要、最核心的就是通过把握各要素之间的特点和规律，使系统发挥最大效能、实现最优目标。

习近平总书记指出，要“科学预见形势发展的未来走势、蕴藏其中的机遇和挑战、有利因素和不利因素，透过现象看本质，抓好战略谋划”[①]。当前我国正处于实现“两个一百年”奋斗目标的历史交汇期，要锚定全面建设社会主义现代化国家、实现中华民族伟大复兴中国梦的奋斗目标，创新性地运用马克思主义的立场观点方法，加强调查研究，从大局和战略的高度进行深入思考。习近平总书记指出调查研究要“细”，“‘细’，就是要认真听取各方面的意见，深入分析问题，掌握全面情况”[②]。这一方面要做到细心听取各方面的意见，另一方面要做到多层次、多方位、多渠道地全面调查了解情况。习近平总书记强调：“既要调查机关，又要调查基层；既要调查干部，又要调查群众；既要解剖典型，又要了解全局；既要到工作局面好和先进的地方去总结经验，又要到困难较多、情况复杂、矛盾尖锐的地方去研究问题。”[③] 为此，调查研究既要做到看全，又要做到听真，坚决避免偏听偏看。目前要实现“十四五”时期的发展目标，向二〇三五年远景目标迈进，实现中华民族伟大复兴的中国梦，必须对国家的未来发展进行科学而又正确的前瞻性思考，要发挥主观能动性，立足当下发展的实际情况，深刻认识新时代我国社会主要矛盾变化带来的新特征新要求，深刻认识错综复杂的国际环境带来的新矛盾新挑战，深刻认识我国经济社会发展出现的新趋势新变化，从我国发展的长远角度来思考问题。要坚持系统观念，正确把握我国社会发展的客观规律，科学预测未来我国经济社会发展的趋势，要在上下左右、东西南北、前瞻后望、左顾右盼中，科学高效地解决我国发展过程中的诸多难题。

① 《习近平关于“不忘初心、牢记使命”重要论述摘编》，党建读物出版社、中央文献出版社 2019 年版，第 224 页。

② 习近平：《之江新语》，浙江人民出版社 2007 年版，第 1 页。

③ 习近平：《谈谈调查研究》，《学习时报》2011 年 11 月 21 日。

中国故事

疫情防控中的系统思维

疫情防控是各种挑战的叠加，呈现一种复合状态，是多重问题的复杂处理，是一场全方位的总体战，就内容而言，它包括经济、政治、文化、社会、生态文明等各个方面；就层次而言，它涵盖战略筹划、组织实施、具体操作等各个层面，必须以系统的思维形成事态发展的全局观，密切跟踪与事态相关的矛盾因素，并做好多重目标的价值排序，分清轻重缓急，协调推进工作。

打赢疫情防控阻击战，除了疫情防控和病员救治外，还包括药品研发、物资供给、市场保障、舆论引导、秩序维护以及恢复生产、稳定就业、畅通运输等。习近平总书记指出，“经济社会是一个动态循环系统，不能长时间停摆”。要加强粮油菜和肉蛋奶等生活必需品生产供应，优先安排煤电、油气、粮食、蔬菜等重点物资运输，确保批发市场、城区物流配送畅通。采取有力措施支持相关企业尽快复工复产，实现人财物有序流动、产供销有机衔接、内外贸有效贯通，促进上下游企业整体配套、协同动作，切实提高复工复产的整体效益和水平。从决定成立应对疫情工作领导小组，向湖北等疫情严重地区派出指导组，到研究部署统筹做好疫情防控和经济社会发展工作；从强调以更坚定的信心、更顽强的意志、更果断的措施，坚决打赢疫情防控的人民战争、总体战、阻击战，到要求疫情防控形势越是向好，越要保持头脑清醒，继续把疫情防控作为当前头等大事抓紧抓实抓细。这一切充分表明，党中央对疫情形势的判断是准确的，各项工作部署是周密的，采取的举措是卓有成效的。

（二）提高系统思维，做到全局性谋划

在向第二个百年奋斗目标迈进的新征程中，我国发展环境面临深刻变化，这就要求充分发挥党总揽全局、协调各方的领导核心作用，加强对社会主义现代化建设全局性谋划，要秉承全局性视野发现问题、谋划发展，秉承大局意识，自觉服从全局安排，明晰新征程发展目标。党的十八大以来，习近平总书记立足中国社会主义现代化建设的实际，多次强调了辩证思维这一思维方法和工作方法的重要性。恩格斯指出："每一个时代的理论思维，包括我们这个时代的理论思维，都是一种历史的产物，它在不同的时代具有完全不同的形式，同时具有完全不同的内容。"[①] 准确理解和深刻把握系统思维，需要我们立足新时代中国特色社会主义的生动实践与客观实际加以体悟。

习近平总书记指出："领导干部要胸怀两个大局，一个是中华民族伟大复兴的战略全局，一个是世界百年未有之大变局，这是我们谋划工作的基本出发点。"[②] 坚持系统观念，就是从系统整体去思考问题，必须牢固树立大局意识，自觉从大局看问题，正确认识大局，自觉服从大局，在大局下谋划，在大局下行动，立足系统整体最优化谋划解决方案，把自身发展放到协同发展的大局中去，在围绕中心、服务大局中找到坐标、找准定位，做到服从服务于党和国家大局不失位、党和人民需要时不缺位。山东省深入贯彻习近平总书记对黄河流域生态保护和经济发展的要求，坚持习近平总书记提出的系统观念，实施环境污染系统治理，协同推进黄河生态治理，保障了黄河的长治

① 《马克思恩格斯选集》第 3 卷，人民出版社 2012 年版，第 873 页。
② 《中国共产党简史》，人民出版社、中共党史出版社 2021 年版，第 496 页。

久安。在十九届中央政治局第二十六次集体学习时，习近平总书记再次强调了坚持系统观念的极端重要性，要求坚持系统思维构建大安全格局，为建设社会主义现代化国家提供安全保障。“十四五”时期，要实现经济社会的高质量发展，必须从实现中国梦的全局视角出发，坚持系统观念，从涉及我国发展的全局进行系统谋划，要把党中央的重大战略部署同各领域的实际结合起来，创造性开展工作，要从深化改革开放、促进经济发展、加强思想文化建设、强化社会治理、推进生态环境保护、改善人民生活、全面从严治党等多方面进行谋划，并加强全方位全领域全过程谋划，做到“谋万世”带动“谋一时”。

牢牢把握“六个一”发展思路

在山东发展的关键时期，习近平总书记亲临山东视察指导，对做好山东工作提出“三个走在前”重要指示要求。围绕贯彻落实习近平总书记重要指示要求，省委对标对表作出一系列安排部署，提出“六个一”发展思路、“六个更加注重”策略方法和“十二个着力”重点任务，对于我们进一步统一思想、凝聚力量，不断增强贯彻落实的针对性、实效性，具有重要指导意义。

省委提出的“六个一”发展思路，就是要坚持“一个统领”，始终坚定拥护“两个确立”、坚决做到“两个维护”；把握“一项根本”，始终坚持人民至上；聚焦“一条主轴”，始终聚力高质量发展；守牢“一排底线”，始终做到安全发展；优化“一组生态”，始终积极营造良好政治生态、产业生态、市场生态、社会生态、自然生态；锻造“一支队伍”，始终从严从实管党治党。

——摘自《大众日报》2021 年 11 月 4 日

做到全局性谋划还应处理好精准与全局的关系问题。精准和全局是一对矛盾，马克思主义哲学告诉我们，要处理好整体与部分的关系，整体是构成事物的诸要素的有机统一，部分是整体中的某个或某些要素，整体与部分既相互区别又相互联系。这就要求我们在具体实践中要从整体着眼把握事物全貌的同时重视局部，精准处理局部问题，整体的功能才能更好发挥。习近平总书记指出，我们在扶贫工作的具体实践中，“要创新思路和机制，把整体推进与精准到户结合起来”[①]。这便是在强调，我们在处理贫困户脱贫的各项难题时要在整体推进的过程中“精准到户”，关注每一个贫困户的具体情况，根据不同贫困户的不同问题精准施策，确保共同富裕的道路上“没有一个人掉队”。因此，精准与全局是相互影响相互交织的关系，在精准施策的过程中要有全局意识，将具体实施方案放到全局去考虑，不能只关注部分不关注整体。同时，做事要牵“牛鼻子”，在把握全局的前提下突出重点，强调精准研判、精准谋划、精准施策。

（三）丰富系统方法，运用大历史观念

历史方位是事物在时间和空间构成的坐标系中的特定时空位置，反映的是一定历史时期内事物相对静止的状态。正确认识历史方位是科学运用大历史观的必然要求。习近平总书记在省部级主要领导干部

① 《中央民族工作会议暨国务院第六次全国民族团结进步表彰大会在北京举行 习近平作重要讲话》，《人民日报》2014 年 9 月 30 日。

学习贯彻党的十九届五中全会精神专题研讨班开班式上指出，正确认识党和人民事业所处的历史方位和发展阶段，是我们党明确阶段性中心任务、制定路线方针政策的根本依据，也是我们党领导革命、建设、改革不断取得胜利的重要经验。全面建成小康社会、实现第一个百年奋斗目标之后，我们要乘势而上开启全面建设社会主义现代化国家新征程、向第二个百年奋斗目标进军，这标志着我国进入了一个新发展阶段，我国发展站在了一个新的历史方位。坚持大历史观，必须正确认识新发展阶段的历史方位，抓住历史机遇，完成历史任务。

从中华民族伟大复兴历史长时段中认识历史方位。科学运用大历史观就是要用长的历史时期看待历史，在中华民族伟大复兴的历史长河中把握今天中国所处的历史方位。近代以后，中华民族历经磨难，实现中华民族伟大复兴是中华民族近代以来最伟大的梦想。中国共产党团结带领人民前仆后继、顽强奋斗，使中华民族伟大复兴展现出前所未有的光明前景。习近平总书记指出："我们的责任，就是要团结带领全党全国各族人民，接过历史的接力棒，继续为实现中华民族伟大复兴而努力奋斗，使中华民族更加坚强有力地自立于世界民族之林，为人类作出新的更大的贡献。"[①] 党的十八大以来，中国特色社会主义进入新时代，这是我国发展新的历史方位。中国特色社会主义新时代是承前启后、继往开来，决胜全面建成小康社会进而全面建设社会主义现代化国家的时代，是全国各族人民团结奋斗、逐步实现全体人民共同富裕的时代，是全体中华儿女勠力同心、奋力实现中华民族伟大复兴中国梦的时代，是我国不断为人类作出更大贡献的时代。在

① 《习近平谈治国理政》第 1 卷，外文出版社 2018 年版，第 4 页。

新时代，党面临的主要任务是实现第一个百年奋斗目标，开启实现第二个百年奋斗目标新征程，朝着实现中华民族伟大复兴的宏伟目标继续前进。

从统筹国内国际两个大局中认识历史方位。科学运用大历史观就是要以宽广的视野看待历史，在统筹国内国际两个大局中认识当前中国所处的历史方位。习近平总书记指出，要坚持对外开放基本国策，善于统筹国内国际两个大局，利用好国际国内两个市场、两种资源，发展更高层次的开放型经济，积极参与全球经济治理，同时坚决维护我国发展利益。“两个大局”是对我国发展历史方位和世界坐标的精准定位。当前，国内外形势正在发生深刻复杂变化。放眼世界，我们面对的是世界百年未有之大变局；聚焦中国，我们面对着实现中华民族伟大复兴的伟大历史任务。在统筹国内国际两个大局中认识中国的历史方位，需要充分把握“三个前所未有”，即我们前所未有地靠近世界舞台中心，前所未有地接近实现中华民族伟大复兴的目标，前所未有地具有实现这个目标的能力和信心。同时，我们也需要理性认识“两个没有变”，即我国仍处于并将长期处于社会主义初级阶段的基本国情没有变，我国是世界最大发展中国家的国际地位没有变。我们要利用好新的重要战略机遇期，既要看到中华民族伟大复兴的光明前景，又要看到世界百年未有之大变局带来的风险挑战，以强大的战略定力走好中国自己的路。

从社会主义初级阶段基本国情中认识历史方位。科学运用大历史观就是要坚持马克思主义指导地位，充分把握质量互变规律和社会发展阶段性特征。习近平总书记指出：“必须认识到，我国社会主要矛盾的变化，没有改变我们对我国社会主义所处历史阶段的判断，我国仍处于并将长期处于社会主义初级阶段的基本国情没有变，我国是世界最大发展中国家的国际地位没有变。”[①] 科学认识我国发展新的历史方位，要牢牢把握社会主义初级阶段这个基本国情，牢牢立足社会主义初级阶段这个最大实际，更准确地把握我国社会主义初级阶段不断变化的特点。社会主义初级阶段是当代中国的最大国情、最大实际，是建设中国特色社会主义的总依据，认识中国的历史方位必须要牢牢把握社会主义初级阶段这个最大国情，推进任何方面的改革都要牢牢立足这个最大实际。

① 《习近平谈治国理政》第 3 卷，外文出版社 2020 年版，第 10 页。

第七章

坚持胸怀天下

习近平总书记在党的二十大上强调：“必须坚持胸怀天下。中国共产党是为中国人民谋幸福、为中华民族谋复兴的党，也是为人类谋进步、为世界谋大同的党。我们要拓展世界眼光，深刻洞察人类发展进步潮流，积极回应各国人民普遍关切，为解决人类面临的共同问题作出贡献，以海纳百川的宽阔胸襟借鉴吸收人类一切优秀文明成果，推动建设更加美好的世界。”[①] 习近平总书记是这样说的，也是这样做的，他不仅运用世界眼光来解决中国的实际问题，而且本着以天下为己任的情怀，以胸怀天下的情怀引领中国将自身前途命运同世界人民前途命运紧紧联系在一起，坚定维护世界和平，促进各国共同发展。坚持胸怀天下是我们需要向习近平总书记学习的重要方法之一。

---

① 习近平：《高举中国特色社会主义伟大旗帜　为全面建设社会主义现代化国家而团结奋斗——在中国共产党第二十次全国代表大会上的报告》，人民出版社2022年版，第21页。

一、胸怀天下的由来和内涵

从理论维度来看，“胸怀天下”既来自中华优秀传统文化，又体现为中国共产党的光荣传统。习近平总书记在党的二十大报告中强调：“中国共产党人深刻认识到，只有把马克思主义基本原理同中国具体实际相结合、同中华优秀传统文化相结合，坚持运用辩证唯物主义和历史唯物主义，才能正确回答时代和实践提出的重大问题，才能始终保持马克思主义的蓬勃生机和旺盛活力。”[①] 这充分彰显了中国共产党胸怀天下、进行理论创新的全球性视野。

（一）胸怀天下植根于中华优秀传统文化

习近平总书记指出：“中华民族在几千年历史中创造和延续的中华优秀传统文化，是中华民族的根和魂。”胸怀天下植根于中华优秀传统文化之中。

第一，胸怀天下植根于“天下大同”的中华优秀传统文化人类情怀之中。2000 多年前，中国的圣哲们就在思考人类命运和国家前途，他们口里的“普天之下”就是指全世界，“率土之滨”就是指全人类。《礼记》中的“大道之行也，天下为公，选贤与能，讲信修睦。故人不独亲其亲，不独子其子”，为人们勾勒了一个崇尚公义、大爱无疆的大同世界；《论语》中的“己欲立而立人，己欲达而达人”，《孟子》中的“穷则独善其身，达则兼济天下”，《大学》中的“修身、齐家、治国、平天下”，倡导人们在不断提升自我修养的同时，追求

① 习近平：《高举中国特色社会主义伟大旗帜　为全面建设社会主义现代化国家而团结奋斗——在中国共产党第二十次全国代表大会上的报告》，人民出版社 2022 年版，第 17 页。

个人价值与社会价值的统一；《墨子》认为“天下兼相爱则治，交相恶则乱”，倡导“以兼相爱、交相利之法”消灭社会混乱局面，缔造一个人人互爱互利、和谐共处的大同世界。范仲淹“先天下之忧而忧，后天下之乐而乐”的道德情操，顾炎武“天下兴亡，匹夫有责”的价值追求，都是古代天下观的阐释，塑造了中华民族胸怀天下、以天下为己任的民族精神与文化基因。可以说，胸怀天下是一种深厚的中华优秀文化基因，也是一种中国精神的固有特质。

经典重读

古之欲明明德于天下者，先治其国；欲治其国者，先齐其家；欲齐其家者，先修其身；欲修其身者，先正其心；欲正其心者，先诚其意；欲诚其意者，先致其知，致知在格物。物格而后知至，知至而后意诚，意诚而后心正，心正而后身修，身修而后家齐，家齐而后国治，国治而后天下平。

——《礼记·大学》

第二，胸怀天下植根于承认文明差异、主张文明互鉴的中华优秀传统文化文明交流态度之中。“和而不同”“和羹之美”是中国传统文化承认文化差异的表现。中华文明是在中国大地上产生的文明，也是中国人民胸怀天下，同其他文明不断交流互鉴而形成的文明。公元前100多年，中国就开始开辟通往西域的丝绸之路。汉代张骞两次出使西域，向西域传播了中华文化，也引进了葡萄、苜蓿、石榴、胡麻、芝麻等西域作物。西汉时期，中国的船队就到达了印度和斯里兰卡，用中国的丝绸换取了琉璃、珍珠等物品。唐朝时期是中国历史上对

中欧班列

外交流的活跃期。据史料记载，当时和中国通使交好的国家有70多个。15世纪初，明代著名航海家郑和7次远洋航海，到了东南亚很多国家，直抵非洲东海岸的肯尼亚，留下了中国同沿途各国人民友好交往的佳话。古代中国的造纸术、火药、印刷术、指南针四大发明带动了世界变革，推动了欧洲文艺复兴。中国哲学、文学、医药、丝绸、瓷器、茶叶等传入西方，渗入西方民众日常生活之中。《马可·波罗行纪》令无数人对中国心向往之。明末清初，中国人积极学习现代科技知识，欧洲的天文学、医学、数学、几何学、地理学知识纷纷传入中国，中外之间的文化交流始终存续。近代以来，中外文明交流互鉴更是频繁展开，其中有冲突、矛盾、疑惑、拒绝，但更多是学习、消化、融合、创新。中国人早就懂得了“和而不同”的道理，承认文化差异的“和而不同”，既是胸怀天下的一种包容态度，也是胸怀天下的一种文化自信。“各美其美，美人之美，美美与共，天下大同”彰显了中国对待文明交流所秉承的胸怀天下之态度。

第三，胸怀天下植根于强调国家担当、崇尚和平的中华优秀传统文化和合思想之中。习近平总书记指出：“中华民族历来是爱好和平的民族。中华文化崇尚和谐，中国‘和’文化源远流长，蕴含着天人合一的宇宙观、协和万邦的国际观、和而不同的社会观、人心和善的道德观。在5000多年的文明发展中，中华民族一直追求和传承着和平、和睦、和谐的坚定理念。以和为贵，与人为善，己所不欲，勿施于人等理念在中国代代相传，深深植根于中国人的精神中，深深体现在中国人的行为上。”[①] 他还强调：“中国人民崇尚‘己所不欲，勿施于人’。中国不认同‘国强必霸论’，中国人的血脉中没有称王称霸、穷兵黩武的基因。中国将坚定不移沿着和平发展道路走下去，这对中国有利，对亚洲有利，对世界也有利，任何力量都不能动摇中国和平发展的信念。”[②] 习近平总书记在党的二十大报告中着重强调：“中国永远不称霸，永远不搞扩张。”儒家的重要经典《大学》，其核心思想是“诚意、正心、格物、致知、修身、齐家、治国、平天下”，重点在于治国、平天下两项。治国就是治理好自己的国家，但一个国家又不能仅仅停留在“各人自扫门前雪”的狭隘境界，而是应该有国家担当，主动承担起“平天下”的国际责任，使天下平安、和平。一个国家应该在为全球、全人类谋求和平、安乐、幸福的历程中，演好自己的角色、找准自己的位置，充分利用自己的资源和影响力，消除他国的各种矛盾纠纷，积极搭建和平发展的平台，尽自己最大的努力构建良好的国际环境。胸怀“两个大局”，从人类发展大潮流、世界变化大格局、中国发展大历史中正确认识和处理同外部世界的关系，始终站在历史正确一边，站在人类进步一边。这是一种强调国家担当、崇尚和平的天下情怀。

（二）胸怀天下是中国共产党的光荣传统

中国共产党不仅关注本国人民福祉，也具备世界眼光和大党担当。从历史维度来看，中国共产党自成立以来，就始终关注人类前途

① 习近平：《在中国国际友好大会暨中国人民对外友好协会成立60周年纪念活动上的讲话》，《人民日报》2014年5月16日。

② 习近平：《弘扬和平共处五项原则　建设合作共赢美好世界——在和平共处五项原则发表60周年纪念大会上的讲话》，《人民日报》2014年6月29日。

命运，在各个历史时期都胸怀天下，以世界眼光发展自身和看待世界。可以说，胸怀天下是中国共产党的光荣传统。

第一，胸怀天下是中国共产党坚持和发展马克思主义人类情怀的光荣传统。习近平总书记指出：“马克思主义博大精深，归根到底就是一句话，为人类求解放。”[①]作为世界最大的马克思主义政党，中国共产党始终把追求人类社会公平与正义作为自己的精神底色。中国共产党的胸怀天下的世界眼光蕴含于马克思世界历史思想和共同体思想中。坚持世界眼光，是马克思主义的特质。正确地坚持马克思主义中国化，必然要求科学的世界眼光。马克思主义作为“世界历史”的产物和“人类知识的总和”的结晶，始终坚持着世界眼光。马克思主义创立者早就告诫：马克思的整个世界观不是教义，而是方法。它提供的不是现成的教条，而是进一步研究的出发点和供这种研究使用的方法。因此，可以说，胸怀天下是中国共产党坚持和发展马克思主义的本质要求和光荣传统。

第二，胸怀天下是中国共产党与生俱来的特质。中国共产党是适应世界发展大势，应运而生的。俄国十月革命胜利后，毛泽东指出：“十月革命帮助了全世界的也帮助了中国的先进分子，用无产阶级的宇宙观作为观察国家命运的工具，重新考虑自己的问题。”[②]党的一大明确提出“联合第三国际”；党的二大通过《中国共产党加入第三国际决议案》，确认中国共产党是共产国际的一个支部。这说明，中国共产党自成立起，就胸怀天下，从更宽广的世界视野来看待和把握中国革命问题。为此应建立必要的组织机制，并且顺应世界发展大势，

① 习近平：《在纪念马克思诞辰 200 周年大会上的讲话》，人民出版社 2018 年版，第 8 页。

② 《毛泽东选集》第 4 卷，人民出版社 1991 年版，第 1471 页。

第三届中国国际进口博览会于 2020 年 11 月在上海成功举办，体现了中国同世界分享市场机遇、推动世界经济复苏的真诚愿望

把中国革命与人类进步事业紧密联系起来，坚持在国际大局和时代潮流中把握中国革命的前进方向、促进人类进步事业。

第三，胸怀天下是中国共产党在革命时期的重要传统。胸怀天下是中国共产党顺利推进革命事业的重要方法。早在革命战争年代，中国共产党就认识到，中国革命是世界革命的一部分，从而表现出宽广的世界眼光。1931 年的九一八事变，是中国人民 14 年抗日战争的起点，同时也揭开了世界反法西斯战争的序幕。抗战爆发后，毛泽东用世界眼光审视中国的抗日战争，提出了持久战思想。毛泽东深刻指出，伟大的中国抗战，不但是中国的事、东方的事，也是世界的事；强调我们的敌人是世界性的敌人，中国的抗战是世界性的抗战。在抗日战争中，中国人民以巨大的民族牺牲支撑起了世界反法西斯战争的东方主战场，为世界反法西斯战争胜利作出了重大贡献，是世界反法西斯战争的重要组成部分。1936 年到访陕甘宁边区的美国记者埃德加·斯诺评价毛泽东“对当前世界政治惊人地熟悉”，1947 年到访延安的美国记者安娜·路易斯·斯特朗称赞中国共产党的领导人是“思想深刻、头脑敏锐和具有世界眼光的人”。这说明，在革命时期，中国共产党人就具有胸怀天下、积极回应各国人民普遍关切的优秀品质。

第四，胸怀天下是中国共产党建设和改革开放时期坚持的光荣传统。“以海纳百川的宽阔胸襟借鉴吸收人类一切优秀文明成果”，是中国共产党顺利推进建设事业的宝贵经验。新中国成立后，毛泽东同志在《论十大关系》中提出“向一切国家学习”的口号，展现了党的第一代领导集体在特殊历史背景下放眼世界的眼光。20 世纪七八十年代，经济全球化进入加速发展期。中国共产党带领中国人民积极主动融入时代发展潮流，学习借鉴人类优秀文明成果，以开放包容的姿态参与经济全球化。邓小平在深刻观察冷战结束后国际形势的基础上，提出“和平与发展是当今时代两大主题”的论断，确立了党在社会主义初级阶段的基本路线，推动改革开放，建立和完善社会主义市场经济体制，大胆吸收和借鉴人类文明优秀成果，开辟了中国特色社会主义道路。邓小平深刻指出：“经验证明，关起门来搞建设是不

深圳——中国对外开放的前沿

能成功的，中国的发展离不开世界。”[①] 他要求党的新一代领导人“眼界要非常宽阔、胸襟要非常宽阔”，要放眼世界，从大局看问题。邓小平总是把中国发展同维护世界和平和促进人类进步事业联系起来。后来的“三个代表”重要思想和科学发展观等重大战略思想，都反映了当代世界和中国的发展变化对党和国家工作的新要求。

（三）把握新时代胸怀天下的科学内涵

所谓胸怀天下，是指着眼于未来发展需要，在思考、分析和解决问题时站在全球化、现代化的高度，用人类历史发展的眼光和世界的标准来审视国内外形势，寻求自身位置，借鉴、吸收世界各国人民创造的文明成果服务于“我”，它体现了马克思主义唯物辩证法中主观能动性与客观规律性的辩证统一。在 100 多年的奋斗中，中国共产党始终以马克思主义基本原理分析把握历史大势，正确处理中国和世界的关系，善于抓住和用好各种历史机遇，以胸怀天下的气魄和宽广的世界眼光，作出正确选择，在世界形势深刻变化的历史进程中始终走在时代前列。中国共产党能够带领中国人民取得革命、建设和改革的伟大成就，这与她胸怀天下的品格密不可分。进入新时代之后，以习近平同志为核心的党中央，更是赋予了胸怀天下新时代的科学内涵。

新时代中国共产党的胸怀天下，表现为“洞察世界大势、把握历史主动”的清醒认识。习近平总书记在庆祝中国共产党成立 100 周年大会上指出：“中国共产党坚持马克思主义基本原理，坚持实事求是，从中国实际出发，洞察时代大势，把握历史主动，进行艰辛探

① 《邓小平文选》第 3 卷，人民出版社 1993 年版，第 78 页。

索，不断推进马克思主义中国化时代化，指导中国人民不断推进伟大社会革命。”[①]“对历史进程的认识越全面，对历史规律的把握越深刻，党的历史智慧越丰富，对前途的掌握就越主动。”当前，世界正处于百年未有之大变局，中国的快速发展壮大正成为这一变局最重要的积极因素、最大的变量。要以世界眼光深刻认识世界形势正在发生的复杂深刻变化，如大国战略竞争加剧、全球治理进程碎片化、国际和地区地缘政治风险上升；要以世界眼光深刻认识科技竞争更趋激烈的大势，如数字经济引领新一轮科技革命、产业结构就业结构深刻变革、一些西方国家针对中国科技的封堵打压力度不断加大、国际科技竞争将更加聚焦于国际技术标准制定权的争夺；要以世界眼光深刻认识现有全球治理体系的日渐式微，建设相互尊重、公平正义、合作共赢的新型国际关系正成为普遍国际共识和强烈呼唤。对此，我们要胸怀天下，顺应时代潮流，把握历史主动，高举和平、发展、合作、共赢的旗帜，坚守和平、发展、公平、正义、民主、自由的全人类共同价值，始终站在历史正确的一边，积极参与全球治理体系改革和建设，推动构建人类命运共同体，在大变局中释放正能量。

新时代中国共产党的胸怀天下，表现为积极学习借鉴世界各国人民创造的文明成果的胸怀。习近平总书记指出：“文明因多样而交流，因交流而互鉴，因互鉴而发展。”[②]中华文明是开放包容的文明，中国共产党是善于交流互鉴的政党。习近平总书记强调：“中华民族拥有在 5000 多年历史演进中形成的灿烂文明，中国共产党拥有百年奋斗实践和 70 多年执政兴国经验，我们积极学习借鉴人类文明的一切有益成果，欢迎一切有益的建议和善意的批评，但我们绝不接受

① 习近平：《在庆祝中国共产党成立 100 周年大会上的讲话》，《求是》2021 年第 14 期。
② 《习近平谈治国理政》第 3 卷，外文出版社 2020 年版，第 468 页。

‘教师爷’般颐指气使的说教！”[①] 习近平总书记在亚洲文明对话大会上强调：“中华文明是在同其他文明不断交流互鉴中形成的开放体系。从历史上的佛教东传、‘伊儒会通’，到近代以来的‘西学东渐’、新文化运动、马克思主义和社会主义思想传入中国，再到改革开放以来全方位对外开放，中华文明始终在兼收并蓄中历久弥新。”[②] 中国共产党带领中国人民，以开放自信的态度，在政治、经济、文化、体育等各个方面，积极开展交流互鉴，这体现了新时代世界眼光的科学内涵。

新时代中国共产党的胸怀天下，表现为对人类前途命运深切的关怀。习近平总书记指出：“宇宙只有一个地球，人类共有一个家园。”为了“让和平的薪火代代相传，让发展的动力源源不断，让文明的光芒熠熠生辉”[③]，习近平总书记以胸怀天下的世界眼光，提出构建人类命运共同体。人类命运共同体理念是兼收并蓄的世界眼光的光辉典范。人类命运共同体理念呼吁人类从多样性中找到统一，倡导人类文明交流互鉴。除了推动构建人类命运共同体之外，共建“一带一路”，构建新型国际关系，建立新型政党关系，坚持多边主义和国际关系民主化，坚定不移推动经济全球化朝着开放、包容、普惠、平衡、共赢的方向发展，这些都是中国共产党人胸怀天下，以世界眼光关心人类前途命运的鲜明体现。

---

① 习近平：《在庆祝中国共产党成立100周年大会上的讲话》，人民出版社2021年版，第14—15页。

② 习近平：《深化文明交流互鉴　共建亚洲命运共同体——在亚洲文明对话大会开幕式上的主旨演讲》，《人民日报》2019年5月16日。

③ 习近平：《共同构建人类命运共同体——在联合国日内瓦总部的演讲》，《人民日报》2017年1月20日。

二、坚持胸怀天下的价值和意义

面对世界百年未有之大变局，胸怀天下是坚持中国道路的历史必然，是坚持大国担当的现实需求，也是促进人类大同的时代召唤。

（一）坚持中国道路的历史必然

方向决定道路，道路决定命运。“实现中国梦必须走中国道路。这就是中国特色社会主义道路。”习近平总书记指出：“中国立足自身国情和实践，从中华文明中汲取智慧，博采东西方各家之长，坚守但不僵化，借鉴但不照搬，在不断探索中形成了自己的发展道路。”[①] 可以说，胸怀天下、博采东西方之长是坚持中国道路的历史必然。

胸怀天下是坚持中国道路以马克思主义为指导的必然要求。胸怀天下是构成马克思主义时代观的基本要素。历史唯物主义认为，人类社会在各种社会矛盾的相互作用下，总是处于不断发展变化之中。每一阶段都呈现出特定的时代特征，构成了某一阶段的历史规定性，反映为一定的时代主题。中国共产党要保持自己的先进性，必须与时俱进，洞察人类发展进步潮流并从中汲取新的思想养料。胸怀天下是马克思主义中国化的必要条件。中国共产党在把马克思主义基本原理同中国具体实际相结合的过程中创立了毛泽东思想、邓小平理论、“三个代表”重要思想、科学发展观和习近平新时代中国特色社会主义思想。这些思想都是用马克思主义的宽广眼界观察世界、观察中国的光辉范例，是运用世界眼光观察分析当代世界和当代中国而产生的马克思主义中国化的重要成果。深刻理解和把握马克思主义中国化的科学

① 《习近平谈治国理政》第 2 卷，外文出版社 2017 年版，第 482 页。

2022 年 8 月 5 日，我国出口国外的首列高速动车组——印尼雅万高铁高速动车组在中车青岛四方股份公司下线，中国技术、中国标准实现“走出去”重大突破

内涵和精神实质，首先要深刻领会马克思主义所贯穿的博大天下胸怀和宽广世界眼光。

胸怀天下是把握中国道路系统性的必然要求。习近平总书记在党的二十大报告中明确提出：“从现在起，中国共产党的中心任务就是团结带领全国各族人民全面建成社会主义现代化强国、实现第二个百年奋斗目标，以中国式现代化全面推进中华民族伟大复兴。”中国特色社会主义道路是一项空前浩繁的伟大事业，涉及方方面面，是一个复杂的系统。因此，必须运用世界眼光，坚持系统观念，统筹国内国际两个大局，统筹推进“五位一体”总体布局，协调推进“四个全面”战略布局，加强前瞻性思考、全局性谋划、战略性布局、整体性推进。准确把握新发展阶段，深入贯彻新发展理念，加快构建新发展格局，推动高质量发展，全面深化改革开放，促进共同富裕，推进科技自立自强，发展全过程人民民主，保证人民当家作主，坚持全面依法治国，坚持社会主义核心价值体系，坚持在发展中保障和改善民生，坚持人与自然和谐共生，统筹发展和安全，加快国防和军队现代化，协同推进人民富裕、国家强盛。因此，胸怀天下是把握中国道路系统性的必然要求。

胸怀天下是把握中国道路世界性的必然要求。中国共产党领导人民成功走出中国式现代化道路，创造了人类文明新形态。中国道路是中国的，也是世界的。中国式现代化道路是一条人口规模巨大、全体人民共同富裕、物质文明和精神文明相协调、人与自然和谐共生的现代化道路。这条现代化道路没有殖民、没有掠夺、没有战争，这与伴随着殖民、掠夺和战争的西方现代化道路迥然不同。中国道路不仅带来了中国的和平发展，而且将鼓舞越来越多的国家独立探索自己的发展之路。中国特色社会主义道路实质上是中国现代化之道路，“拓展了发展中国家走向现代化的途径，给世界上那些既希望加快发展又希望保持自身独立性的国家和民族提供了全新选择”①。中国特色社会主义道路的世界意义，彰显了中国共产党人探索中国道路的世界眼光。

胸怀天下是把握中国道路探索性的必然要求。中国共产党领导中国人民开辟的中国道路不是从天上掉下来的，不是从书本中抄下来的，不是从别的国家照搬过来的，而是一条独立自主的理论创新和实践探索之路。这一探索的过程要求我们必须拓展世界眼光。世界眼光对于中国道路的探索性而言，有两个层面的意义：其一，在探索中国道路的过程中，必须要以世界眼光学习借鉴其他先行一步的现代化道路的经验，汲取其有益成分，避免其走过的弯路，避免走入邪路；其二，在探索中国道路的过程中，必须要以世界眼光考虑到中国道路和

---

① 《中共中央关于党的百年奋斗重大成就和历史经验的决议》，《人民日报》2021年11月17日。

中国经验对后发现代化国家提供的启示和经验，要以世界眼光促进中国道路可复制性、可推广性的实现。

境外声音

中国这样体量巨大的国家仅用40多年就发展为世界第二大经济体。这是非常了不起的成就。

——老挝人民革命党前中央政治局委员、前副总理
宋沙瓦·凌沙瓦

中共在动态变化的世界中找到了适合中国发展的独特模式，这就是中国特色社会主义道路。

——保加利亚共产党第一书记亚历山大·保诺夫

中共治理国家的思路和政策与现实紧密相连，走的是一条中国特色社会主义道路，既顺应了当今世界的发展趋势和格局，又符合中国国情，成就了中国人民的伟业。

——秘鲁共产党（红色祖国）主席莫雷诺

这些年中国发生了巨大变化，这体现在基础设施建设等方面，也体现在人民的生活水平上，居民个人收入在不断增长。

——统一叙利亚共产党总书记纳杰姆丁·哈里特

中国是一个乐于分享其发展经验的国家，中国在扶贫领域注重因地制宜、合理开发资源并善用人力资源，这些宝贵经验具有世界意义。中共为缩小东西部经济差距、实现区域协调发展所作的努力给人留下深刻印象。

——加纳执政党新爱国党主席弗雷德里克·布莱

到访中国后，我验证了多年来关于中国道路的认识。中国治理模

式在实践中取得了积极效果，我们有必要学习、分析，并借鉴到我们的社会主义建设过程中。

——委内瑞拉统一社会主义党副主席阿丹·查韦斯

（二）坚持大国担当的现实需求

习近平总书记在中国共产党与世界政党高层对话会上强调："中国共产党是世界上最大的政党。我说过，大就要有大的样子。中国共产党所做的一切，就是为中国人民谋幸福、为中华民族谋复兴、为人类谋和平与发展。"① 作为世界上最大的政党，中国共产党始终坚守中国作为世界大国应该对人类作出贡献的信念，既依靠自己力量办好中国人自己的事情，不断满足14亿多中国人民对美好生活的向往，为世界发展作出中国贡献，又充分发挥负责任大国作用，为解决人类重大问题，改革完善全球治理体系，建设持久和平、普遍安全、共同繁荣、开放包容、清洁美丽的世界不断贡献出中国智慧、中国方案、中国力量。大国就要有担当，所以说胸怀天下是坚持大国担当的现实需求。

胸怀天下是坚持各国共同发展大国担当的现实需求。习近平总书记在党的二十大上重申："中国人民愿同世界人民携手开创人类更加美好的未来！"② 中国共产党始终致力于推动各国互利合作、共同发展。推动中国与世界各国共同发展，习近平总书记始终身体力行。美国国际问题专家威廉·琼斯说："中国致力于推动发展中国家减贫，发挥了重要作用，中国的实际行动也赢得了这些国家人民的尊重。"为支持各国共同发展，习近平总书记奉行互利共赢的开放战略，推动

① 《习近平谈治国理政》第3卷，外文出版社2020年版，第436页。
② 习近平：《高举中国特色社会主义伟大旗帜　为全面建设社会主义现代化国家而团结奋斗——在中国共产党第二十次全国代表大会上的报告》，人民出版社2022年版，第63页。

山东省高质量参与共建“一带一路”，2021 年与沿线国家货物贸易额增长 40.8%，占全省货物贸易额的 32%。图为中国匈牙利宝思德经贸合作区园区外景

共建“一带一路”、设立丝路基金、倡议成立亚洲基础设施投资银行等，在已有基础上，推动沿线国家实现发展战略相互对接、优势互补。“一带一路”源自中国，但属于世界。“一带一路”建设契合中国、沿线国家和本地区发展需要，符合有关各方共同利益，顺应了地区和全球合作潮流。要胸怀天下，更好把国内发展与对外开放统一起来，把中国发展与世界发展联系起来，把中国人民利益同各国人民共同利益结合起来，不断扩大同各国的互利合作，以更加积极的姿态参与国际事务，共同应对全球性挑战，努力为全球发展作出贡献。

中国故事

2000 年，时任福建省省长的习近平，运用世界眼光，推动实施福建省援助巴布亚新几内亚东高地省菌草、旱稻种植技术示范项目。

如今，作为中国对外援助技术，菌草项目已传播到100多个国家和地区，助力非洲、亚洲和南太平洋等地区发展中国家的减贫事业。

联合国推出视频及图片感谢中国维和贡献

胸怀天下是坚持维护世界和平大国担当的现实需求。中华文化的基因决定了中华文明是致力于促进全球人民共同发展的文明，是包容一切文明差异性，倡导和而不同的文明。中华文明的血脉中没有国强必霸的基因，只有真诚交流互鉴、美美与共的愿景和努力，中国高举和平、发展、合作、共赢的旗帜，同世界各国人民和睦相处、和谐发展、共谋和平、共护和平、共享和平，共同创造人类的美好未来。习近平总书记在党的二十大报告中强调："中国始终坚持维护世界和平、促进共同发展的外交政策宗旨，致力于推动构建人类命运共同体。"① 中国是倡导者，更是行动派。迄今，中国已加入几乎所有政府间国际组织和500多项国际公约，是联合国的第二大会费国；中国还是安理会常任理事国中第一大维和人员出兵国，迄今累计派出4万余人次维和人员。设立中国—联合国和平与发展基金、南南合作援助基金；参与伊朗核、叙利亚、阿富汗、朝鲜半岛核、巴以冲突等重大地区热点问题解决进程，多方斡旋发挥建设性作用；推动落实二十国集团缓债倡议，减轻非洲国家

① 习近平：《高举中国特色社会主义伟大旗帜　为全面建设社会主义现代化国家而团结奋斗——在中国共产党第二十次全国代表大会上的报告》，人民出版社2022年版，第60页。

债务负担；推动应对气候变化、网络安全、反恐等领域国际合作……中国始终秉持“天下大同”的高站位，坚持多边主义原则，秉持和平发展理念，践行共商共建共享的全球治理观，为人类和平与进步事业贡献力量。

胸怀天下是坚持共建人类家园大国担当的现实需求。习近平总书记指出，“人类只有一个地球，各国共处一个世界”，“地球是人类的共同家园，也是人类到目前为止唯一的家园”[①]。面对层出不穷的全球性问题和挑战，没有哪个国家能够独立应对，也没有哪个国家可以独善其身，世界各国需要以负责任的精神同舟共济、协调行动、携手应对，既要跳出小圈子与零和博弈思维，也要超越国家、民族、文化、意识形态界限，树立命运共同体意识，秉持和平、发展、公平、正义、民主、自由的全人类共同价值，坚持走团结合作之路，“在追求本国利益时兼顾他国合理关切，在谋求本国发展中促进各国共同发展”，心系天下，展现担当。中国坚定支持联合国在国际治理体系中的核心地位，为联合国可持续发展议程和应对气候变化多边进程作出贡献。新冠肺炎疫情暴发以来，中国发起新中国成立以来最大规模的人道主义行动，为多国提供医疗物资并分享诊疗技术，兑现将疫苗作为国际公共产品的承诺，赢得广泛赞誉。百年变局、世纪疫情、局势动荡交织叠加之下，胸怀天下的中国共产党人引领新时代中国，展现出共建人类家园的大国担当。

（三）促进人类大同的时代召唤

中国共产党“既为中国人民谋幸福、为中华民族谋复兴，也为人

---

① 习近平：《携手建设更加美好的世界——在中国共产党与世界政党高层对话会上的主旨讲话》，人民出版社 2017 年版，第 6 页。

类谋进步、为世界谋大同”。在中国共产党看来，中国人民的幸福、中华民族的复兴与全人类的和平与发展紧密联系在一起。

胸怀天下是人类发展大潮流的召唤。“大道之行也，天下为公。”当前，世界开放融通的潮流滚滚向前，经济全球化的历史大势不可逆转，只有顺应世界发展大势，加强世界各国的联系和互动，加深各国人民的了解和友谊，才能有力应对全球风险挑战。在这个意义上，人类发展的大潮流召唤我们把握人类进步大势、书写文明互鉴的新篇章。中国共产党敏锐地看到当今世界发展的潮流与规律，看到各国开展全球性协作的必要性和必然性，提出构建人类命运共同体的倡议，主张世界各国努力建设一个远离恐惧、普遍安全的世界，一个远离贫困、共同繁荣的世界，一个远离封闭、开放包容的世界，一个山清水

冬奥会、冬残奥会冰雪之约促进文明交流互鉴。图为“雪容融”伴随中国代表团在北京2022年冬残奥会开幕式上入场

秀、清洁美丽的世界。和平的薪火代代相传，发展的动力源源不断，文明的光芒熠熠生辉，这是各国人民共同的期待。时代大潮流召唤我们，胸怀天下、秉承世界眼光，化天下为一家、四海为兄弟，从而使整个世界成为一个人类休戚与共的命运共同体。

胸怀天下是世界变化大格局的召唤。习近平总书记指出："当前，我国处于近代以来最好的发展时期，世界处于百年未有之大变局，两者同步交织、相互激荡。"①历史发展到今天，世界各国的命运已经紧密地联结在一起，没有哪个国家能够独自应对人类面临的各种挑战，也没有哪个国家能够退回到自我封闭的"孤岛"。世界百年未有之大变局召唤我们以天下胸怀思考世界问题。习近平总书记以深邃的历史视野和世界眼光，深刻把握中国和世界发展大势，提出了人类命运共同体理念，饱含着对人类发展重大问题的睿智思考和独特创见。我们要以天下胸怀应对世界大变局，正确认识和处理同外部世界的关系，坚持开放、不搞封闭，坚持互利共赢、不搞零和博弈，坚持主持公道、伸张正义，站在历史正确的一边，站在人类进步的一边。只要我们坚持和平发展道路，既通过维护世界和平发展自己，又通过自身发展维护世界和平，同世界上一切进步力量携手前进，不依附别人，不掠夺别人，永远不称霸，就一定能够不断为人类文明进步贡献智慧和力量，同世界各国人民一道，推动历史车轮向着光明的前途前进。

天下胸怀，是全球文明大交融的召唤。习近平总书记在党的二十大上呼吁世界各国"尊重世界文明多样性，以文明交流超越文明隔阂、文明互鉴超越文明冲突、文明共存超越文明优越"②。习近平总书

---

① 《习近平谈治国理政》第3卷，外文出版社2020年版，第428页。

② 习近平：《高举中国特色社会主义伟大旗帜 为全面建设社会主义现代化国家而团结奋斗——在中国共产党第二十次全国代表大会上的报告》，人民出版社2022年版，第63页。

记指出："多样性是世界的基本特征，也是人类文明的魅力所在。"[①] 中华文明源远流长，与世界其他文明对话交融的脚步从未停歇。习近平总书记希望不同文明之间加强交流互鉴，以推动世界和平发展。从联合国教科文组织总部到亚洲文明对话大会，从世界经济论坛"达沃斯议程"对话会到博鳌亚洲论坛2021年年会，习近平总书记在多个重要国际场合阐述中国的新时代文明观，为深刻演变的世界带来启迪。回望历史，人类社会正是在不同文明交流的驱动下发展前行。坚持胸怀天下、树立世界眼光，是全球文明大交融的召唤。只有如此才能应对层出不穷的挑战，推动不同文明相互尊重、和谐共处，让文明交流互鉴成为增进各国人民友谊的桥梁、推动人类社会进步的动力、维护世界和平的纽带。

三、坚持胸怀天下的要求和指向

当前，世界正处在大发展大变革大调整时期，中国共产党要带领中国人民实现中华民族伟大复兴的中国梦，要推动构建人类命运共同体，比其他任何时候都更加需要坚持胸怀天下。坚持胸怀天下，需要重视以下几个要求和指向。

（一）精准把握时代主题

坚持胸怀天下的第一个要求是精准把握时代主题。中国共产党始终以天下胸怀关注人类前途命运，注意从人类发展大潮流、世界变化大格局、中国发展大历史中正确认识和处理同外部世界的关系，精准把握历史的前进逻辑、顺应时代发展大势，把握时代发展的世界性

① 习近平：《同舟共济克时艰，命运与共创未来——在博鳌亚洲论坛2021年年会开幕式上的视频主旨演讲》，《人民日报》2021年4月21日。

和民族性。

坚持胸怀天下，精准把握历史前进逻辑。胸怀天下是马克思主义政党的特质，是中国共产党顺利推进各项事业的重要方法。要对我们当前发展阶段和所处的国内外形势有客观、科学的认识，在把握历史前进逻辑和时代发展潮流时保持清醒。胸怀天下，精准把握和平与发展的时代主题。和平与发展成为时代主题，为坚持毫不动摇推进改革开放奠定坚实基础。早在 20 世纪 80 年代后，邓小平就明确提出“和平和发展是当代世界的两大主题”的重要论断，为新时期党和国家制定对外政策提供了重要依据。尽管目前影响世界和平的不确定因素在增多，但是我们精准把握历史前进逻辑，科学研判世界局势，得出了和平与发展仍然是当代世界两大主题的结论。胸怀天下，精准把握开放

希腊比雷埃夫斯港。中国远洋海运集团运营的希腊最大港口比雷埃夫斯港已成为全球发展最快的集装箱港口之一

和全球化的时代主题。中国的开放是全方位的开放，中国的视野是全球性的视野。党的十八大以来，我国全方位、多层次、立体化的开放格局更加完善，国际影响力、感召力进一步提高。进入新时代，国内外形势发生深刻复杂变化，一些国家奉行贸易保护主义，逆全球化的暗流涌动，我国发展面临的外部环境更加错综复杂。这要求我们保持清醒，居安思危，正确认识世界和中国发展大势、正确认识中国特色和所谓国际惯例、正确认识时代责任和历史使命、正确认识远大抱负和脚踏实地，牢牢把握发展主动权，争取中国特色社会主义新胜利。

坚持胸怀天下，坚定顺应时代发展大势。100 多年来，我们党坚持以正确的历史观、大局观、角色观把握好每一个阶段的历史大势，顺应世界发展大势。进入新时代，以习近平同志为核心的党中央，立足中华民族伟大复兴战略全局和世界百年未有之大变局，更加自觉地准确把握国际形势，提出相应的战略策略，增强工作的系统性、预见性、创造性。坚定顺应时代发展大势，以博大的天下胸怀冷静分析各种国际现象，同时把自己摆进去，在我国同世界的关系中看问题，弄清楚在世界格局演变中我国的地位和作用，科学制定我国对外方针政策。要在判断形势时，善于全面把握国内形势和国际形势；在进行重大决策时，善于综合考虑国内因素和国际因素；在开展工作时，善于充分利用国内有利条件和国际有利条件；在处理问题特别是各种突发事件时，善于综合考虑国内影响和国际影响。

坚持胸怀天下，科学把握时代发展的世界性和民族性。近代以来，一波又一波全球化、现代化的世界性浪潮，使世界各民族之间的交往日益密切，使历史日益成为“世界历史”，但是各个国家的特色、各个民族的特点依然呈现出极为复杂的多样性，这体现出时代发展的世界性和民族性兼备的特点。在百年接续奋斗中，中国共产党始终坚持胸怀天下，在科学把握时代发展的世界性的同时，在历史前进的逻辑中前进、在时代发展的潮流中发展，坚持独立自主探索符合中国实际、富有中国特色的革命道路、发展路径，团结带领人民扎根中国大地、吸纳人类文明优秀成果、独立自主实现国家发展，开辟了伟大道路，建立了伟大功业，铸就了伟大精神，积累了宝贵经验，创造了中华民族发展史、人类社会进步史上令人刮目相看的奇迹。中国共产党对于中国和全球发展的世界性和民族性的科学把握，是坚持胸怀天下的典范。

（二）始终坚持独立自主

坚持胸怀天下的核心要求是始终坚持独立自主。习近平总书记在党的二十大报告中指出："党的百年奋斗成功道路是党领导人民独立自主探索开辟出来的，马克思主义的中国篇章是中国共产党人依靠自身力量实践出来的，贯穿其中的一个基本点就是中国的问题必须从中国基本国情出发，由中国人自己来解答。"① 中国特色社会主义是党和人民历尽千辛万苦、付出巨大代价取得的根本成就，是实现中华民族伟大复兴的正确道路。

坚持胸怀天下，需独立自主走自己的路。我们以天下胸怀，审视全球历史和人类发展大势之后，得出了独立自主走自己的路的历史结论。党的十九届六中全会通过的《中共中央关于党的百年奋斗重大成就和历史经验的决议》指出："独立自主是中华民族精神之魂，是我们立党立国的重要原则。"② 习近平总书记指出，"坚持独立自主，就

---

① 习近平：《高举中国特色社会主义伟大旗帜　为全面建设社会主义现代化国家而团结奋斗——在中国共产党第二十次全国代表大会上的报告》，人民出版社 2022 年版，第 19 页。

② 《中共中央关于党的百年奋斗重大成就和历史经验的决议》，《人民日报》2021 年 11 月 17 日。

要坚持中国的事情必须由中国人民自己作主张、自己来处理”。“独立自主是我们党从中国实际出发、依靠党和人民力量进行革命、建设、改革的必然结论。不论过去、现在和将来，我们都要把国家和民族发展放在自己力量的基点上，坚持民族自尊心和自信心，坚定不移走自己的路。”① 以天下胸怀看人类文明发展史，坚持独立自主，是对发展中国家现代化失败案例的深刻总结，是对西方国家自身政体形成历史的清醒认知，是对国际共产主义运动严重受挫的深刻反思。从中国共产党奋斗史角度来看，坚持独立自主是贯穿中国共产党人革命和建设不同时期的原则理念，是引领中国共产党人成功推进改革开放伟大实践的重要经验，是新时代中国特色社会主义建设的鲜明底色。

坚持胸怀天下，需在独立自主基础上借鉴世界文明成果。习近平总书记在强调“坚持胸怀天下”时指出，我们要“以海纳百川的宽阔胸襟借鉴吸收人类一切优秀文明成果”②。独立自主是胸怀天下的独立自主，并不是盲目自大、故步自封、不听劝导。我们要在绝对不能放弃中国政治制度根本的前提之下，树立和运用世界眼光，借鉴国外政治文明有益成果。面对丰富多彩的世界，我们应该秉持兼容并蓄的态度，虚心学习他人的好东西，在坚持独立自主的立场上把他人的好东西加以消化吸收，化成我们自己的好东西，但决不能囫囵吞枣、决不能邯郸学步。照抄照搬他国的政治制度行不通，会水土不服，会画虎不成反类犬，甚至会把国家前途命运葬送掉。正如习近平总书记指出的：“人类历史上，没有一个民族、没有一个国家可以通过依赖外部力量、跟在他人后面亦步亦趋实现强大和振兴。那样做的结果，不是

① 《十八大以来重要文献选编》(上)，中央文献出版社 2018 年版，第 698—699 页。
② 《十八大以来重要文献选编》(上)，中央文献出版社 2018 年版，第 699 页。

必然遭遇失败，就是必然成为他人的附庸。”[1] 坚持胸怀天下，需要坚持独立思考、独立自主，在扎根本土本地实际的基础上，借鉴外部经验、汲取外来充沛养分。

习语润心

文明因交流而多彩，文明因互鉴而丰富。

——习近平在联合国教科文组织总部发表演讲，2014 年 3 月 27 日

我们应该推动不同文明相互尊重、和谐共处，让文明交流互鉴成为增进各国人民友谊的桥梁、推动人类社会进步的动力、维护世界和平的纽带。

——习近平在联合国教科文组织总部发表演讲，2014 年 3 月 27 日

历史告诉我们，只有交流互鉴，一种文明才能充满生命力。

——习近平在联合国教科文组织总部发表演讲，2014 年 3 月 27 日

迈向命运共同体，必须坚持不同文明兼容并蓄、交流互鉴。

——习近平在博鳌亚洲论坛 2015 年年会开幕式上发表主旨演讲，2015 年 3 月 28 日

坚持胸怀天下，需在独立自主基础上相互尊重、共商共建共享。坚持独立自主是中华民族精神之魂，是我们立党立国的重要原则。走

① 《十八大以来重要文献选编》（上），中央文献出版社 2014 年版，第 699 页。

自己的路，是党百年奋斗得出的历史结论。我们支持各国在独立自主之上，相互尊重，在国际问题上采取共商共建的态度，共享人类文明发展成果，这是胸怀天下的胸襟。习近平总书记洞察国际形势，立足长远谋划世界未来发展，深刻指出，“一国的事情由本国人民做主，国际上的事情由各国商量着办”[①]，“相互尊重彼此的民主模式、发展道路”，“以对话代替冲突，以协商代替胁迫，以共赢代替零和”，“单边主义没有出路，要坚持共商共建共享，由各国共同维护普遍安全，共同分享发展成果，共同掌握世界命运”[②]。“中国共产党愿在独立自主、完全平等、互相尊重、互不干涉内部事务原则基础上加强同各国政党和政治组织交流合作，积极推进人大、政协、军队、地方、民间等各方面对外交往。”[③]这是胸怀天下后作出的高屋建瓴的判断。

（三）始终坚持运用世界眼光

中国共产党始终以高度的历史自觉，运用世界眼光，坚持胸怀天下，关注人类前途命运，坚持世界和平发展，推动构建人类命运共同体。

坚持胸怀天下，以世界眼光关注人类前途命运，正确认识和处理同外部世界的关系。中国共产党始终坚信，大党之大、大国之大，不在于体量大、块头大、拳头大，而在于胸襟大、格局大、担当大。党的十八大以来，中国先后提出中非“十大合作计划”、设立南南合作援助基金、设立南南合作与发展学院、金砖国家经济技术合作交流计

① 《习近平谈治国理政》第1卷，外文出版社2018年版，第324页。
② 习近平：《在联合国成立75周年纪念峰会上的讲话》，《人民日报》2020年9月22日。
③ 习近平：《高举中国特色社会主义伟大旗帜　为全面建设社会主义现代化国家而团结奋斗——在中国共产党第二十次全国代表大会上的报告》，人民出版社2022年版，第61页。

划等一系列务实援助倡议和举措，在扶贫减贫、疫病防控、气候变化、难民救助等全球和地区性问题上提出中国方案、贡献中国智慧，引领和平与发展潮流，有力推动了全球治理体系变革。此外，中国还提出共建“一带一路”倡议，并与沿线国家积极开展合作，为世界各地区和全球合作搭建公共平台，提供全球公共产品。这些举措都彰显了中国共产党人站在为全人类谋发展谋未来的高度，矢志不渝与世界各国加强团结、共同发展的胸怀格局。

中国故事

山东在“一带一路”倡议提出后运用世界眼光的实践成效

自“一带一路”倡议提出以来，山东与沿线国家经贸合作日益紧密，外贸进出口稳定增长。2013 年至 2021 年，山东与沿线国家进出口值从 4044.5 亿元增长至 9376.0 亿元，年均增速达 11.1%，占同期山东外贸总值的比重从 24.5% 提升至 32.0%。2021 年山东省对“一带一路”沿线国家进出口值 9376.0 亿元，增长 40.8%，占山东省进出口总值的 32.0%，占比提升 1.9 个百分点。其中，出口 5418.4 亿元，增长 39.7%，占山东省出口总值的 30.8%，占比提升 1.1 个百分点；进口 3957.6 亿元，增长 42.2%，占山东省进口总值的 33.8%，占比提升 3.1 个百分点。

坚持胸怀天下，以世界眼光坚持和平发展，为人类文明进步贡献智慧和力量。新中国成立之初和改革开放之初，中国早已向世界宣示

2015 年 10 月，山东日照岚桥集团通过竞标成功收购了澳大利亚达尔文港。经过多年的发展，达尔文港已成为亚洲和大洋洲之间关键的物流和贸易门户，极大促进两大洲之间的贸易交流。图为山东日照岚桥集团澳大利亚达尔文港

要走和平发展道路。中国发展起来之后，仍然坚持走和平发展道路。习近平总书记形象地指出：“中国是一个拥有 13 亿多人口的大国，是人群中的大块头，其他人肯定要看看大块头要怎么走、怎么动，会不会撞到自己，会不会堵了自己的路，会不会占了自己的地盘。”[①] 我们党准确把握历史规律，顺应当今时代潮流，明确提出中国将始终不渝坚持走和平发展道路，并且将坚持和平发展道路写入党章和宪法，以此来表明中国走和平发展道路的战略决心坚定不移。习近平总书记指出，中国外交政策的宗旨是维护世界和平、促进共同发展。没有和平，中国和世界都不可能顺利发展；没有发展，中国和世界也不可能有持久和平。党的二十大庄严宣告，中国“坚定站在历史正确的一边、站在人类文明进步的一边，高举和平、发展、合作、共赢旗帜，在坚定维护世界和平与发展中谋求自身发展，又以自身发展更好维护世界和平与发展”[②]。昭昭岁月，中国愿同世界人民一道，推动历史车

① 习近平：《携手追寻中澳发展梦想 并肩实现地区繁荣稳定——在澳大利亚联邦议会的演讲》，《人民日报》2014 年 11 月 18 日。

② 习近平：《高举中国特色社会主义伟大旗帜 为全面建设社会主义现代化国家而团结奋斗——在中国共产党第二十次全国代表大会上的报告》，人民出版社 2022 年版，第 23 页。

轮向着光明的前途前进。

坚持胸怀天下，以世界眼光贡献中国智慧，推动构建人类命运共同体。人类命运共同体理念是习近平总书记科学运用中华文明的优良传统，以世界眼光审视当今世界发展趋势、融合世界多元文化得出的结论，是人类文明的新形态。人类命运共同体理念是基于时代的判断和升华，丰富了人类命运共同体内涵。当前，世界开放融通的潮流滚滚向前，推动构建人类命运共同体，正确回答了人类社会发展的历史趋势、时代潮流、基本理念、世界变局、演变趋势、未来方向，第一次比较系统地回答了在世界百年未有之大变局中人类社会向何处去的重大问题，这是时代精华。人类命运共同体不仅植根中国文化，而且融合世界其他文化，不仅是中国概念，也是世界概念；不仅是中国智慧，也是人类智慧。只有不同文明进一步交流互鉴，才能丰富人类命运共同体理念的思想来源，使人类命运共同体理念的内涵不断丰富完善，展现出强大的生命力、感召力，凝聚起日益广泛的国际共识。人类命运共同体是天下格局、世界眼光下的人类文明新形态。人类命运共同体理念在某种意义上是对当下文明观的一种超越，它提倡“文明交流”超越“文明隔阂”，“文明互鉴”超越“文明冲突”，“文明共存”超越“文明霸权”，共同构建和维护全人类共同价值，展现出的是中华文明的开放包容根性，展现出的是人类文明的和平美好旨归。

以习近平同志为主要代表的中国共产党人，秉持天下胸怀、世界眼光思考中国的前途和人类的命运，彰显了中国共产党胸怀天下的全球视野。世界眼光既来自中华优秀传统文化，也体现为中国共产党的光荣传统，是坚持马克思主义基本原理同中国具体实际相结合、同中华优秀传统文化相结合的经典。进入新时代，中国共产党的天下胸怀和世界眼光，表现为“洞察世界大势、把握历史主动”的清醒认识、积极学习借鉴世界各国文明成果的胸怀和对人类前途命运的深切关怀。在面临世界百年未有之大变局的环境面前，坚持胸怀天下，是坚持中国道路的历史必然，是坚持大国担当的现实需求，也是促进人类大同的时代召唤。当前，世界正处在大发展大变革大调整时期，中国共产党要带领中国人民实现中华民族伟大复兴的中国梦，要推动构建人类命运共同体，比其他任何时候都更加需要世界眼光。坚持胸怀天下，要求我们要精准把握时代主题、始终坚持独立自主、始终运用世界眼光。

第八章

依靠学习 走向未来

高度重视抓全党学习，是党和人民事业健康发展的成功经验。每到重大历史转折时期，面对新形势新任务新要求，中国共产党总是号召全党同志重视学习、加强学习。许多外国领导人和专家学者之所以把我们的党校称之为中国共产党成功的“秘密武器”，就是看到了中国共产党把学习作为不断取得胜利的法宝。新加坡学者郑永年就认为，中共成功的关键在于“建立了自上而下的全党学习机制”。党的十八大以来，习近平总书记把增强学习本领排在党的执政本领之首，发表了一系列关于党员干部如何学习的重要论述，为全党更好增强学习本领，提供了行动指南和具体方法。

一、必须大兴学习之风

习近平总书记强调，我们的干部要上进，我们的党要上进，我们的国家要上进，我们的民族要上进，就必须大兴学习之风，坚持学习、学习、再学习，坚持实践、实践、再实践。在中央党校 2009

年秋季学期第二批进修班开学典礼上，时任中共中央政治局常委、中央书记处书记、中央党校校长的习近平同志从 4 个维度解读了学习的重要意义，他指出，学习是文明传承之途、人生成长之梯、政党巩固之基、国家兴盛之要。这 4 个维度深刻阐述了学习的重要性，使我们这个国家、我们这个党对于学习的认识达到了一个新的高度。

（一）学习是文明传承之途

习近平总书记指出：“中华民族历来注重学习，强调‘博观而约取，厚积而薄发’，强调‘三人行，必有我师焉。择其善者而从之，其不善者而改之’，提倡‘博学之，审问之，慎思之，明辨之，笃行之’。中华民族之所以历经数千年而生生不息，正是得益于这种见贤思齐、海纳百川的学习精神。”在向外国政党政要介绍时，习近平总书记特别强调，文化没有断过流、始终传承下来的只有中国。

恩格斯曾说：“人们自己创造自己的历史，但是他们并不是随心所欲地创造，并不是在他们自己选定的条件下创造，而是在直接碰到的、既定的、从过去承继下来的条件下创造。”习近平总书记在福建考察朱熹园时指出：“如果没有中华五千年文明，哪里有什么中国特色？如果不是中国特色，哪有我们今天这么成功的中国特色社会主义道路？”

习近平总书记指出，“历经磨难而不衰的中华文明，蕴含着丰富而宝贵的思想文化遗产”，“在漫长的历史发展进程中，中华民族曾受过无数来自内部的矛盾与冲突和来自外部的挑战与威胁，如自然灾害、社会动荡、王朝更替、外部入侵等等，但中华民族却一次次战胜灾难，一次次渡过难关，使统一的多民族国家得以不断巩固和发展。究其内在原因，就在于中华民族产生和形成了为整个民族共同认可、普遍接受而富有强大生命力的优良传统”，“在中国的史籍书林之中，蕴含着十分丰富的治国理政的历史经验”。

习近平总书记认为，文明的传承之途唯有学习。对于中华民族的优良传统、治国理政的历史经验，我们既要认真学习借鉴，薪火相传、代代守护，更需要与时俱进、勇于创新。中国人民在实现中国梦的进程中，将按照时代的新进步，推动中华文明创造性转化和创新性发展，激活其生命力，把跨越时空、超越国度、富有永恒魅力、具有当代价值的文化精神弘扬起来，让收藏在博物馆里的文物、陈列在广阔大地上的遗产、书写在古籍里的文字都活起来，让中华文明同世界各国人民创造的丰富多彩的文明一道，为人类提供正确的精神指引和强大的精神动力。

同时，人类文明和整个世界从来都是多彩多姿的。文明无优劣之分，只有特色之别，每一种文明都是美的结晶，都彰显着创造之美。习近平总书记指出，“独学而无友，则孤陋而寡闻”，对人类社会创造的各种文明，我们都应该采取学习借鉴的态度，都应该积极吸纳其中的有益成分。习近平总书记强调，“中国要永远做一个学习大国，不论发展到什么水平都虚心向世界各国人民学习，以更加开放包容的姿态，加强同世界各国的互容、互鉴、互通，不断把对外开放提高到新的水平”。

这些重要论述，深刻阐释了文明发展与学习传承的关系，进一步表明了我们对于中外文明应持有的学习态度。

（二）学习是人生成长之梯

习近平总书记强调，我们国家历来讲究读书修身、从政从德。传统文化中，读书、修身、立德，不仅是立身之本，更是从政之基。

5000 多年文明史上，有很多劝导鼓励人们学习的名句。“宝剑锋从磨砺出，梅花香自苦寒来”“忠厚传家久，诗书继世长”，这些我们许多人都耳熟能详。还有许多劝学名篇，比如荀子的《劝学》、颜之推的《勉学篇》、韩愈的《进学解》等，也从多个侧面对学习这个问题进行阐述。荀子《劝学》中说：学不可以已。青，取之于蓝，而青于蓝……木受绳则直，金就砺则利，君子博学而日参省乎己，则知明而行无过矣。尸佼的《劝学》里讲：学不倦，所以治己也；教不厌，所以治人也……夫学，身之砺砥也。大意是说：学而不倦，是为了加工提高自己；教人不厌，是为了加工提高别人。学习，就是对人身的磨炼。颜之推说，观天下书未遍，不得妄下雌黄。自古明王圣帝，犹须勤学，况凡庶乎！韩愈更有劝学的千古名句，所谓业精于勤荒于嬉，行成于思毁于随。这些经典，今天读来依然让人深受启迪。

习近平总书记围绕学习与个人成长进步也有许多重要论述。具有代表性的是 2019 年 3 月至今，习近平总书记 6 次出席中央党校中青年干部培训班开班式并作重要讲话，这一系列重要讲话，可以说是中国共产党人的“劝学篇”。

6 次讲话，习近平总书记讲透了学习是伟大时代、伟大事业、伟大使命的必然要求，更是干部自身成长的客观需要。习近平总书记指出，“我们处在前所未有的变革时代，干着前无古人的伟大事业，如果知识不够、眼界不宽、能力不强，就会耽误事”。年轻干部是党和国家事业发展的生力军，必须练好内功、提升修养。而“干部的党性修养、道德水平，不会随着党龄工龄的增长而自然提高，也不会随着职务的升迁而自然提高，必须强化自我修炼、自我约束、自我改造”。“读书学习是领导干部加强党性修养、坚定理想信念、提升精神境界的一个重要途径，是领导干部胜任领导工作的必然要求”，“干部要成长起来，必须加强马克思主义理论武装”。为此，中青年干部必须做坚持学习的表率。

“非学无以广才，非志无以成学。”习近平总书记非常关心青年的成长进步，强调：“青年是国家的未来和民族的希望。希望同学们肩负时代责任，高扬理想风帆，静下心来刻苦学习，努力练好人生和事业的基本功，做有理想、有追求的大学生，做有担当、有作为的大学生，做有品质、有修养的大学生。”“青年强，则国家强。当代中国青年生逢其时，施展才干的舞台无比广阔，实现梦想的前景无比光明。……广大青年要坚定不移听党话、跟党走，怀抱梦想又脚踏实地，敢想敢为又善作善成，立志做有理想、敢担当、能吃苦、肯奋斗的新时代好青年，让青春在全面建设社会主义现代化国家的火热实践中绽放绚丽之花。”①

纵观习近平总书记的成长之路，一直是伴随着读书和学习的，即使身处困难年代和艰苦环境，他依然秉持良好的读书习惯。“我到农村插队后，当时给自己定了一个座右铭，先从修身开始。一物不知，深以为耻，便求知若渴。上山放羊，我揣着书，把羊拴到山峁上，就开始看书。锄地到田头，开始休息一会儿时，我就拿出新华字典记一个字的多种含义，一点一滴积累。我并不觉得农村 7 年时光被荒废了，很多知识的基础是那时候打下来的。”在村民的记忆中，那时的习近平经常边吃饭边看“砖头一样厚的书”。

习近平总书记不仅自己爱看书学习，还推荐别人学习，也经常组织干部学习。1989 年 7 月，时任宁德地委书记的习近平同志把宁德

① 习近平：《高举中国特色社会主义伟大旗帜　为全面建设社会主义现代化国家而团结奋斗——在中国共产党第二十次全国代表大会上的报告》，人民出版社 2022 年版，第 71 页。

地区所有县委书记都集中到仙山牧场，参加地委学习中心组读书班。

40 多年来，读书这个爱好，伴随着习近平总书记从梁家河村的窑洞到清华大学的课堂，从正定到福建，从浙江到中央。读书已成了他的一种生活方式。可以说，习近平总书记在学习上为全党、全社会树立了一个光辉榜样。

（三）学习是政党巩固之基

习近平总书记强调，“我们党历来重视学习，是一个勤于学习、善于学习的马克思主义政党”。中国共产党从诞生起，就把高度的理论自觉放在党的建设的首要位置，把学习作为巩固党的团结统一和提高战斗力的至关重要的法宝。

新民主主义革命时期，我们党之所以能够战胜前进道路上的一切艰难险阻，挽救了我们党，挽救了中国革命，无一不是归功于以毛泽东同志为代表的中国共产党人高度重视理论学习，并把马克思主义基本原理和中国的具体实际相结合，开创了中国特色的革命道路。1935 年 10 月，中共中央率中央红军长征到达陕北后不久，即在瓦窑堡恢复“马克思共产主义学校”，并与“中共陕北特委党校”合并，正式定名为“中共中央党校”。直至今日，办好党校、培养党员干部人才依然是我们党的一大政治优势，世界上没有哪一个政党像中国共产党这样重视党校、重视学习。1941 年 5 月，毛泽东发表了经典名篇《改造我们的学习》，开篇就指出要将我们全党的学习方法和学习改造一下。新中国成立初期，党中央下发一系列决定、指示，要求加强全党马列主义、毛泽东思想的理论学习。

1978 年 12 月，邓小平提出“全党同志一定要善于学习、善于重新学习”，强调要学会用正确的立场、观点、方法看待马克思列宁主义、毛泽东思想，坚持实事求是、一切从实际出发、理论与实践相结合。1991 年 9 月，《中共中央关于抓紧培养教育青年干部的决定》提出要分期、分批、分层次地对各类青年干部进行理论培训。

1995 年 11 月，江泽民强调要讲学习、讲政治、讲正气，开始在各级领导干部中进行“三讲”教育。之后全党开展了“三个代表”重要思想学习教育活动、保持共产党员先进性教育活动、学习实践科学发展观等集中性学习教育。

党的十六届四中全会上，胡锦涛提出努力建设学习型政党。2010 年 2 月，中共中央办公厅专门印发了《关于推进学习型党组织建设的意见》。

党的十八大以来，习近平总书记围绕建设马克思主义学习型政党、推动建设学习大国发表一系列重要论述，在全党部署开展了党的群众路线教育实践活动、“三严三实”专题教育、“两学一做”学习教育、“不忘初心、牢记使命”主题教育以及党史学习教育，有力推动了全党的学习，以全党学习带动全民学习、以学习型政党建设引领学习型国家建设的良好局面正在形成。党的二十大报告指出：“全面加强党的思想建设，坚持用新时代中国特色社会主义思想统一思想、统一意志、统一行动，组织实施党的创新理论学习教育计划，建设马克思主义学习型政党。”①

中国共产党在学习中日益壮大成熟，始终保持旺盛生机和活力。正如习近平总书记指出的：“中国共产党人依靠学习走到今天，也必然要依靠学习走向未来。”这是总结中国共产党成立以来的历史，总

① 习近平：《高举中国特色社会主义伟大旗帜 为全面建设社会主义现代化国家而团结奋斗——在中国共产党第二十次全国代表大会上的报告》，人民出版社 2022 年版，第 65 页。

结新中国成立以来的历史，总结改革开放以来的历史，总结新时代中国共产党所创造的历史性成就得出的一个必然结论。

（四）学习是国家兴盛之要

纵观人类文明发展史，学习在国家的崛起和兴盛中发挥着至关重要的先导性、基础性、战略性作用。历史上，一些民族和国家迅速崛起时，学习释放的正能量最耀眼最持久；一些民族和国家逐步沉沦时，不善学习的教训最触目惊心。2019 年 2 月 27 日，习近平总书记为第五批全国干部学习培训教材作序言，他指出，“要加快推进马克思主义学习型政党、学习大国建设”。这里的“学习大国”是面向社会、面向国家、面向民族的，将其上升为党的重要意志和重大任务，是第一次。

当今世界，科学技术日新月异，知识经济方兴未艾，知识总量呈几何级数增长，知识更新速度大大加快，近 50 年来人类社会所创造的知识比过去 3000 年的总和还要多。在知识大爆炸时代，国与国的竞争就是人才的竞争，就是知识的竞争。国家的兴盛越来越依赖于一大批掌握知识的人，历史上也从未像现在这样凸显学习的重要性。习近平总书记指出：“到了知识经济时代，一个人必须学习一辈子，才能跟上时代前进的脚步。如果我们不努力提高各方面的知识素养，不自觉学习各种科学文化知识，不主动加快知识更新、优化知识结构、拓宽眼界和视野，那就难以增强本领，也就没有办法赢得主动、赢得优势、赢得未来”，也就难以实现国家的强盛和中华民族伟大复兴。

学习推动国家强盛，领导干部要走在前。习近平总书记指出：“我们党明确提出了建设学习型政党、建设学习型社会的战略目标。这是一项复杂而庞大的系统工程，需要全党的共同努力，需要全社会广泛参与。领导干部在党内和社会上处于重要位置，具有强大的行为导向和风气引领作用。群众看党员，党员看干部，广大基层干部看中高级领导干部。各级领导干部带头读书、勤于读书，必然会激发干部、党员和群众读书学习的积极性和主动性。因此，领导干部不仅要从提高自身素质和岗位职责，而且要从社会责任和示范需要来看待读书问题，既做读书的自觉实践者，又做学习型政党、学习型社会建设的积极倡导者、精心组织者、大力推动者，以自己的模范表率作用引导党内和社会上形成崇尚知识、热爱读书的良好风气，促进全党、全民族素质的提高。”

2022 年 4 月 23 日，首届全民阅读大会在北京举行，习近平总书记专门致贺信指出，“阅读是人类获取知识、启智增慧、培养道德的重要途径，可以让人得到思想启发，树立崇高理想，涵养浩然之气。中华民族自古提倡阅读，讲究格物致知、诚意正心，传承中华民族生生不息的精神，塑造中国人民自信自强的品格”。

“中国要做学习大国，不要骄傲自满，不要妄自尊大，而是要谦虚谨慎、勤奋学习，不断增益其所不能。”“人民群众多读书，我们的民族精神就会厚重起来、深邃起来。”

当前，我们顺利实现了第一个百年奋斗目标，面对建成富强民主文明和谐美丽的社会主义现代化强国的第二个百年奋斗目标，我们以什么样的精神状态走好新时代赶考之路？习近平总书记在 2022 年 4 月 29 日召开的中共中央政治局会议上提出，各级领导干部在工作中要有“时时放心不下”的责任感，担当作为，求真务实，防止各类“黑天鹅”“灰犀牛”事件发生。化解习近平总书记提出的这些困难挑战，唯有努力学习，才能在伟大斗争、伟大工程、伟大事业、伟大梦想的壮阔实践中彰显中国力量。

二、正确把握学习的方向

依靠学习走向未来，是中国共产党治国理政的鲜明特色，能否把握正确的学习方向则是党员干部抓好学习的前提。习近平总书记强调指出，“要正确把握学习的方向”[①]。没有正确方向，不仅学不到有益的知识，还很容易被一些天花乱坠、脱离实际甚至荒唐可笑、极其错误的东西所迷惑、所俘虏，忽视了马克思主义所指引的方向，学习就容易陷入盲目状态甚至误入歧途，就容易在错综复杂的形势中无所适从，就难以抵御各种错误思潮。因此，抓好党员干部的学习活动，必须在马克思主义指导下进行，须臾不可偏离这个正确方向。

（一）念好共产党人的“真经”

马克思主义是科学的理论、人民的理论、实践的理论和开放的理论，这一理论犹如壮丽的日出，照亮了人类探索历史规律和寻求自身解放的道路，对人类解放事业产生了广泛而深刻的影响。马克思主义一传入中国，就以动人心魄的理论魅力吸引着中国人民，深深地扎根中国大地。在国家蒙辱、人民蒙难、文明蒙尘的最危急时刻，中国共产党人接受马克思主义这个人类社会最先进的理论体系，坚持把其基本原理同中国具体实际相结合、同中华优秀传统文化相结合，不断推进马克思主义中国化时代化，深刻改变了中国共产党的命运、中国人民的命运、中华民族的命运。习近平总书记深刻指出：“马克思主义就是我们共产党人的‘真经’，‘真经’没念好，总想着‘西天取经’，

① 习近平：《在中央党校建校80周年庆祝大会暨2013年春季学期开学典礼上的讲话》，人民出版社2013年版，第10页。

就要贻误大事!”[①]

学习马克思主义基本理论是共产党人的必修课，掌握马克思主义理论是领导干部的基本功。青年习近平在陕西插队时就养成了研读马克思主义经典的习惯。作家曹谷溪在《习近平的七年知青岁月》出版座谈会上提到一个细节：在梁家河土窑洞里的煤油灯下，习近平每天都要读书到深夜。习近平同志上大学前，就通读3遍《资本论》，写了厚厚的18本读书笔记。2018年，习近平总书记在纪念马克思诞辰200周年大会上的讲话中信手拈来多部马克思的经典著作，像《德意志意识形态》《共产党宣言》《资本论》《青年在选择职业时的考虑》《哥达纲领批判》等。他熟悉这些经典篇目，就像熟悉过去的老朋友一样。党的十八大以来，习近平总书记以身示范，带领中央政治局集体学习，多次以马克思主义理论为题，先后学习了历史唯物主义、辩证唯物主义、马克思主义政治经济学的基本原理和方法论、《共产党宣言》，重温经典，感悟马克思主义的真理力量，坚定马克思主义信仰，追溯马克思主义政党先进性和纯洁性的理论源头，提高全党运用马克思主义基本原理解决当代中国实际问题的能力和水平。习近平总书记强调共产党人要把读马克思主义经典、悟马克思主义原理当作一种生活习惯、当作一种精神追求，用经典涵养正气、淬炼思想、升华境界、指导实践。

新时代要重点学习党的创新理论，学懂弄通做实习近平新时代中国特色社会主义思想。习近平总书记在党的二十大报告中指出：“实践没有止境，理论创新也没有止境。不断谱写马克思主义中国化时代化新篇章，是当代中国共产党人的庄严历史责任。”[②]党的十八大以来，

① 习近平:《在全国党校工作会议上的讲话》，人民出版社2016年版，第15页。
② 习近平:《高举中国特色社会主义伟大旗帜 为全面建设社会主义现代化国家而团结奋斗——在中国共产党第二十次全国代表大会上的报告》，人民出版社2022年版，第18页。

习近平总书记深刻把握世界百年未有之大变局和实现中华民族伟大复兴全局，洞悉历史发展大势，始终坚持用马克思主义的宏大视野，坚定地团结带领全党全军全国各族人民坚持运用辩证唯物主义和历史唯物主义观察问题、分析问题、解决问题，对关系新时代党和国家事业发展的一系列重大理论和实践问题进行了深邃思考和科学判断，提出一系列原创性的治国理政新理念新思想新战略，创立了习近平新时代中国特色社会主义思想。习近平新时代中国特色社会主义思想是当代中国马克思主义、二十一世纪马克思主义，是中华文化和中国精神的时代精华，实现了马克思主义中国化新的飞跃。学深悟透习近平新时代中国特色社会主义思想是当前做好各项工作的根本前提。习近平总书记强调，“全党同志要跟上时代步伐，不能身子进了新时代，思想还停留在过去，看问题、作决策、推工作还是老观念、老套路、老办法”。“要加强马克思主义特别是新时代中国特色社会主义思想的理论武装”，“自觉用新时代党的创新理论观察新形势、研究新情况、解决新问题，使各项工作朝着正确方向、按照客观规律推进”。

（二）把握学习的根本出发点

党的十八大以来，习近平总书记站在党和国家事业全局和战略高度，对党员干部加强学习作了全面系统深刻的阐述。针对党员干部如何学习，习近平总书记指出，“领导干部应当围绕提高思想水平、增强工作能力、完善知识结构、提升精神境界，选择那些与所从事的工作关系密切、自己爱好和有兴趣的书来读，力争在有限的时间内取得最佳的读书效果”。“干部要结合工作需要学习，做到干什么学什么、缺什么补什么。”习近平总书记这么要求党员干部，自己也以身作则，围绕着“研究和解决重大现实问题”开展学习。比如，早在福建工作期间，习近平同志就在《中共福建省委党校校报》第9期发表过《略论〈关于费尔巴哈的提纲〉的时代意义》，主要结合社会主义改革和建设，谈了如何运用马克思主义基本原理指导社会经济发展的问题。

在十八届中央政治局第十一次集体学习时，习近平总书记强调，党的各级领导干部特别是高级干部，要原原本本学习和研读经典著作，努力把马克思主义哲学作为自己的看家本领，坚定理想信念，坚持正确政治方向，提高战略思维能力、综合决策能力、驾驭全局能力，团结带领人民不断书写改革开放历史新篇章。这里习近平总书记阐释了学习的目的，“学习不是背教条、背语录，而是要用以解决实际问题”。新时代党员干部要按照习近平总书记的要求，迎头赶上科技日新月异的变化，完成爬坡越坎的艰巨任务，要扪心自问是否具备胜任岗位的能力？掌握了多少看家本领？客观地看，我们的事业越发展，新问题新情况就会层出不穷、越来越多，“能力不足”“本领恐慌”在所难免，党员干部要有这种理性认知，还要不断苦练自身内功、提升工作本领，提高综合素质和专业能力，才能保持能力与岗位相匹配，干出更多实绩，取得更好成绩。对此，习近平总书记指出，“全党同志特别是各级领导干部要有本领不够的危机感，以时不我待的精神，一刻不停增强本领”。“好学才能上进，好学才有本领。”

（三）应当学习多方面的知识

学习是为了更好地指导工作，勤奋学习、丰富才识是锤炼坚强党性、提升人格魅力的前提和基础。习近平总书记不仅要求党员干部学习马克思主义基本理论，还要求重视对党史国史的学习。2013年6月25日，习近平总书记在主持中央政治局第七次集体学习时强调，历史是最好的教科书。学习党史、国史，是坚持和发展中国特色社会主义、把党和国家各项事业继续推向前进的必修课。这门功课不仅必修，而且必须修好。习近平总书记把党史看作是必修课，实际上鲜明指出了学习研究党史的重要性。习近平总书记还提出要求，要科学把握党史的主题和主线、主流和本质。

要不断完善履职尽责必备的知识体系。习近平总书记指出，“领导工作综合性、系统性强，需要多方面的知识积累。有人测算，在人的知识库中，经常有用的知识只占其知识总量的30%左右。因此，领导干部加强现代知识的扩充和更新，十分必要，也十分迫切。总体而言，领导干部应当学习多方面的知识，包括经济、法律、科技、文化、管理、国际和信息网络等方面的知识”。“要努力成为所在工作领域的行家里手，不断提高应急处突的见识和胆识，对可能发生的各种风险挑战，要做到心中有数、分类施策、精准拆弹，有效掌控局势、化解危机。要紧密结合应对风险实践，查找工作和体制机制上的漏洞，及时予以完善。”针对网络社会的快速发展，习近平总书记强调，“领导干部要学网、懂网、用网，了解群众所思所愿，收集好想法好建议，积极回应网民关切”。

要学习古今中外优秀传统文化知识。习近平总书记强调，“优秀传统文化书籍作为古今中外文化精华的传世之作，思考和表达了人类生存与发展的根本问题，其智慧光芒穿透历史，思想价值跨越时空，历久弥新，成为人类共有的精神财富”。

2014年2月7日，习近平总书记接受俄罗斯电视台主持人专访时表达了自己对俄罗斯文学的熟悉，他说，“我读过很多俄罗斯作家的作品，如克雷洛夫、普希金、果戈里、莱蒙托夫、屠格涅夫、陀思妥耶夫斯基、涅克拉索夫、车尔尼雪夫斯基、托尔斯泰、契诃夫、肖洛霍夫，他们书中许多精彩章节和情节我都记得很清楚”。

2013年11月26日，习近平总书记到曲阜孔府考察，看到《孔子家语通解》《论语诠解》时说“这两本书我要仔细看看”。正如习近平总书记在党的二十大报告中指出的：“中华优秀传统文化源远流长、博大精深，是中华文明的智慧结晶，其中蕴含的天下为公、民为邦本、为政以德、革故鼎新、任人唯贤、天人合一、自强不息、厚德载物、讲信修睦、亲仁善邻等，是中国人民在长期生产生活中积累的宇宙观、天下观、社会观、道德观的重要体现，同科学社会主义价值观主张具有高度契合性。我们必须坚定历史自信、文化自信，坚持古为今用、推陈出新，把马克思主义思想精髓同中华优秀传统文化精华贯通起来、同人民群众日用而不觉的共同价值观念融通起来，不断赋予科学理论鲜明的中国特色，不断夯实马克思主义中国化时代化的历史基础和群众基础，让马克思主义在中国牢牢扎根。”①

（四）要全面系统学

习近平总书记强调，既多读有字之书，也多读无字之书，注重学习人生经验和社会知识。概括起来讲，习近平总书记强调最多的就是向书本学习、向人民群众学习、向实践学习。

向书本学习。习近平总书记强调，要真正把读书当成一种生活态度、一种工作责任、一种精神追求、一种境界要求。1969年，不到16岁的他从北京到陕北的梁家河村插队当农民，在那里度过了7年青春时光。插队期间，尽管学业中断了，但他对知识的渴望始终如一，读书自学不辍。下乡时，他随身带了沉甸甸的一箱书。白天干

① 习近平：《高举中国特色社会主义伟大旗帜 为全面建设社会主义现代化国家而团结奋斗——在中国共产党第二十次全国代表大会上的报告》，人民出版社2022年版，第18页。

活，劳动间歇时在看书，放羊时也在黄土高坡上看书……到了晚上就在煤油灯下苦读到深夜。在村民的记忆中，留下了“30 里借书、30 里讨书”的生动故事。

2014 年，习近平总书记在接受俄罗斯电视台专访时说：“承担我这样的工作，基本上没有自己的时间。今年春节期间，中国有一首歌，叫《时间都去哪儿了》。对我来说，问题在于我个人的时间都去哪儿了？当然是都被工作占去了。现在，我经常能做到的是读书，读书已成了我的一种生活方式。读书可以让人保持思想活力，让人得到智慧启发，让人滋养浩然之气。”习近平总书记回忆说，“我年轻时读了不少文学作品，涉猎了当时能找到的各种书籍，不仅其中许多精彩章节、隽永文字至今记忆犹新，而且从中悟出不少生活真谛”。

读书正当时，莫负好时光。习近平总书记不但乐于向书本学习，而且还善于向书本学习。在中央党校 2009 年春季学期第二批进修班暨专题研讨班开学典礼上的讲话中，习近平同志教了我们很多读书的方法论：“读书是一个长期的需要付出辛劳的过程，不能心浮气躁、浅尝辄止，而应当先易后难、由浅入深，循序渐进、水滴石穿。”“领导干部阅历丰富，独立思考能力比较强，要带着问题读书，养成边读书边思考的习惯，在广泛阅读的基础上，联系实际，开动脑筋，对现实中的疑惑进行深入思考，力求把零散的东西变为系统的、孤立的东西变为相互联系的、粗浅的东西变为精深的、感性的东西变为理性的。”“读书学习客观上是一个去粗取精、去伪存真的过程，必须联系实际，知行合一，通过理论的指导、利用知识的积累，来洞察客观事物发展的规律。”“书读百遍，其义自见。功夫下到一定程度，就能达到出神入化的境界。一本好书、一篇好文章，要反复读、仔细品，甚至把相关书籍和背景材料找来对照读、比较读，彻底琢磨清楚。”这些都值得我们借鉴学习。

向人民群众学习。习近平总书记发表了“历史是人民创造的，英雄的人民创造英雄的历史”“波澜壮阔的中华民族发展史是中国人民书写的！博大精深的中华文明是中国人民创造的！历久弥新的中华民族精神是中国人民培育的！中华民族迎来了从站起来、富起来到强起来的伟大飞跃是中国人民奋斗出来的”“伟大出自平凡，平凡造就伟大”“在人民面前，我们永远是小学生，必须自觉拜人民为师，向能者求教、向智者问策”“领导不是百事通，不是万能的。要做群众的先生，先做群众的学生”等一系列重要论述，深刻阐明了人民群众的重要历史地位。2018 年 3 月 1 日，习近平总书记在纪念周恩来同志诞辰 120 周年座谈会上的讲话中指出：“人民是历史的创造者，是决定党和国家前途命运的根本力量。”2021 年 7 月 1 日，他在庆祝中国共产党成立 100 周年庆祝大会上又重申“人民是历史的创造者，是真正的英雄”。党的二十大报告强调：“全党要坚持全心全意为人民服务的根本宗旨，树牢群众观点，贯彻群众路线，尊重人民首创精神，坚持一切为了人民、一切依靠人民，从群众中来、到群众中去，始终保持同人民群众的血肉联系，始终接受人民批评和监督，始终同人民同呼吸、共命运、心连心，不断巩固全国各族人民大团结，加强海内外中华儿女大团结，形成同心共圆中国梦的强大合力。”① 只有把政治智慧的增长、执政本领的增强扎根于人民群众的实践沃土，才能不断从人民群众中汲取营养和力量。

习近平总书记注重继承党的“尊重群众、相信群众、向群众学

① 习近平：《高举中国特色社会主义伟大旗帜 为全面建设社会主义现代化国家而团结奋斗——在中国共产党第二十次全国代表大会上的报告》，人民出版社 2022 年版，第 70 页。

习”的优良传统和优良作风，并将其形象比喻为“接地气”。他指出，“坚持人民主体地位，发挥人民首创精神，着力解决好人民群众最关心最直接最现实的利益问题，不断让人民得到实实在在的利益，充分调动人民群众的积极性、主动性、创造性”“要自觉拜师人民、尊重人民、依靠人民”“要始终坚持问政于民、问计于民、问需于民”。在中央党校（国家行政学院）中青年干部培训班开班式上，习近平总书记强调：“拜人民为师、向人民学习，放下架子、扑下身子，接地气、通下情，深入开展调查研究，解剖麻雀，发现典型，真正把群众面临的问题发现出来，把群众的意见反映上来，把群众创造的经验总结出来。”他在广东考察时指出：“领导干部要放下架子，甘当小学生，多同群众交朋友，多向群众请教。要真正悟透群众是真正的英雄。”在庆祝改革开放 40 周年大会上的讲话中，习近平总书记强调，“尊重人民主体地位，尊重人民群众在实践活动中所表达的意愿、所创造的经验、所拥有的权利、所发挥的作用，充分激发蕴藏在人民群众中的创造伟力”“必须以最广大人民根本利益为我们一切工作的根本出发点和落脚点，坚持把人民拥护不拥护、赞成不赞成、高兴不高兴作为制定政策的依据，顺应民心、尊重民意、关注民情、致力民生，既通过提出并贯彻正确的理论和路线方针政策带领人民前进，又从人民实践创造和发展要求中获得前进动力，让人民共享改革开放成果，激励人民更加自觉地投身改革开放和社会主义现代化建设事业”。

向实践学习。时代是思想之母，实践是理论之源。习近平总书记历来重视向实践学习，并多次在“促学”“劝学”中强调实践对学习的重要性。

“实践出真知，实践长真才。坚持在干中学、学中干是领导干部成长成才的必由之路。同样是实践，是不是真正上心用心，是不是善于总结思考，收获大小、提高快慢是不一样的。如果忙忙碌碌，只是机械做事，陷入事务主义，是很难提高认识和工作水平的。”农村的广阔天地孕育了习近平总书记善于向实践学习的鲜明品质。从“插队知青”到“村委书记”，从办铁业社到办代销店，从开办识字班到开办青年夜校，从去四川学习办沼气到建成陕西第一口沼气池，习近平在广泛的农村实践中锻炼成长，每走一步都是从劳动生产实际中收获知识本领，消化吸收后又运用其指导实践。早在浙江工作时，习近平同志就指出：“领导干部加强学习，根本目的是增强工作本领、提高解决实际问题的水平。”“要把研究和解决重大现实问题作为学习的根本出发点，使认认真真学习成为理论联系实际、学以致用，不断提高工作原则性、系统性、预见性和创造性的过程。”“武装头脑、指导实践、推动工作，落脚点在指导实践、推动工作；学懂弄通做实，落脚点在做实。”习近平同志在福建工作期间，进行了深入的实践探索，积累了丰富的理论思想，并且随着实践不断成熟、升华。今天我们可以看到，习近平总书记提出的很多治国理政思想都能从他工作过的地方找到源头。这与他始终如一地坚持学习、注重实践是分不开的。

“学习的目的全在于运用。领导干部加强学习，根本目的是增强工作本领、提高解决实际问题的水平。”“读书是学习，使用也是学习，并且是更重要的学习。”“领导干部学习搞得如何，不仅要看学习得怎样，更要看能不能把学到的理论和知识用于实践。”“所有知识要转化为能力，都必须躬身实践。要坚持知行合一，注重在实践中学真知、悟真谛，加强磨炼、增长本领。”“全党面临的一个重要课题，就是如何正确认识和妥善处理我国发展起来后不断出现的新情况新问题。要认识好、解决好各种问题，唯一的途径就是增强我们自己的本领。增强本领就要加强学习，既把学到的知识运用于实践，又在实践中增长解决问题的新本领。同过去相比，我们今天学习的任务不是轻了，而是更重了。领导干部都担负着党和人民交付的职责，要不断提高自己、丰富自己，兢兢业业做好工作，不断提高工作水平和质量。”“自觉用新时代党的创新理论观察新形势、研究新情况、解决新问题，使各项工作朝着正确方向、按照客观规律推进。”“我们要更好地运用改革开放和社会主义现代化建设这个实践大课堂，要把实践中好的经验好的做法作为干部教育培训的鲜活教材，要组织学员到这一伟大实践的第一线去学习，到处于这一伟大实践的最基层去学习，到作为这一伟大实践主力军的广大群众中去学习。从历史的比较和现实的教育中，不断坚定中国特色社会主义理想信念，提高理论联系实际的能力，增强推动科学发展、促进社会和谐的本领。”

（五）弘扬马克思主义学风

党的十八大以来，习近平总书记站在全局和战略高度多次强调学风问题，为全党切实改造学习、改进学风指明了方向。习近平总书记指出：“领导干部要发扬理论联系实际的马克思主义学风，带着问题学，拜人民为师，做到干中学、学中干，学以致用、用以促学、学用相长，千万不能夸夸其谈、陷于‘客里空’。”[①]

在哲学社会科学工作座谈会上，习近平总书记指出，“要大力弘扬优良学风，把软约束和硬措施结合起来，推动形成崇尚精品、严谨治学、注重诚信、讲求责任的优良学风，营造风清气正、互学互鉴、积极向上的学术生态”。在全国党校工作会议上，习近平总书记指出：“加强党的理论教育，要坚持实事求是，坚持理论联系实际的马

① 习近平：《在中央党校建校80周年庆祝大会暨2013年春季学期开学典礼上的讲话》，人民出版社2013年版，第10页。

克思主义学风，坚持问题导向，注重回答普遍关注的问题，注重解答学员思想上的疙瘩，反对主观主义、教条主义、形式主义，防止空对空、两张皮。”在6次中央党校（国家行政学院）中青班开班式上，习近平总书记对弘扬良好学风同样提出明确要求。他指出，“坚决克服干部培养中的形式主义”。“我们党的历史反复证明，什么时候理论联系实际坚持得好，党和人民事业就能够不断取得胜利；反之，党和人民事业就会受到损失，甚至出现严重曲折。”“坚持一切从实际出发，是我们想问题、作决策、办事情的出发点和落脚点。”“真研究问题、研究真问题。”“坚持从实际出发、实事求是，不只是思想方法问题，也是党性强不强问题。从当前干部队伍实际看，坚持实事求是最需要解决的是党性问题。干部是不是实事求是可以从很多方面来看，最根本的要看是不是讲真话、讲实话，是不是干实事、求实效。年轻干部要坚持以党性立身做事，把说老实话、办老实事、做老实人作为党性修养和锻炼的重要内容，敢于坚持真理，善于独立思考，坚持求真务实。”

文风是学风的延续。“文风与党风同社会风气是紧密相连的”“党风决定文风，文风体现出党风。人们从文风状况中可以判断党的作风，评价党的形象，进而观察党的宗旨的贯彻落实情况”。习近平总书记专门围绕《努力克服不良文风，积极倡导优良文风》发表重要讲话，指出“党的历史经验证明，文风不正，危害极大。它严重影响真抓实干、影响执政成效，耗费大量时间和精力，耽误实际矛盾和问题的研究解决”。

三、努力提升学习水平

习近平总书记指出，高度重视学习、善于进行学习，是我们党的优良传统和政治优势，也是领导干部健康成长、提高素质、增强本领、不断进步的重要途径。可以说，领导干部的学习水平，在很大程度上决定着工作水平和领导水平。党的十八大以来，习近平总书记以更大的力度和更扎实的作风突出抓领导干部的理论和业务学习，带动全党的学习，理论学习蔚然成风，为建设马克思主义学习型政党、学习大国起到了重要的推动和示范作用。

理无专在，学无止境。习近平总书记提醒道，“学习的最大敌人是自我满足，要学有所成，就必须永不自满”。当前，我们的学习活动中仍然存在着不足，习近平总书记列举了五种现象：“有的党员、干部对理论学习不重视，把自学变不学；有的想起来就学一学，三天打鱼、两天晒网；有的拿学习来装门面，浅尝辄止、不求甚解；有的学习碎片化、随意化，感兴趣的就学、不感兴趣的就不学；不少年轻干部理论功底还不扎实、理想信念还不够坚定。”

对照习近平总书记的要求，对照工作的需要和群众的期盼，具体到一些地方和单位，特别是一些党员干部身上，在学习方面出现了一些倾向性、苗头性问题，值得引起重视和反思。一是任务主义。为学习而学习，学习是为了完成任务，是做给上级看的，只要组织了、安排了，就是学了，哪管它学习质量如何。二是应付主义。上边“千把锤”敲打抓学习，下面“一根钉”应接不暇，考试考核满天飞，留痕管理成负担。这种情况下，甚至出现学习造假的问题。三是作秀主义。有的形式上花里胡哨，实际上成效了了，学习成了走过场。更有甚者，把学习当作政治姿态，看上去表态快、调门高、口号大如天，实则夸夸其谈、水过地皮湿，是否走心很成问题。四是碎片主义。在读原著、学原文、悟原理上下的功夫不够，在系统而深入的学习上下的功夫不够，往往止步于看网络、听讲座、翻报刊，满足于一知半解，满足于个别词句的背诵和引用，知其然做得不够，知其所以然做得更不够。五是烦琐主义。有的学习看似很规范，有计划、有篇目、有笔记、有心得、有对照检查、有剖析材料、有整改台账，还有各个方面的创新，看似程序、过程面面俱到，滴水不漏，甲乙丙丁、之乎者也一大堆，这种学习是否人在心在神在、是否入耳入脑入心，是否触及思想、触及灵魂，不得而知；管用的有多少，需要打个大大的问号。六是隔离主义。学归学、做归做，尤其是学习没有认真地联系形势任务、没有认真地联系党性修养、没有认真地联系工作职责、没有认真地联系具体实践。一言以蔽之，学习和实践脱节、理论和实际脱节、学习和运用脱节，学而不化、学而不思、学而不悟、学而不用、学而无效。甚至有的人讲起来洋洋洒洒，干得一塌糊涂，成了典型的学习上的“两面人”，等等。

毛泽东在《改造我们的学习》中，准确分析了在学习中不注重研究现状、不注重研究历史、不注重马克思列宁主义的应用这 3 个问题，深刻剖析了无实事求是之意、有哗众取宠之心，自以为是，老子天下第一，“钦差大臣”满天飞等不良作风，在当下，我们依然可以看到这些不良作风的真实再现和变种翻版，有的是有过之而无不及的升级，可以说主观主义、教条主义有之，形式主义、官僚主义也有之。这些现象和问题，使学习走向异化、失去本意、失去乐趣，走向了反面，严重损坏了学习的声誉。

分析前列所述问题和现象，原因当然很复杂。从上级的角度讲，有在学习要求上脱离实际、急于求成的问题，也有对学习效果缺乏实察的问题。从具体组织者的角度讲，主要是在因需施学、因材施学、因地制宜方面下的功夫不够，影响了学习效果。从学习者自身来讲，主要是有的同志对学习的重要性认识不足，学习态度不端正，还没有把学习作为安身立命之本、作为履职之要，缺乏用挤和钻精神抓学习的态度，缺乏老老实实读书的态度，缺乏老老实实拜群众为师、向实践学习的态度，缺乏学思用贯通、知信行合一的态度。从根本上说，主要是我们学习制度方面的原因，与新时代新形势相比，我们的学习制度需要进一步改进和完善。

这些学习上的怪象，足以引起我们警觉和警醒，足以提醒督促我们要像延安时期那样，把认真地改造我们的学习提到一个更为紧迫的议事日程上来。说到底，就是跟着习近平总书记改造我们的学习。

一要“自觉养成读书学习的习惯”。学习使人进步。进步从学习开始，差距从学习拉开。毛泽东说“共产党不靠吓人吃饭，而是靠马克思列宁主义的真理吃饭，靠实事求是吃饭，靠科学吃饭”“靠总结经验吃饭”。学真理、学科学、学经验，都是学习，易言之，学习是我们吃饭的家伙，是我们的基本功，是做好工作的基本功、是成长的基本功。习近平总书记告诫我们，要“真正使读书学习成为工作、生活的重要组成部分，使一切有益的知识和文化入脑入心，沉淀在我们的血液里，融汇在我们的从政行为中，做到修身慎行，怀德自重，敦方正直，清廉自守，永葆共产党员的先进性”。广大党员干部有的是处在与人民群众“亲密接触”的第一线，有的是执行重大政策落实落细的“最后一公里”，必须充分认识到学习的重要性，切实掌握科学的学习方法、端正自己的学习态度，以扎实基本功推动学习走深走心走实。当前，改造我们的学习，改进我们的学风，最重要最直接最迫切的是要体现在学懂弄通做实习近平新时代中国特色社会主义思想。我们要坚持学而思、学而悟、学而成，努力做自觉学习者、坚定信仰者、忠实践行者，切实抓住学懂这个基础，抓住弄通这个关键，抓住做实这个根本，在真信真学真懂真用上下功夫，在掌握精髓和实质上下功夫，在学好用好讲好立场观点和方法上下功夫，切实把学习成果转化为不可撼动的理想信念，转化为正确的人生观、事业观、价值观，转化为工作的“新思路”“好点子”，从而不断提升业务水平和工作实效。

二要“学中干、干中学”。实践中有真知，工作中有学问。同一项工作由不同的人来做可能事半功倍，也可能事倍功半，原因就在于对其中所包含学问的参悟程度不同，对其中工作规律的把握不同。工作中的学问，简言之，包括对形势的分析、对规律的研究、对创新的认识等。习近平总书记指出:“市场经济越发展，社会事业越进步，我们的领导工作就越要体现时代性、把握规律性、富于创造性，各级领导干部就越要注重理论学习，不断提高理论水平、政策水平和认识水平。”干工作不分析形势，把握不准自身所处的历史方位和时代背景，就可能犯消极保守或急躁冒进的错误；不探索规律，就抓不住事物的主要矛盾和问题，选不准合适的抓手和突破口；不锐意创新，就找不到发展的有效途径和办法，就很难有新的创造和业绩。干一行是工作，钻一行是职业，爱一行是事业，敬一行是人生。党员干部既要把工作当职业做，又要把工作当事业做，还要把工作当学问做，更要把工作当乐趣做，下大功夫思考问题、下大力气研究工作，在“热运行”中拿出一些“冷思考”的时间，尤其是面对复杂的问题，要有“打破砂锅问到底”的精神，有抽丝剥茧找“毛线头”“解疙瘩”的耐心，有“创造经验、以利后人”的果敢，有“抓好本职工作是最大落实”的态度，不断把握工作规律、提高工作水平，当好本职工作上的行家里手，切实做到在每件事上都问不倒，在每件事上都不犯同样的错误，在每件事上都力求完美，从而把各项任务都完成好。

三要“甘当小学生”。人民群众是社会物质财富和精神财富的创造者，是推动社会进步的根本动力。1941 年 3 月，毛泽东在《农村调查》中指出，要“放下臭架子、甘当小学生”。还说，“和全党同志共同一起向群众学习，继续当一个小学生，这就是我的志愿”。习近平总书记指出，“人民是我们党执政的最大底气，是我们共和国的坚实根基，是我们强党兴国的根本所在”。“在人民面前，我们永远是小学生。”人民领袖这种虚心向人民群众学习的态度，是我们永远的榜样。我们只有甘当小学生，以人民群众为师，才能真正了解实际，真正把握大势，才能认识到需要学习的东西还很多，才会乐于接受新知识、增强新本领，更好地开展工作。党员干部无论在工作还是生活中，都要放下面子，深入基层，与群众面对面交流、肩并肩工作，在零距离接触中掌握真实情况、收获真切感知、认清差距不足，从群众朴素的言行中捕捉闪光思想、碰撞真理火花。要坚持问需于民、问计于民，以闻过则喜的胸怀和马上就办的执行力，积极回应关切，用心用情用力解决好群众“急难愁盼”问题，激发人民群众的主人翁精神，让群众有更多、更直接、更实在的获得感、幸福感、安全感、公平正义感乃至成就感。要从做群众工作中学会做群众工作，从身边的群众工作中学会做群众工作，从群众拥护不拥护、赞成不赞成、高兴不高兴、答应不答应中学会做群众工作，始终牢记“我是谁、为了谁、依靠谁”，为了实现好、维护好、发展好人民的根本利益。努力做到“我将无我，不负人民”，不负人民的信任和重托。

四要“学习到老、改造到老”。100 多年来，共产党人坚持与时俱进地学习，持续提升改造世界的实践能力和行动能力，这是共产党人永远年轻、共产党永远青春的秘诀之一。习近平总书记指出：“面对世情、国情、党情的深刻变化，面对改革开放和社会主义现代化建设任务的艰巨性、复杂性、繁重性，我们党只有更加重视学习、善于学习，永不自满、永不停滞，不断提高执政水平和领导水平，才能确保党在世界形势深刻变化的历史进程中始终走在时代前列，在应对国内外各种风险和考验的历史进程中始终成为全国人民的主心骨，在发展中国特色社会主义的历史进程中始终成为坚强的领导核心。”在这样一个瞬息万变的知识经济时代，我们党员干部要有一天不学习，就会有“一步赶不上，步步赶不上”的危机感，始终保持一种知识恐慌、本领恐慌、业务恐慌的紧迫感，心怀“大成若缺”的人生智慧，不要高估自己的作用和成绩，多从缺点和不足上审视自己，多从优点和长处上学习别人，做到“见贤思齐焉，见不贤而内自省也”。面对新形势新任务，要有“永远在路上”的使命感、压力感、责任感，始终保持谦虚谨慎的态度，牢固树立终身学习的理念，把学习作为一种政治责任、一种生活方式、一种精神追求，主动走出“舒适区”，以时不我待的紧迫感，抓紧时间努力学习，自觉做终身学习的表率，从而不断提高自己的能力和水平。积跬步以至千里，只有坚持永远不自满，永远在学习，永远在进步，永远在路上，才能够成为能担当、敢担当、勇担当的时代新人。

只要认真地改造我们的学习，认真地改进我们的学风，全党的学习风气就一定会更加浓烈起来，学习态度一定会更加端正起来，学习效果一定会更加显现出来，就会大大提高我们党的战斗力量，以新时代中国共产党人昂扬上进奋发有为的姿态书写奋斗与辉煌的新篇章。

后　记

本书为2022年度山东省重大理论与实践问题研究重点课题，同时作为山东省习近平新时代中国特色社会主义思想研究中心重大课题，由中共山东省委宣传部策划并组织编写，山东省委常委、宣传部部长白玉刚同志审定编写方案，提出明确要求，袭艳春、孔繁轲同志主持本书编写工作。山东大学马克思主义学院承担课题研究和撰写任务，郑敬斌作为课题负责人设计了本书的总体框架和整体思路，并负责了全书的统稿工作。山东大学、山东师范大学、山东省委党校、山东社会科学院等专家学者承担相关任务。本书包括序言和8个章节，分工如下：序言由郑敬斌撰写；第一章由单提平撰写；第二章由史家亮撰写；第三章由房世刚撰写；第四章由冯锋撰写；第五章由闵琪撰写；第六章由王增福撰写；第七章由刘本森撰写；第八章由徐闻撰写。

本书写作过程中，得到了相关研究单位的大力支持，中国社会科学院马克思主义研究院副院长林建华教授、山东大学马克思主义学院张士海教授、山东师范大学马克思主义学院高继文教授、中国石油大学（华东）马克思主义学院张荣华教授给予学术指导；省委宣传部理论一处承担组织协调工作，冷兴邦、刘洁等同志参与了编审统稿工作；学习出版社也给予了全力支持。此外，书稿撰写过程中也参考了学界大量优秀的理论成果以及为更加形象地展现书中内容采用了一些图片。在此，一并表示衷心感谢。

由于时间仓促、水平有限，本书难免有不当之处，敬请读者批评指正。

本书编写组

2023 年 1 月